Z 28206 (18)

Feuille A
B I
84

1321

G. W.

CHEFS-D'ŒUVRE

DE LA

LITTÉRATURE

FRANÇAISE

48

ŒUVRES CHOISIES

DE

P. DE RONSARD

RONSARD

Garnier frères à Paris

ŒUVRES CHOISIES

DE

P. DE RONSARD

AVEC

NOTICE, NOTES ET COMMENTAIRES

PAR

C. A. SAINTE-BEUVE

NOUVELLE ÉDITION, REVUE ET AUGMENTÉE

PAR M. L. MOLAND

Habent sua fata libelli.

PARIS

GARNIER FRÈRES, LIBRAIRES-ÉDITEURS

6, RUE DES SAINTS-PÈRES

1879

AVERTISSEMENT

POUR LA PRÉSENTE ÉDITION.

Parmi les nombreuses réhabilitations littéraires que notre siècle a tentées, l'une des plus légitimes assurément est celle du poëte Ronsard, dont la renommée, si éclatante de son vivant, fut ensuite obscurcie par un trop long dédain. C'est M. Sainte-Beuve qui eut la plus grande part à cette œuvre de juste réparation. Engagé sous les drapeaux de la nouvelle école poétique qui s'était formée à la fin de la Restauration, M. Sainte-Beuve publia, en 1828, deux volumes consacrés, l'un en partie, l'autre totalement, au chef de la Pléiade du XVIe siècle. Le premier volume était intitulé : *Tableau historique et critique de la poésie française et du théâtre français au XVIe siècle, par C.-A. Sainte-Beuve.* Ronsard occupait le centre du tableau, et les autres poëtes ses contemporains étaient groupés autour de lui, mais placés à un degré plus bas sur la colline. Le second volume contenait les *Œuvres choisies de Pierre de Ronsard, avec notice, notes et commentaires, par C.-A. Sainte-Beuve,* et avait pour épigraphe l'hémistiche de Martial : *Habent sua fata libelli.*

La sensation que produisit cette double publication à une époque de curiosité et d'effervescence poétiques fut considérable. Il y eut alors comme un véritable renouveau pour la gloire de Ronsard; et ce retour du goût public ne fut point passager. L'enthousiasme perdit sans doute de sa première chaleur, mais la place élevée à laquelle le poëte a droit dans l'histoire de notre littérature fut définitivement fixée. Depuis, on n'a plus cessé de s'occuper de Ronsard, de rééditer ses œuvres ou choisies ou complètes, et même d'en rechercher dans les manuscrits du temps les parties inédites, ou enfin d'étudier la biographie de l'auteur de *la Franciade*.

Quels qu'aient été ces travaux, on peut dire qu'ils n'ont pas effacé la publication qui donna le premier élan à la curiosité publique. M. Sainte-Beuve, avec la sagacité du critique et du poëte, avait, dans l'œuvre touffue du vieux lyrique, recueilli la fleur, l'élite, — non pas sans doute tout ce qui doit survivre de Ronsard, mais ce qui doit rester dans la mémoire des lettrés; ce qui est propre à faire apprécier et goûter aux générations nouvelles le génie de « l'Apollon de la source des Muses », comme l'appelait la reine Marie Stuart; ce qui mérite de devenir plus ou moins classique, c'est-à-dire d'être étudié par la jeunesse, d'être cité comme on cite des modèles ou des morceaux de choix d'un autre âge et d'être signalé particulièrement à l'attention, au point de vue de l'histoire de notre langue et de notre poésie.

Le premier de ces deux volumes dont nous venons de parler, le *Tableau historique et critique de la poésie française et du théâtre français au* XVIe *siècle*, fut plusieurs fois réimprimé. M. Sainte-Beuve l'accrut notablement dans des éditions successives. Il n'en a pas été de même du second volume, qui resta tel qu'il était d'abord. L'auteur, cependant, songea à le refondre, à donner au recueil plus d'ampleur. Il était déjà atteint par la maladie lorsque cette idée lui vint. Dans le cours de relations où je rencontrai beaucoup de bienveillance et de précieux encouragements, et dont le souvenir m'est cher, il me parla de son projet, il me proposa de m'y associer. Lui-même me remit l'exemplaire de l'ancienne édition qui devait servir de base à la nouvelle. Il fut convenu que l'ouvrage, remanié et développé, prendrait place dans la collection des *Chefs-d'œuvre de la littérature française* éditée par MM. Garnier frères, et les prospectus traçant le plan de cette collection annoncèrent en effet les *Œuvres choisies de Ronsard,* par MM. Sainte-Beuve et Louis Moland.

M. Sainte-Beuve mourut avant que ce dessein eût été mis à exécution. Les éditeurs voulurent que la promesse faite à leurs souscripteurs fût tenue et que les *Œuvres choisies de Pierre de Ronsard avec notice, notes et commentaires par C.-A. Sainte-Beuve*, enrichissent leur collection. Ne pouvant plus prendre les avis de l'auteur du recueil de 1828, ni m'autoriser de son approbation présente, je n'étais plus en droit de faire subir à l'ouvrage les modifications projetées dans un travail en commun. Il ne m'était plus permis que de le reproduire, sauf à y faire quelques légères corrections dont la nécessité était indubitable et que M. Sainte-Beuve n'eût pas manqué d'y faire lui-même, quelques additions soit dans le texte, soit dans les notes, trop peu considérables pour altérer le caractère de l'ouvrage et dont la nouvelle origine serait toujours indiquée au lecteur; et c'est effectivement à quoi mon rôle s'est réduit. Ce volume contient donc les *Œuvres choisies de Pierre de Ronsard, avec notice, notes et commentaires, par C.-A. Sainte-Beuve*, telles qu'elles parurent il y a cinquante ans. Les lettrés ne regretteront peut-être pas tous que le recueil soit demeuré ainsi dans sa forme première : cet ouvrage est lui-même à présent un monument d'une époque particulière, l'un des manifestes d'un mouvement littéraire important; et il y a de bonnes raisons pour n'en point changer la physionomie.

Nous reproduisons le texte donné par M. Sainte-Beuve. Si nous avions, en effet, adopté d'autres leçons, nous aurions couru le risque que les appréciations et les observations du critique n'eussent plus été justifiées par le texte. Pour permettre aux lecteurs de voir ou les variantes ou les pièces entières dont on ne cite ici que des fragments, nous renvoyons, pour chaque morceau, à la dernière édition des *Œuvres complètes de Ronsard*, celle de M. P. Blanchemain, dans la Bibliothèque elzévirienne de P. Jannet (1857-1867).

Nous ne nous sommes pas contenté de mettre en tête du volume la courte notice qui précède le volume de 1828, nous avons fait suivre cette notice de la double étude que M. Sainte-Beuve écrivit sur Ronsard en 1855.

AVERTISSEMENT.

Nous ajoutons à la fin du recueil le petit *Abrégé de l'art poétique françois* que Ronsard a tracé pour son disciple Delbenne ou Del Bene. Ce petit traité achève de nous faire connaître les idées de Ronsard sur son art; il est comme le complément de la Préface de *la Franciade;* on y remarquera la justesse des principes généraux en même temps que la singularité de certains procédés de style et de versification.

Louis Moland.

PRÉFACE

DE L'ÉDITION DE 1828.

On n'a fait jusqu'ici que des choix fort incomplets et fort maladroits de Ronsard. Il convenait pourtant de mettre le public à même de juger de cette grande renommée déchue, et d'en finir, une fois pour toutes, avec une question littéraire qui jette tant d'incertitudes sur le berceau de notre poésie classique. J'ose espérer que le choix qu'on va lire sera définitif : s'il ne trouve point grâce et faveur, Ronsard aura encore une fois perdu son procès, et j'aurai été la dupe d'une illusion de jeune homme. C'est toutefois avec confiance que je me présente, les pièces en main. Dans les commentaires qui sont joints au texte, j'ai fait usage, pour toute la partie érudite, des anciens commentaires de Muret, Belleau, Richelet, Garnier, Marcassus. Ces excellents hommes seraient heureux, j'en suis sûr, de savoir que ce larcin peut être bon en quelque chose à leur cher et grand Ronsard. J'ai de plus essayé de motiver mes éloges et mon admiration, toutes les fois surtout qu'il y aurait pu y avoir différence dans la manière de juger; et j'ai par conséquent été amené à toucher en passant les points essentiels de l'art. Pour qui se donnera la peine de rapprocher les doctrines éparses dans ce commentaire et dans mon *Tableau de la Poésie au* xvie *siècle*, il en sortira toute une poétique nouvelle, dont je suis loin d'ailleurs de me prétendre inventeur. Quoique cette poétique française se montre ici pour la première fois en plusieurs de ses articles, quoique aucun critique n'ait encore envisagé de cette manière la versification et le rhythme en particulier, je me hâte de faire honneur de ces idées neuves aux poëtes de la nouvelle école que j'ai eu souvent occasion de citer. Sans doute, en ce siècle de haute philosophie, de lumineuse érudition et de grave politique, beaucoup de ces fines remarques, de ces confidences techniques à propos d'une chanson ou d'un sonnet, pourront d'abord sembler futiles et ridicules. Sans me dissimuler le péril, e l'ai bravé, sûr après tout d'obtenir grâce auprès du bon sens de l'époque, si je n'ai été ni faux ni commun.

NOTICE
SUR RONSARD.

I[1]

C'est Ronsard lui-même qui va nous donner, sur sa famille, sa naissance, son éducation et ses premières aventures, des notions détaillés et incontestables, grâce à l'épître suivante qu'il adresse à Belleau :

A REMI BELLEAU,
EXCELLENT POÈTE FRANÇOIS.

Je veux, mon cher BELLEAU, que tu n'ignores point
D'où, ne qui est celuy que lesM uses ont joint
D'un nœud si ferme à toy, à fin que des années
A nos neveux futurs les courses retournées
Ne celent que BELLEAU et RONSARD n'estoient qu'un,
Et que tous deux avoient un mesme cœur commun.

Or, quant à mon ancestre, il a tiré sa race
D'où le glacé Danube est voisin de la Thrace :
Plus bas que la Hongrie, en une froide part,

---

1. En tête de l'édition des *OEuvres choisies*, de 1828.

Est un seigneur nommé le Marquis de Ronsart,
Riche d'or et de gens, de villes et de terre.
Un de ses fils puisnez, ardant de voir la guerre,
Un camp d'austres puisnez assembla hazardeux,
Et quittant son pays, fait capitaine d'eux,
Traversa la Hongrie et la basse Allemaigne,
Traversa la Bourgongne et la grasse Champaigne,
Et hardy vint servir Philippes de Valois,
Qui pour lors avoit guerre encontre les Anglois.

Il s'employa si bien au service de France,
Que le Roy luy donna des biens à suffisance
Sur les rives du Loir : puis du tout oubliant
Freres, pere et pays, François se mariant,
Engendra les ayeux dont est sorty le pere
Par qui premier je vy ceste belle lumiere.

Mon pere de Henry gouverna la Maison,
Fils du grand roy François, lorsqu'il fut en prison
Servant de seur hostage à son pere en Espagne :
Faut-il pas qu'un servant son seigneur accompagne
Fidele à sa fortune, et qu'en adversité
Luy soit autant loyal qu'en la felicité ?[1]

Du costé maternel j'ay tiré mon lignage
De ceux de la Trimouille et de ceux du Bouchage,
Et de ceux de Rouaux, et de ceux de Chaudriers
Qui furent en leur temps si vertueux guerriers,
Que leur noble vertu, que Mars rend eternelle,

---

1. On lit dans l'édition des *Lettres* de Marguerite de Navarre, publiées par M. Génin (page 409), une lettre du père de Ronsard qui annonce l'arrivée à Pédraze des princes François et Henri, dont il est maître-d'hôtel. (*Note de l'édition du* Tableau de la poésie au xvie siècle, *de 1843.*)

Reprint sur les Anglois les murs de la Rochelle,
Où l'un de mes ayeux fut si preux, qu'aujourd'huy
Une rue à son los porte le nom de luy.

Mais, s'il te plaist avoir autant de cognoissance
(Comme de mes ayeux) du jour de ma naissance,
Mon BELLEAU, sans mentir je diray verité
Et de l'an et du jour de ma nativité.
L'an que le roy FRANÇOIS fut pris devant Pavie,
Le jour d'un samedy Dieu me presta la vie,
L'onziesme de septembre, et presque je me vy
Tout aussi tost que né de la parque ravy.[1]

Je ne fus le premier des enfans de mon pere;
Cinq devant ma naissance en enfanta ma mere :
Deux sont morts au berceau, aux trois vivans en rien
Semblable je ne suis ny de mœurs ny de bien.

Si tost que j'eu neuf ans, au college on me meine :
Je mis tant seulement un demy-an de peine
D'apprendre les leçons du regent de Vailly,
Puis sans rien profiter du college sailly,
Je vins en Avignon, où la puissante armée
Du roy FRANÇOIS estoit fierement animée
Contre CHARLES D'AUSTRICHE, et là je fus donné
Page au duc d'ORLÉANS : après je fus mené
Suivant le roy d'Escosse en l'Escossoise terre,
Où trente mois je fus et six en Angleterre.

A mon retour ce Duc pour page me reprint;
Long temps à l'escurie en repos ne me tint

---

1. La demoiselle qui le portoit quand on l'alloit baptiser, le laissa tomber sur un pré. (*Note de l'édition de 1560.*) (L. M.)

Qu'il ne me renvoyast en Flandres, et Zelande,
Et depuis en Escosse, où la tempeste grande
Avecques Lassigni cuida faire toucher,
Poussée aux bords Anglois, ma nef contre un rocher.

Plus de trois jours entiers dura ceste tempeste,
D'eau, de gresle et d'esclairs nous menaçant la teste :
A la fin arrivez sans nul danger au port,
La nef en cent morceaux se rompt contre le bord,
Nous laissant sur la rade, et point n'y eut de perte
Sinon elle qui fut des flots salez couverte,
Et le bagage espars que le vent secouoit,
Et qui servoit flottant aux ondes de jouet.
D'Escosse retourné je fus mis hors de page,
Et à peine seize ans avoient borné mon age,
Que l'an cinq cens quarante avec Baïf je vins
En la haute Allemaigne; où dessous luy j'apprins
Combien peut la Vertu : après, la maladie,[1]
Par ne sçay quel destin, me vint boucher l'ouïe,
Et dure m'accabla d'assommement si lourd
Qu'encores aujourd'huy j'en reste demy-sourd.
L'an d'après, en avril, Amour me fit surprendre,
Suivant la cour à Blois, des beaux yeux de Cassandre;
Soit le nom faux ou vray, jamais le Temps vainqueur
N'effacera ce nom du marbre de mon cœur.

Convoiteux de savoir, disciple je vins estre
De Daurat à Paris, qui sept ans fut mon maistre
En Grec et en Latin : chez luy premierement
Nostre ferme amitié print son commencement,

---

1. L'édition de 1560 donne ainsi ces deux vers :

> En la haute Allemaigne où la langue j'apprins ;
> Mais las ! à mon retour une aspre maladie

L. M.

Laquelle dans mon ame à tout jamais et celle
De nostre amy Baïf sera perpetuelle.[1]

Si tous les biographes de Ronsard avaient lu attentivement cette pièce, ils auraient été plus d'accord sur quelques faits vivement débattus. Pierre de Ronsard naquit donc le 11 septembre 1524[2] au château de la Poissonnière, dans le Vendômois, d'une famille noble, originaire de Hongrie. Mis à neuf ans au collége de Navarre, sous un régent nommé de Vailly, il se dégoûta des études, et entra au service du duc d'Orléans, fils de François Ier, puis à celui de Jacques d'Écosse; de là un séjour de trois années en Grande-Bretagne. Il revint de nouveau au duc d'Orléans, qui l'envoya en divers lieux et l'adjoignit à diverses ambassades. C'est dans un second voyage en Écosse, entrepris vers cette époque, qu'il fit naufrage avec le sieur de Lassigny, et qu'il dut son salut à un coup de la fortune. Il avait seize ans alors (1540); il suivit Lazare de Baïf en Allemagne, à la diète de Spire, et aussitôt après, quoiqu'il n'en dise rien dans l'épître, le célèbre capitaine Langey Du Bellay, en Piémont. Mais il venait d'être atteint

---

1. *OEuvres de Ronsard,* élégie xx. — Édit. Pr. Blanchemain, t. IV, p. 296. Cette pièce fut imprimée en 1560. (L. M.)

2. Non pas, comme on l'a avancé, *le jour même* de la bataille de Pavie, mais durant l'année. La bataille de Pavie eut lieu le 24 février 1525; comme l'année alors ne commençait qu'à Pâques, on rapportait cette bataille à la date de 1524, et j'y rapporte aussi la naissance de Ronsard. Goujet pourtant le fait naître en 1525. Il s'agirait de savoir si, dans son épître à Belleau, Ronsard compte l'année à la nouvelle ou à l'ancienne manière. Il était né sous l'ancienne chronologie, mais peut-être qu'au moment où il fit l'épître il suivait la nouvelle (voir au Dictionnaire de Bayle l'article *Ronsard* sur ces incertitudes). Ce qui fixerait tout, ce serait de vérifier si c'était en 1524 ou en 1525 que le 11 septembre tombait un *samedi,* puisqu'il dit être né un tel jour de la semaine. J'en laisse le soin à quelque bénédictin futur. (*Note de la première édition, développée dans l'édition du* Tableau de la poésie, *de 1843.*)

d'une surdité, qui le dégoûta de la cour et du monde : l'amour, qui s'empara de son cœur à Blois, en avril 1541, ajouta peut-être encore à ce dégoût des plaisirs, à cette passion soudaine pour la retraite et l'étude. Il se mit donc, vers 1541 ou 1542 au plus tard, au collége de Coqueret, sous les soins de Jean Dorat ou Daurat, qu'il avait connu chez Lazare de Baïf. Jean-Antoine de Baïf, fils naturel de Lazare, et Rémy Belleau devinrent ses condisciples les plus intimes ; il faut leur joindre Lancelot de Carles et Marc-Antoine Muret, qui depuis s'illustrèrent dans la poésie et l'éloquence latines. Là, durant sept années d'études, au milieu des veilles laborieuses et des discussions familières, au sein de cette *école normale* du temps, si l'on peut ainsi dire, Ronsard jeta les fondements de la révolution littéraire qui changea l'avenir de notre langue et de notre poésie.

Cette retraite de sept années nous mène jusqu'en 1548 ou 1549, époque où les essais de Ronsard et de ses amis commencèrent à franchir les murailles du collége, et à se répandre dans le public des érudits et des courtisans. C'est vers la fin de ces sept années, peut-être dans la dernière, comme on pourrait le croire d'après Claude Binet,[1] que Ronsard, revenant de Poitiers à Paris, fit la rencontre de Joachim Du Bellay, jeune gentilhomme angevin ; ils se convinrent aussitôt, et se prirent d'une vive amitié l'un pour l'autre. Ronsard emmena Du Bellay à Paris, et l'associa aux études communes sous Dorat. Peu après (1549-1550),

---

1. Claude Binet, quoique ami et disciple de Ronsard, paraît assez inexactement informé des premières années de ce poëte, et les dates qu'il donne me semblent souvent suspectes. *(Note de la première édition.)* Dans la préface mise en tête de la première édition de ses odes (1550), Ronsard loue Du Bellay et parle de la *longue fréquentation* qu'ils ont eue ensemble, ce qui suppose au moins deux ou trois ans de familiarité et reporterait le début de leur liaison vers 1547 ou 1548 au plus tard. *(Addition de l'édit. du* Tableau de la poésie, *de 1876.)*

Du Bellay publia son *Illustration de la Langue françoise* où il développa si éloquemment ses idées et celles de ses amis. Il ne paraît pas que Ronsard eût rien publié encore de considérable quand Du Bellay porta ce premier coup à la vieille école; on ne saurait douter pourtant que ce coup ne partît de lui au moins autant que de Du Bellay, et ce serait à la fois une erreur et une injustice d'attribuer à celui-ci une priorité qui appartient évidemment à l'autre. Sans Ronsard, il est douteux que Du Bellay se fût jamais livré à la poésie, surtout au genre alors moderne de haute et brillante poésie; sans Du Bellay, Ronsard n'eût rien perdu de ses idées, et la réforme se serait accomplie également. Dans une pièce où il évoque l'ombre de Du Bellay, Ronsard met à la bouche de son ami les paroles suivantes, que tant de contemporains auraient pu démentir, s'il y avait eu lieu :

. . . . Amy, que sans tache d'envie
J'aimay quand je vivois comme ma propre vie,
Qui premier me poussas et me formas la vois
A celebrer l'honneur du langage françois,
Et compagnon d'un art tu me montras l'adresse
De me laver la bouche ès ondes de Permesse,[1] etc.

L'*Illustration* de Du Bellay irrita bien des amours-propres et souleva bien des inimitiés. Les *quatre premiers livres d'odes* de Ronsard, imprimés en 1550, peu de mois après, furent violemment attaqués, à la cour, par Melin de Saint-Gelais et sa coterie.[2] Du Bellay, dans la satire du *Poëte courtisan,*

1. *Discours à Loys des Masures.* — Édit. P. Bl., t. VII, p. 52.
2. Mellin de Saint-Gelais était pourtant excepté dans la préface (ainsi qu'Héroët et Scève) du jugement sévère porté sur les devanciers; il paraît qu'il ne se trouva pas satisfait de l'exception. *(Note de l'édition du* Tableau de la poésie, *de 1876.)* Le dernier biographe de Ronsard *(Biographie universelle)* a commis une erreur en disant que Mellin de Saint-Gelais se

Ronsard, en plusieurs endroits de ses odes, ripostèrent avec amertume ; on a beaucoup cité cette strophe du dernier (il s'adresse à l'ombre de Marguerite de Navarre, la sœur de François Ier, et, comme il l'appelle, au *saint astre Navarrois*) :

> Escarte loin de mon chef
> Tout malheur et tout meschef ;
> Perserve-moy d'infamie,
> De toute langue ennemie
> Et de tout acte malin ;
> Et fay que devant mon prince
> Desormais plus ne me pince
> La tenaille de Mellin ![1]

Le docte L'Hospital, qui était alors chancelier de madame Marguerite, sœur de Henri II, prit en main la cause des novateurs, et alla même jusqu'à composer, sous le nom de Ronsard, une satire latine dont nous donnerons quelques passages :

> Magnificis aulæ cultoribus atque poetis
>   Hæc Loria scribit valle poeta novus,
> Excusare volens vestras quod læserit aures,
>   Obsessos aditus jam nisi livor habet ;
> Excusare volens quod sit novitatis amator,
>   Verborum cum vos omnia prisca juvent.

déchaîna souvent contre Ronsard devant *François Ier*, et en ajoutant : «La cour était partagée entre Ronsard et Saint-Gelais ; Joachim Du Bellay avait aussi ses partisans.» François Ier était mort depuis plusieurs années, et Joachim Du Bellay n'avait d'autres partisans que ceux de Ronsard. (*Note de la première édition.*)

1. Cette strophe s'est adoucie et le nom de Mellin a disparu dans les réimpressions. (*Note de l'édition du Tableau de la poésie, de 1876.)*
Édit. P. Bl., t. II, p. 326. Voy. aussi, dans le tome préliminaire de cette édition des Œuvres complètes, p. 136, les strophes à madame Marguerite, sœur du roi Henri II. (L. M.)

> Atque utinam antiqui vestris ita cordibus alte
> Insitus officii cultus amorque foret!
> Non ego, conscissus furiali dente, laborem
> Spicula de tergo vellere sæva meo;
> Non ego, qui tanti mihi causa fuere doloris,
> Auxilium a nostris versibus ipse petam;
> Non ego nunc Musas supplex orare latinas,
> Rebus et afflictis poscere cogar opem...

Il s'attaque évidemment à Saint-Gelais sans le nommer :

> Ætas est ætate regenda, senisque maligni est
> Consilio juvenem nolle juvare suo.
> Extremæ sed nequitiæ maledicere surdo,
> Crescere et alterius posse putare malis,
> Diceris ut nostris excerpere carmina libris,
> Verbaque judicio pessima quæque tuo
> Trunca palam Regi recitare et Regis amicis;
> Quo nihil improbius gignere terra potest.

Après avoir excité les nouveaux poëtes à secouer cette tyrannie insolente de quelques vieillards jaloux, Ronsard, par la bouche de L'Hospital, se justifie victorieusement des innovations auxquelles l'oblige l'indigence de la langue maternelle, et il revient encore une fois en finissant contre les procédés perfides de Saint-Gelais :

> Qui mos, quam sacro Christi sit præsule dignus,
> Videris id tute, Gallia tota videt.
> Ad tibi cum fuerit factum satis, ipse vicissim
> Oris pone tui spicula, pone faces.
> Non mihi semper erit circum patientia pectus,
> Non tua perpetuo dicta salesque feram.
> Invitus, juro, tristes accingar iambos,
> Læsus et expediam carmina mille tibi,

> Quæ miserum subigant laqueum vel nectere collo,
> Francica vel turpi linquere regna fuga;
> Ut discant homines, linguæ sors ultima et oris
> Exitus effreni quam miser esse solet.[1]

Quelques hommes modérés essayèrent de finir une querelle qui séparait des poëtes faits pour s'estimer. Guillaume Des Autels surtout, ami des deux rivaux, se distingua dans ce rôle honorable de conciliateur ; il les exhorte en l'une de ses pièces à faire leur paix, comme autrefois Apollon et Mercure ; voici sa dernière strophe :

> Comment pourroit ce mortel fiel
> Abreuver ta gracieuse ame,
> O Mellin, Mellin tout de miel,
> Mellin tousjours loin de tel blasme?
> Et toi, divin Ronsard, comment
> Pourroit ton haut entendement
> S'abaisser à ce vil courage?
> Le champ des Muses est bien grand;
> Autre que vous encore prend
> Son droit en si bel heritage;
> Mais vous avez la meilleur part;
> Si maintenant je l'avois telle,
> Je ferois la paix immortelle
> De Saint-Gelais et de Ronsard.

Grâce à cette entremise officieuse et au bon esprit des deux adversaires, la paix ne tarda pas à se conclure. Mellin adressa à Ronsard un sonnet flatteur, qui fut inséré par le jeune poëte en tête de la seconde édition de ses *Amours*, en 1553,[2] comme un gage public de réconciliation ; il

---

1. Éd. P. Bl. t. IV, p. 361.
2. Je ne donne ces dates qu'avec méfiance. Un travail bibliographique

adressa à son tour au vieux Mellin une ode d'amnistie qui commence par ces vers :

> Toujours ne tempeste enragée
> Contre ses bords la mer Égée[1], etc., etc.

sur les premières publications et les éditions originales successives des diverses poésies de Ronsard est à faire, et je n'en ai pas recueilli les éléments, mon objet ayant été purement l'appréciation et la critique littéraire. Je sais que des amateurs éclairés se sont plu à rassembler ces premières éditions fort rares; il est à souhaiter que l'un d'eux supplée à cette lacune, qui ne peut se combler qu'avec toutes les pièces en main. Ronsard avait beaucoup changé, corrigé, quelquefois gâté, dans les éditions dernières faites sous ses yeux. Il pourrait ressortir de cet examen des vues nouvelles. (*Note de l'édition du* Tableau de la poésie, *de 1845*). Il m'a été donné depuis de me fixer au moins sur les premières éditions de Ronsard : je vais citer ce qui m'a passé sous les yeux :

L'Hymne de France, 1549;
Ode à la paix, 1550;
Les quatre premiers livres des Odes, 1550;
Les Amours, avec le cinquième livre des Odes, 1552;
Les Amours, avec le commentaire de Muret (deuxième édition), 1553.
(*Addition de l'édition du* Tableau de la poésie, *de 1876*.)

1.
> Toujours ne tempeste enragée,
> Contre ses bords la mer Égée,
> Et toujours l'orage cruel
> Des vents comme un foudre ne gronde,
> Elochant* la voute du monde
> D'un soufflement continuel.
> Toujours l'hiver de neiges blanches
> Des pins n'enfarine les branches,
> Et du haut Apennin toujours
> La gresle le dos ne martelle,
> Et toujours la glace eternelle
> Des fleuves ne bride le cours, etc.

C'est imité d'Horace, liv. II, ode IX.

> Non semper imbres nubibus hispidos
> Manant in agros aut mare Caspium
> Vexant inæquales procellæ
> Usque, etc.

* *Elochant*, disloquant (L. M.).
V. édit. P. Bl., t. II, p. 278.

b

A l'exemple de Ronsard, Du Bellay ne perdit pas désormais une occasion de mentionner honorablement dans ses vers le nom de Mellin.

L'année 1552 fut célèbre par le triomphe tragique de Jodelle, l'un des plus chers et fervents disciples de Ronsard.[1]

Celui-ci nous a transmis le détail de la fête d'Arcueil, où l'on accusa les convives d'avoir immolé en païens un bouc à Bacchus. Ce furent d'abord les ennemis du théâtre classique et les partisans des *mystères* qui firent courir ce bruit ; plus tard, les calvinistes le relevèrent, quand Ronsard les eut offensés par ses satires catholiques. Voici le récit du poète :

> Jodelle ayant gaigné par une voix hardie
> L'honneur que l'homme Grec donne à la Tragédie,
> Pour avoir, en haussant le bas style françois,
> Contenté doctement les oreilles des rois,
> La brigade qui lors au ciel levoit la teste
> (Quand le temps permettoit une licence honneste),
> Honorant son esprit gaillard et bien appris,
> Luy fit present d'un bouc, des Tragiques le prix.
>
> Jà la nappe estoit mise, et la table garnie
> Se bordoit d'une saincte et docte compagnie,
> Quand deux ou trois ensemble en riant ont poussé
> Le pere du troupeau à long poil herissé :
> Il venoit à grands pas ayant la barbe peinte,
> D'un chapelet de fleurs la teste il avoit ceinte,
> Le bouquet sur l'oreille, et bien fier se sentoit

---

1. Baïf, au livre IV de ses *Poëmes*, assigne la date de 1553. Il y a toujours quelque difficulté à la précision de ces dates, à cause de la manière alors ambiguë de commencer l'année. *(Note de l'édition du* Tableau de la poésie, *de 1843.)*

Dequoy telle jeunesse ainsi le presentoit :
Puis il fut rejeté pour chose meprisée
Après qu'il eut servy d'une longue risée,
Et non sacrifié, comme tu dis, menteur,
De telle faulse bourde impudent inventeur.[1]

La nouvelle école, une fois maîtresse sur la scène et dans tous les genres de poésie, la gloire du chef fut immense, et ne souffrit plus de contestation. Ce ne fut qu'à l'occasion du *Discours sur les misères du temps* que quelques voix amères et discordantes vinrent se mêler au concert unanime de louanges qui environnait Ronsard. On peut rapporter cette querelle à l'année 1563 environ. Les calvinistes, adversaires de Ronsard, n'osant nier son génie, lui reprochèrent d'être prêtre, d'être athée et de mener une vie licencieuse.[2] En répondant à leurs attaques,

1. *Réponse à quelque Ministre.* — V. éd. P. Bl. t. VII, p. 111.
2. La conduite de Ronsard à l'égard des huguenots lui fit bien des ennemis, et il eut à ce propos toute une émeute littéraire à réprimer : ce fut la seule durant son long règne. Dans l'opuscule intitulé *de l'État réel de la Presse et des Pamphlets depuis François Ier jusqu'à Louis XIV*, par M. Leber (Techener, 1834), on lit (page 89) une pièce virulente en style de prose d'église contre notre poëte : *Prosa Magistri nostri Nicolai Mallarii gomorrhœi sorbonici, ad M. Petrum Ronsardum Poetam papalem sorbonicum, 1563.* Ce sont des strophes rimées d'un latin macaronique ; en voici une ou deux :

>Valde sum admiratus
>Quod cito esses factus
>De poeta presbyter.
>O presbyter nobilis,
>Poeta rasibilis,
>Vivas immortaliter!
>
>. . . . . . .
>Huguenotti amplius
>Dicunt quod tu melius
>Tractares ludibria,
>Spurca, sales et jocos,
>Oscula, vel elegos,
>Quam sacra vel seria.
>
>. . . . . . .
>Plus dicunt quod Ronsardus

le poète a donné de curieux renseignements sur lui-même.

Ronsard a-t-il été prêtre? De Thou paraît trancher la question; il donne à son ami je ne sais quelle *cure d'Évaillé* et l'autorité de De Thou serait décisive, si celle de Ronsard ne l'était d'avantage encore. Ou lit au deuxième livre des *Poëmes*, dans une épître au cardinal de Châtillon, les vers suivants, qui sembleraient d'abord confirmer le témoignage de De Thou :

> Dès le commencement que je fus donné Page
> Pour user la pluspart de la fleur de mon age
> Au royaume Escossois de vagues emmuré :
> Qui m'eust, en m'embarquant sur la poupe, juré
> Que, changeant mon espée aux armes bien apprise,
> J'eusse pris le bonnet des pasteurs de l'Eglise,
> Je ne l'eusse pas creu : et me l'eust dit Phœbus,
> J'eusse dit son trepied et luy n'estre qu'abus :
> Car j'avois tout le cœur enflé d'aimer les armes ;
> Je voulois me braver au nombre des gendarmes ;
> Et de mon naturel je cherchois les debats,
> Moins desireux de paix qu'amoureux de combats.[1]

> > Certo sit factus surdus
> > A *lue hispanica*,
> > Et quamvis sudaverit,
> > Non tamen receperit
> > Auditum *et reliqua*.

Ce *reliqua* est assez joli, le genre admis. Sur le *lue hispanica*, Ronsard a répliqué énergiquement en nommant en français la chose :

> > Tu m'accuses, cafard. . . . .
> > Un chaste prédicant de fait et de parole
> > Ne devroit jamais dire un propos si vilain :
> > Mais que sort-il du sac? Cela dont il est plein.
> > > (*Réponse à quelque Ministre.*)

Note de l'édition du Tableau de la poésie, *de 1843.)*

1. Édit. P. Bl., t. VI, p. 233.

Mais ce passsage prouve seulement que Ronsard portait *le bonnet des pasteurs de l'Église;* et en effet, quand les ministres génevois l'accusèrent d'être prêtre, il leur répondit :

> Or sus, mon frere en Christ, tu dis que je suis prestre;
> J'atteste l'Eternel que je le voudrois estre,
> Et avoir tout le chef et le dos empesché
> Dessous la pesanteur d'une bonne evesché :
> Lors j'auroy la couronne à bon droict sur la teste,
> Qu'un rasoir blanchiroit le soir d'une grand feste,
> Ouverte, large, longue, allant jusques au front,
> En forme d'un croissant qui tout se courbe en rond.[1]

Et comme pour démontrer qu'il n'y a point de contradiction entre ce second passage et le premier, Ronsard plus loin ajoute :

> Mais quand je suis aux lieux où il faut faire voir
> D'un cœur devotieux l'office et le devoir,
> Lors je suis de l'Eglise une colonne ferme :
> D'un surpelis ondé les espaules je m'arme,
> D'une haumusse le bras, d'une chappe le dos,
> Et non comme tu dis faite de croix et d'os :
> C'est pour un capelan[2]; la mienne est honorée

---

1. Édit. P. Bl., t. VII, p. 98.
2. *Capelan,* qui vit du revenu d'une chapelle. Il est à croire pourtant que Ronsard, sans être prêtre ni curé, vécut des revenus d'une cure, ce qui concilierait le récit de De Thou avec les assertions du poëte. De Thou, en effet, ne peut guère s'être mépris à ce point sur les circonstances d'une vie qui lui était si chére; il va même jusqu'à raconter (livre xxx des *Histoires,* année 1562) qu'un jour que les huguenots couraient la campagne, Ronsard, tout curé qu'il était, se mit à la tête des gentilshommes du pays et chassa les pillards *(Note de la première édition).* Voici les termes mêmes :
« Qua ex re commota nobilitas arma sumit, duce sibi delecto Petro Ronsardo,

De grandes boucles d'or et de frange dorée :
Et sans toy, sacrilege, encore je l'aurois
Couverte des presents qui viennent des Indois :
Mais ta main de Harpye et tes griffes trop haves
Nous gardent bien d'avoir les espaules si braves,
Riblant,[1] comme larrons, des bons Saincts immortels
Chasses et corporaulx, calices et autels.
Je ne perds un moment des prieres divines :
Dès la poincte du jour je m'en vais à Matines,
J'ay mon breviaire au poing ; je chante quelquefois,
Mais c'est bien rarement, car j'ay mauvaise vois :
Le devoir du service en rien je n'abandonne.
Je suis à Prime, à Sexte, et à Tierce et à Nonne :
J'oy dire la grand Messe, et avecques l'encent
(Qui par l'Eglise espars comme parfum se sent)
J'honore mon prelat des autres l'outrepasse,
Qui a pris d'Agenor[2] son surnom et sa race.
Après le tour finy je viens pour me r'assoir :
Bref, depuis le matin jusqu'au retour du soir
Nous chantons au Seigneur louanges et cantiques,
Et prions Dieu pour vous qui estes heretiques.[3]

Il est donc bien prouvé que Ronsard ne fut pas prêtre, bien qu'il portât chappe, qu'il chantât vêpres et qu'il tou-

---

qui curionatum Evalliæ tenebat : neque enim is erat qui libertatem poeticam sacerdotalis muneris necessitate tanquam compede ad gravitatem ea functione dignam vellet astringere ; sed homo generosus et a teneris annis, etc., etc... » Il n'est pas dit nettement que Ronsard fut *prêtre* comme nous l'entendons, mais seulement qu'il était plus ou moins engagé dans les devoirs et les fonctions sacerdotales. A l'occasion de sa mort (année 1585), De Thou revient sur lui en détail sans plus reparler de cette prêtrise. *(Addition de l'édition du* Tableau de la poésie, *de 1845.)*

1. *Riblant,* brigandant, pillant.
2. *D'Agenor.* L'évêque du Mans était de la maison d'Angennes, que Ronsard fait descendre d'Agenor.
3. Édit. P. Bl., t. VI, p. 114.

chât les revenus de mainte abbaye. Il aurait pu dire comme son ami, J.-A de Baïf, en parlant de lui-même :

> . . . . ni veuf, ni marié,
> Ni prestre, seulement clerc à simple tonsure.

Quant à son genre de vie, il a pris soin de le décrire en détail :

> M'éveillant au matin, devant que faire rien
> J'invoque l'Eternel, le pere de tout bien,
> Le priant humblement de me donner sa grace,
> Et que le jour naissant sans l'offenser se passe :
> Qu'il chasse toute secte et toute erreur de moy ;
> Qu'il me veuille garder en ma premiere foy
> Sans entreprendre rien qui blesse ma province,
> Très-humble observateur des loix et de mon prince.

> Après je sors du lict, et quand je suis vestu
> Je me range à l'estude et apprens la vertu,
> Composant et lisant, suivant ma destinée,
> Qui s'est dès mon enfance aux Muses enclinée :
> Quatre ou cinq heures seul je m'arreste enfermé :
> Puis sentant mon esprit de trop lire assommé,
> J'abandonne le livre et m'en vais à l'Eglise.
> Au retour pour plaisir une heure je devise :
> De là je viens disner faisant sobre repas,
> Je rends graces à Dieu : au reste je m'esbas.

> Car si l'après-disnée est plaisante et sereine,
> Je m'en vais pourmener tantost parmy la plaine,
> Tantost en un village, et tantost en un bois,
> Et tantost par les lieux solitaires et cois.
> J'aime fort les jardins qui sentent le sauvage,
> J'aime le flot de l'eau qui gazouille au rivage.

Là, devisant sur l'herbe avec un mien amy,
Je me suis par les fleurs bien souvent endormy
A l'ombrage d'un saule, ou lisant dans un livre ;
J'ay cherché le moyen de me faire revivre,
Tout pur d'ambition et des soucis cuisans,
Miserables bourreaux d'un tas de mesdisans,
Qui font (comme ravis) les prophetes en France,
Pippans les grans seigneurs d'une belle apparence.

Mais quand le ciel est triste et tout noir d'espesseur,
Et qu'il ne fait aux champs ny plaisant ny bien seur,
Je cherche compagnie, ou je joue à la Prime ;
Je voltige, ou je saute, ou je lutte, ou j'escrime,
Je dy le mot pour rire, et à la verité
Je ne loge chez moy trop de severité.

Puis, quand la nuict brunette a rangé les estoilles,
Encourtinant le ciel et la terre de voiles,
Sans soucy je me couche, et là, levant les yeux
Et la bouche et le cœur vers la voute des cieux,
Je fais mon oraison, priant la bonté haute
De vouloir pardonner doucement à ma faute.
Au reste je ne suis ny mutin ny meschant,
Qui fay croire ma loy par le glaive trenchant.
Voilà comme je vy ; si ta vie est meilleure,
Je n'en suis envieux, et soit à la bonne heure.[1]

Sous Charles IX, Ronsard quittait peu la cour, parce que le prince ne pouvait se passer de sa compagnie ; mais après la mort de Charles, le poète déjà vieux, très-affligé de goutte et un peu négligé par Henri III, se retira à son abbaye de Croix-Val en Vendômois, sous l'ombrage de la

---

1. *Réponse à quelque Ministre.* — Édit. P. Bl., t. VI, p. 112.

forêt de Gastine, et aux bords de la fontaine Bellerie, qu'il a tant célébrées. Il venait encore de temps en temps à Paris visiter Galland, Baïf et ses autres bons amis du faubourg Saint-Marcel ; leur plaisir était d'aller ensemble s'ébattre dans les bois de Meudon. Cependant les voyages de Ronsard devinrent de moins en moins fréquents. Le 22 octobre 1585, il écrivait à Galland ses pressentiments d'une fin prochaine, et n'espérait déjà plus survivre aux feuilles d'automne. La maladie en effet se joignit à ses infirmités habituelles, et il expira dans des sentiments de grande piété, le vendredi 27 décembre 1585, en son prieuré de Saint-Cosme, près de Tours, où il s'était fait transporter. Il fut enterré dans le chœur de l'église du prieuré sans aucune pompe ; mais vingt-quatre ans après sa mort Joachim de La Chétardie, conseiller-clerc au parlement de Paris, et prieur-commendataire de Saint-Cosme, lui fit dresser un tombeau de marbre, surmonté d'une statue. Galland, entre les bras duquel Ronsard avait expiré, attendit moins longtemps pour rendre à son ami les hommages solennels qui lui étaient dus, et le lundi 24 février 1586, en la chappelle du collége de Boncour, fut célébrée une messe en musique, où assistèrent des princes du sang, des cardinaux, le parlement de Paris et l'Université. L'oraison funèbre prononcée par Du Perron, depuis évêque d'Évreux et cardinal, arracha des larmes à tous les assistants. On ferait un volume des pièces de vers, églogues, élégies, épitaphes, qui furent composées sur le trépas de l'illustre poète. Nous n'en citerons rien ; seulement nous donnerons, comme plus curieux, deux ou trois jugements sur Ronsard portés à une époque où sa gloire était déjà fort ébranlée.

Balzac a dit en son 31e entretien : « Dans notre dernière conférence, il fut parlé de celui que M. le Président De Thou et Scévole de Sainte-Marthe ont mis à côté d'Homère, vis-à-vis de Virgile, et je ne sais combien de toises au-dessus de tous les autres poètes grecs, latins et italiens. Encore aujourd'hui il est admiré par les trois quarts du Parlement de Paris, et généralement par les autres parlements de France. L'Université et les Jésuites tiennent encore son parti contre la cour et contre l'Académie. Pourquoi voulez-vous donc que je me déclare contre un homme si bien appuyé, et que ce que nous en avons dit en notre particulier devienne public? Il le faut pourtant, Monseigneur *(M. de Péricard, évêque d'Angoulême)*, puisque vous m'en priez, et que les prières des supérieurs sont des commandements ; mais je me garderai bien de le nommer, de peur de me faire lapider par les communes mêmes de notre province. Je me brouillerois avec mes parents et avec mes amis, si je leur disois qu'ils sont en erreur de ce côté-là et que le Dieu qu'ils adorent est un faux Dieu. Abstenons-nous donc, pour la sûreté de notre personne, de ce nom si cher au peuple, et qui révolteroit tout le monde contre nous.

« Ce poète si célèbre et si admiré a ses défauts et ceux de son temps, comme j'ai dit autrefois d'un grand personnage *(probablement de Montaigne)*. Ce n'est pas un poète bien entier, c'est le commencement et la matière d'un poète. On voit dans ses œuvres des parties naissantes et à demi animées d'un corps qui se forme et qui se fait, mais qui n'a garde d'être achevé. C'est une grande source, il le faut avouer, mais c'est une source trouble et boueuse : une source où non-seulement il y a moins d'eau que de limon, mais où l'ordure empêche de couler l'eau... »

Ailleurs, dans une des *Lettres familières* à Chapelain, qui est la 17e du livre VI, on lit ces mots de Balzac : « Est-ce tout de bon que vous parlez de Ronsard, et que vous le traitez de grand ; ou si c'est seulement par modestie et pour opposer sa grandeur à notre ténuité? Pour moi, je ne l'estime grand que dans le sens de ce vieux proverbe : *Magnus liber, magnum malum...* Il faudroit que M. de Malherbe, M. de Grasse *(Godeau, évêque de Grasse)* et vous, fussiez de petits poètes, ci celui-là peut passer pour grand. »

Chapelain, né en 1595, était fils de Jeanne Corbière, fille elle-même d'un Michel Corbière, ami particulier de Ronsard, et avait été nourri par sa mère dans l'admiration du vieux poète.[1]

Mademoiselle de Scudéry, au tome VIIIe de sa *Clélie*, parle en ces termes de Ronsard (c'est Calliope qui le montre dans l'avenir à Hésiode endormi) :

« Regarde le prince des poètes françois : il sera beau, bien fait et de bonne mine ; il s'appellera Ronsard ; sa naissance sera noble ; il sera extraordinairement estimé, et méritera de l'être en son temps. Il sera même assez savant ; mais, comme il sera le premier en France qui entreprendra de vouloir faire de beaux vers, il ne pourra donner à ses ouvrages la perfection nécessaire pou être loués longtemps. On connoîtra pourtant bien toujours par quelques-unes de ses hymnes que la nature lui aura beaucoup donné, et qu'il aura mérité sa réputation. Sa fortune ne sera pas mauvaise, et il mourra sans être pauvre. »

Guillaume Colletet en son temps adressa aux mânes de Ronsard le sonnet que voici ;

Afin de témoigner à la postérité
Que je fus en mon temps partisan de ta gloire,

---

1. Voyez ci-après, p. LXIV, la réponse de Chapelain à Balzac.

Malgré ces ignorans de qui la bouche noire
Blasphème impudemment contre ta déité,

Je viens rendre à ton nom ce qu'il a mérité,
Belle Ame de Ronsard, dont la sainte mémoire
Obtenant sur le temps une heureuse victoire,
Ne bornera son cours que de l'Éternité.

Attendant que le ciel mes desseins favorise,
Que je te puisse voir dans les plaines d'Élyse,
Ne t'ayant jamais vu qu'en tes doctes écrits :

Belle Ame, qu'Apollon ses faveurs me refuse,
Si, marchant sur les pas des plus rares esprits,
Je n'adore toujours les fureurs de ta Muse !

La réputation de Ronsard paraît s'être soutenue plus longtemps chez les étrangers qu'en France. Le savant Scipion Maffei a loué ce poète à une époque où on avait cessé de le lire chez nous;[1] et l'on assure que, de nos jours encore, l'illustre Goëthe ne parle de lui qu'avec estime. Nous avons à ce propos entendu des gens d'esprit et de goût soutenir, avec quelque apparence de raison, que ce qui nuit le plus à Ronsard en France, c'est d'avoir écrit en français, et que, s'il avait composé en italien, nous ne le distinguerions guère de Pétrarque, du Bembe,

---

1. La Monnoye a dit dans son édition du *Menagiana*, au sujet des œuvres de Ronsard : « Je crois qu'il seroit très-difficile de rencontrer une personne qui osât se vanter de les avoir et de les lire. » *(Note de la première édition.)* — On lit dans les *Réflexions critiques sur la Poésie et sur la Peinture*, par l'abbé Dubos (seconde partie, sect. XXXI), d'assez ingénieuses considérations sur les jugements qu'avaient portés de Ronsard ses contemporains, en quoi ils se trompaient et en quoi ils avaient raison. *(Addition de l'édition du* Tableau de la poésie, *de 1843.)*

de Laurent de Médicis et de tant d'autres poëtes estimés.[1] Sans doute, les mots surannés dont Ronsard abonde viennent trop souvent gâter l'impression de ses pièces. Disons toutefois que, l'invention chez lui étant à peu près nulle, c'est par le style encore qu'il se rachète le plus à notre jugement et qu'il est véritablement créateur, c'est-à-dire poëte. Et par exemple, qu'en nous peignant sa maîtresse, il nous retrace le *doux languir de ses yeux* ; que, dans un naufrage, lorsque le vaissseau s'est englouti, il nous montre

> Les mariniers pendus aux vagues de Neptune ;

qu'en un transport d'amour platonique et séraphique, il s'écrie :

> Je veux bruler, pour m'elever aux cieux,
> Tout l'imparfait de mon ecorce humaine,
> M'eternisant comme le fils d'Alcmene
> Qui tout en feu s'assit entre les dieux ;

dans tous ces cas et dans la plupart des autres, les beautés appartiennent au style, et nous avons à nous féliciter que Ronsard ait écrit en français. C'est cette considération particulière qui a surtout déterminé le présent édi-

---

[1]. Si l'on est sincère, on conviendra que ces difficultés de distinguer sont fréquentes lorsqu'on juge des poëtes dans une autre langue. Le cardinal Passionei, s'entretenant avec Grosley de nos auteurs, lui avoua qu'il ne distinguait pas la poésie de Des Portes d'avec celle de Voltaire. *(Note de l'édition du* Tableau de la poésie, *de 1843.)* Et Coupé, au tome IIIe de ses *Soirées littéraires*, où il donne une notice sur Ronsard, nous dit : « J'ai connu un savant d'Italie qui croyait voir une ressemblance parfaite entre Ronsard et Voltaire... » Suit un parallèle détaillé et assez piquant, que Coupé rapporte d'après ce savant Italien : il en reste un seul point très-vrai, c'est que la *Henriade* ne vivra pas plus que la *Franciade*. *(Addition de l'édition du* Tableau de la poésie, *de 1876)*

teur et commentateur de Ronsard à en appeler en dernier ressort auprès du public d'un procès qui semblait jugé à fond, et à venir se placer, en toute humilité, comme défenseur et partisan du vieux poète, immédiatement au-dessous de mesdemoiselles de Gournay et Scudéry, de Chapelain et de Colletet :

> A toi, Ronsard, à toi, qu'un sort injurieux
> Depuis deux siècles livre aux mépris de l'histoire,
> J'élève de mes mains l'autel expiatoire
> Qui te purifiera d'un arrêt odieux.
>
> Non que j'espère encore, au trône radieux
> D'où jadis tu régnais, replacer ta mémoire.
> Tu ne peux de si bas remonter à la gloire :
> Vulcain impunément ne tomba point des cieux.
>
> Mais qu'un peu de pitié console enfin tes mânes ;
> Que, déchiré long-temps par des rires profanes,
> Ton nom, d'abord fameux, recouvre un peu d'honneur ;
>
> Qu'on dise : Il osa trop, mais l'audace était belle ;
> Il lassa sans la vaincre une langue rebelle,
> Et de moins grands depuis eurent plus de bonheur.

Juillet 1828.

II[1]

Depuis vingt-sept ans déjà que j'ai publié un *choix des poésies de Ronsard* (1828) joint à un Tableau historique de son école, dans lequel j'essayais de remettre en lumière et en honneur un côté du moins de son entreprise, je me suis en général abstenu d'en parler. J'avais eu tellement l'air de l'épouser d'abord aux yeux de certaines personnes, que je sentais bien que je nuirais plus que je ne servirais à son retour de fortune en insistant. J'avais d'ailleurs donné mes meilleures raisons et mes preuves. J'ai donc laissé faire le temps, et j'ai aussi beaucoup laissé dire. Je ne prétends pas aujourd'hui que la cause soit gagnée : il y a très-peu de points qui soient gagnés définitivement en histoire littéraire ; les conclusions les plus claires et les mieux motivées suscitent et ramènent de temps en temps des procès qui recommencent. Mais il est pourtant de certaines notions qui, une fois établies et remises en circulation, ne se perdent plus et qui entrent, bon gré malgré, dans les jugements mêmes qui aimeraient à n'en pas tenir compte. Aujourd'hui, l'opinion moyenne sur Ronsard et sa tentative est assez fixée pour qu'il ait été possible à M. Gandar, ancien élève de l'École d'Athènes, de faire de ce poëte le sujet d'une thèse en Sorbonne et d'y soutenir que Ronsard méritait plus encore que n'avaient réclamé pour lui ceux mêmes qui avaient paru aller trop loin. Et voilà

[1]. 13 octobre 1855.

M. Prosper Blanchemain qui, dans une édition de luxe publiée par un libraire bibliophile, a jugé qu'il n'était pas inopportun de présenter, non plus un extrait et un choix des œuvres connues de Ronsard, mais un surcroît d'œuvres inédites, des variantes ou fragments tirés de recueils manuscrits, en un mot quelque chose de plus que ce qu'on avait déjà. Ce sont là des signes assez évidents que la *question de Ronsard*, comme on pourrait dire, a marché et a fait son chemin depuis vingt-cinq ans dans le monde des lettres. On me permettra donc d'y revenir à mon tour, et pour dire un mot de ces travaux récents, et pour rappeler avec précision ce que j'avais désiré et demandé moi-même à l'origine.

Qu'on veuille se reporter en 1827, au moment où la curiosité critique se dirigeait dans tous les sens, non point par un esprit de simple étude et de connaissance impartiale, mais avec un désir de conquête, d'appropriation et une honorable avidité de s'enrichir au profit de l'art et, s'il se pouvait, de la création moderne. En même temps, une jeune école de poëtes cherchait de toute part des voies nouvelles. M. de Lamartine avait du premier coup fait jaillir une source de sentiments élevés, abondante, et qui s'épanchait en une large et facile harmonie. D'autres poursuivaient non sans effort ce qu'ils étaient destinés à atteindre un jour ; ils gravissaient les rochers ou fouillaient les plis du vallon. Les principaux de ces poètes, ceux qui avaient le plus d'avenir, se rattachaient à l'ordre d'idées et d'affections inaugurées dès le commencement du siècle par M. de Chateaubriand, et dont la Restauration favorisait le réveil ; et, pour cette autre initiation qui tient plus particulièrement à la forme poétique, ils aimaient à se réclamer d'André Chénier, non pas tant pour l'imiter directement que par instinct de fraîcheur, de renouvellement, et par amour de cette beauté grecque dont il nous rendait les vives élégances et les grâces. Il faut (même après qu'ils sont devenus célèbres) voir les hommes tels qu'ils sont, tels qu'ils étaient, et ne point se payer de mots. La plupart des poëtes de cette génération étaient instruits et avaient fait des études suffisantes, mais ils n'étaient point doctes. Il est aisé aujourd'hui à un ancien élève de l'École normale qui a, de plus, couronné son éducation classique à l'École d'Athènes, et qui a parcouru avec méthode pendant des années le cercle complet des lectures tant latines que grecques, de venir indiquer par où pouvait pécher une tentative d'imitation et un retour quelconque vers l'antique, et de relever les témérités ou les inexpériences. Nos poëtes de 1827 n'avaient pas fait, comme Gœthe, leurs études dans des universités allemandes d'où l'on sortait en emportant l'*Odyssée* dans ses promenades ; comme Byron ou les lakistes, ils n'avaient pas été formés dans des écoles où l'on finit par lire les chœurs des tragiques grecs en se jouant. Ils avaient fait ce qu'on appelait sous l'Empire de bonnes études ; ils étaient gens du monde, quelques-uns militaires, pressés d'ailleurs de produire, et dignes de se perfectionner par l'étude sans en avoir les loisirs ni les instruments ; mais ils avaient une certaine flamme au cœur et une ardeur d'idéal qui ne s'est pas encore éteinte chez tous, et qui fait l'honneur de ces générations rapides dont les individus isolés se survivent ; il y avait eu je ne sais quel astre ou quel météore qui les avait touchés en naissant. Chacun alors prenait donc l'initiation où il le pouvait, l'un entrait dans le sentiment de la haute poésie par Byron, l'autre par Shakespeare, un autre de préférence par Dante ; on saisissait un point, et l'on devinait le reste : tout cela se rejoignait dans une noble fièvre et une émulation commune. Ce qui était bien certain pour ceux qui tentaient la pratique de l'art en vers, et surtout dans l'ordre lyrique, c'est que les dernières sources trop fréquentées du xviiie siècle, sources de tout temps mélangées et fort minces, étaient taries et épuisées, et qu'il fallait se retremper ailleurs, non pas tant pour les sentiments (on les avait en soi) que pour l'expression, pour la couleur, pour le style. Une grande partie de la difficulté était là.

Or, en ces mêmes années, étudiant de mon côté le xvie siècle français et notre ancienne poésie à un point de vue critique, je ne fus pas longtemps à m'apercevoir d'un certain rapport entre ce qu'on avait voulu alors et ce qu'on désirait dans le présent. Et, en effet, à ce grand moment de la Renaissance, lorsqu'au sortir de l'étude fervente des belles œuvres de l'antiquité on s'était retrouvé en présence d'une poésie française naturelle, élégante, mais peu élevée, on avait eu conscience à cet égard de la pauvreté domestique ; on avait fait effort pour en triompher, et pour monter une lyre au ton des plus graves et des plus héroïques desseins. On avait échoué, mais, selon moi, en partie seulement ; car il était possible encore, dans l'ensemble confus des poésies oubliées de cette époque, de recueillir à première vue et de faire goûter une certaine quantité de pièces vives, neuves, d'un rhythme ferme et varié, d'une couleur charmante, d'une expression imprévue et pourtant bien française. Est-ce à dire pour cela que je conseillais d'imiter ces poëtes du xvie siècle et en particulier Ronsard, soit directement dans la forme et dans la langue, soit dans l'ordre des idées ? Pas le moins du monde. Je disais précisément le contraire, et j'avertissais que tel n'était point mon but. Mais la lyre de Malherbe, celle que ce vigoureux lyrique avait refaite et léguée à ses successeurs, n'était plus qu'à quatre cordes, et je demandais qu'on en ajoutât une cinquième qui y avait été avant lui. Mais le style de la poésie lyrique était fort déchu ; il était entravé et gêné de toutes parts, jeté à froid dans des moules usés ; les heureuses tentatives de quelques jeunes poëtes tendaient à le restaurer, à l'étendre, et à ceux qui s'en étonnaient et s'en irritaient comme d'une innovation inouïe, je rappelais qu'on l'avait déjà essayé et sans tant de maladresse et de malheur qu'on l'avait bien voulu dire. Enrichir la palette de quelques tons agréables à l'œil, ajouter quelques notes aux accents connus, quelques nombres et couplets aux rhythmes en usage, justifier surtout par des exemples retrouvés à propos ce qu'osaient d'instinct les poëtes novateurs de notre temps, renouer la tradition sur un point où l'on n'avait jusque-là signalé que des débris, c'était mon ambition la plus haute. Je la rassemblais autour du nom de Ronsard, et je la limitais moi-même dans ces vers où, ce me semble, je ne demandais que peu. J'y disais en propres termes, et en m'adressant au poëte auquel je venais d'élever dans mon volume une sorte d'*autel expiatoire* :

Non que j'espère encore, au trône radieux, etc.[1]

Ma conclusion, après tout, n'était pas tellement différente du jugement qu'avait porté, sur Ronsard, Fénelon dans sa Lettre à l'Académie française :

« Ronsard, y disait-il, avait trop entrepris tout à coup. Il avait forcé notre langue par des inversions trop hardies et

---

1. V. p. xxx.

obscures; c'était un langage cru et informe. Il y ajoutait trop de mots composés qui n'étaient point encore introduits dans le commerce de la nation : il parlait français en grec, malgré les Français mêmes. *Il n'avait pas tort, ce me semble, de tenter quelque nouvelle route pour enrichir notre langue, pour enhardir notre poésie, et pour dénouer notre versification naissante.* Mais, en fait de langue, on ne vient à bout de rien sans l'aveu des hommes pour lesquels on parle. *On ne doit jamais faire deux pas à la fois;* et il faut s'arrêter dès qu'on ne se voit pas suivi de la multitude. La singularité est dangereuse en tout : elle ne peut-être excusée dans les choses qui ne dépendent que de l'usage.

« *L'excès choquant de Ronsard nous a un peu jetés dans l'extrémité opposée : on a appauvri, desséché et gêné notre langue.* Elle n'ose jamais procéder que suivant la méthode la plus scrupuleuse et la plus uniforme de la grammaire : on voit toujours venir un nominatif substantif qui mène son adjectif comme par la main ; son verbe ne manque pas de marcher derrière, suivi d'un adverbe qui ne souffre rien entre eux deux; et le régime appelle aussitôt un accusatif, qui ne peut jamais se déplacer. C'est ce qui exclut toute suspension de l'esprit, toute attention, toute surprise, toute variété, et souvent toute magnifique cadence. »

Rempli de la poésie des anciens et particulièrement des Grecs, la goûtant dans ses hardiesses les plus harmonieuses et les plus naturelles, Fénelon savait tout le faible de la poésie moderne et de la nôtre en particulier ; il l'a indiqué encore en d'autres endroits de cette Lettre, et on n'a jamais dit à une Académie accoutumée à se célébrer elle-même, ainsi que sa propre langue, des vérités plus fortes d'une manière plus douce. Mais cela n'a été donné qu'au seul Fénelon.

M. Guizot, parlant de Ronsard dans un morceau sur

l'*État de la poésie en France avant Corneille*, et lui tenant compte des services qu'il avait rendus ou voulu rendre, a dit à peu près dans le même sens, et sous forme d'aphorisme politique : « Les hommes qui font les révolutions sont toujours méprisés par ceux qui en profitent. »

Maintenant je viens exprès de relire, de parcourir encore une fois tout Ronsard en me demandant si je l'ai bien compris dans mon ancienne lecture, si je ne l'ai pas surfait, et aussi (car M. Gandar m'en avertit, et c'est un avertissement bien agréable et flatteur puisqu'il implique un succès) si je n'ai pas été trop timide, et si je ne suis pas resté en deçà du vrai dans ma réclamation en sa faveur. Je sais tout ce qu'avaient d'incomplet, et jusqu'à un certain point de hâtif, cet extrait et ce jugement de 1828, et je le livre aux corrections de détail de ceux qui y reviennent armés de toutes pièces et avec une application d'érudit ; mais en ce qui est d'avoir fait un acte de goût, je ne saurais m'en repentir, et l'idée que je me forme de Ronsard est encore la même, c'est-à-dire celle-ci.

Il est jeune quand il conçoit son dessein : pourtant il a déjà vécu, voyagé ; il a fait légèrement ses premières études et les a manquées ; il est devenu page, et encore enfant il a couru le monde ; il est allé en Angleterre, en Écosse, en Hollande, en Allemagne, en Piémont. A le voir, on le croirait tout destiné au monde et aux armes, voué au service des princes. Il est de belle taille, de mine élégante, alerte et adroit aux exercices du corps, le front ouvert, l'air noble et généreux ; il a la conversation agréable et facile. Une surdité qui lui survient et qui l'afflige dès la jeunesse lui est un premier temps d'arrêt, un premier rappel intérieur qui le sollicite à la retraite. Et surtout il y avait alors dans l'air un grand souffle et un grand courant qui enlevait et qui embrasait toutes les âmes studieuses, et, parmi les ignorants mêmes, tous ceux qui étaient capables d'une ambition vraiment libérale. Ce mouvement de la Renaissance, comme on l'a vu du mouvement de 89, était un de ces puissants et féconds orages auxquels la jeunesse ne résiste pas. Ronsard en fut atteint ; Lazare de Baïf, auprès duquel il avait été quelque temps en Allemagne, l'initia à ce goût nouveau d'études. Ronsard prit une grande résolution. A l'âge de dix-sept ans, après sept ou huit années de courses, de dissipations, il se dit qu'il fallait être homme, compter dans son temps par un genre d'ambition et de succès qui ne ressemblât point à un autre, et cueillir la seule palme qui ne se flétrit pas. De retour à Paris, il s'enferma dans un collége auprès de Jean Dorat pour maître, et pendant sept ans (1542-1549), avec quelques condisciples de sa trempe et qu'il excitait de sa propre ardeur, il refit de fond en comble son éducation. Il lut tous les poëtes anciens, surtout les Grecs, chose très-neuve alors en France. Ce que fera un jour Alfieri à un âge plus avancé, Ronsard le fit plus jeune, mais par un même principe d'opiniâtre volonté ; il se dit : « Je serai poëte, je le suis ; » et il le fut. Il sortit de là plein d'enthousiasme et chargé de munitions poétiques, et il leva son drapeau. Lui et ses amis ils avaient conjuré ensemble pour que la langue française eût enfin une haute poésie, et ils se mirent incontinent à l'œuvre pour la lui donner (1550).

Ici j'entends des érudits de nos jours qui en parlent bien à leur aise, et qui disent (MM. de Schlegel en tête) : Cette poésie française élevée existait au moyen âge, elle était dans les romans de chevalerie, dans ces chansons de geste qu'on exhume chaque jour, dans ces traditions vraiment modernes où il fallait l'aller chercher comme à sa source naturelle, et non chez les Grecs et les Latins. Le poëte polonais Mickiewicz, dans ses considérations d'histoire littéraire, adresse un reproche de ce genre à Ronsard; il l'accuse d'avoir rompu avec la tradition du moyen âge, et d'avoir jeté la poésie française dans la route qu'elle n'a plus quittée. Tout ce qu'on a dit plus vulgairement de Malherbe, il l'impute à Ronsard, et il a raison en un certain sens. La poésie française classique, à proprement parler, date bien de celui-ci, et Malherbe n'a fait que recommencer l'œuvre en la corrigeant, en la prenant d'un cran plus bas. Les critiques étrangers romantiques sont donc sévères à Ronsard et à l'esprit même de sa tentative, en tant que revenant sans discrétion à l'antiquité : de sorte qu'en se chargeant de défendre et de maintenir ce brave poëte, on a à la fois affaire, et aux classiques français qui ne veulent pas reconnaître en lui leur grand-père, et aux plus éclairés des romantiques étrangers qui le traitent comme le premier en date de nos classiques. On est entre deux feux.

Mais dans ces considérations générales où l'on opère sur des siècles et des âges tout entiers, et où la critique parcourt à vol d'oiseau d'immenses espaces, on oublie trop un point essentiel, c'est que le poëte vient à une heure précise et à un moment. Or, au moment où s'essaya Ronsard, la tradition du moyen âge chez nous était toute dispersée et rompue, sans qu'il eût à s'en mêler ; ces grands poëmes et chansons de geste, qui reparaissent aujourd'hui un à un dans leur vrai texte, grâce à un labeur méritoire, étaient tous en manuscrit, enfouis dans les bibliothèques et complétement oubliés ; on n'aurait trouvé personne pour les déchiffrer et les lire. Depuis un siècle on n'avait sur tout cela en France que des romans en prose interminables, affadissants. Rabelais après Villon était venu, et avait fait sa parodie bouffonne, dont le rire au loin retentissait. Ronsard, qui n'avait pas le génie et qui n'était qu'un homme de talent poussé d'érudition, prit la poésie française au point où elle était, et vit, avant tout, un progrès à faire, une victoire à remporter sur Marot et sur Mellin de Saint-Gelais. Il marque nettement chez nous l'époque et l'avénement de la Renaissance, et en est le produit direct en français : elle avait retardé jusque-là, elle fit irruption avec lui.

Ce n'est pas à dire qu'avec plus de ressources et d'imagination il n'eût pu être un poëte de Renaissance tout autrement vif, inventif et léger. A le prendre tel qu'il fut, il eut son utilité et son mérite. Ses premières œuvres, ses *Odes* (1550) sont remplies d'un feu de tête qui se ressent de la vie renfermée et de l'espèce de serre chaude où il s'était nourri. Il rougirait de paraître imiter en rien les Français, ses prédécesseurs et devanciers, « d'autant, dit-il, que la langue est encore en son enfance ». Il s'est éloigné d'eux tant qu'il a pu, « prenant *style à part, sens à part, œuvre à part* ». Une louange donnée pour la forme à Marot mort, à Heroet, à Scève et à Mellin de Saint-Gelais vivants, ne contredit pas cette prétention qu'il a de marcher le seul et le premier par un sentier inconnu. Ce sentier, non frayé jusque-là, consiste à se jeter tout à fait du côté des anciens, à suivre de près Pindare, Horace ; il met son orgueil à les reproduire, à se modeler sur eux. A l'instar de ces maîtres, il apporte aux Français l'ode, le nom et la chose, et il se pique de l'offrir dans toute sa variété. Il n'écrit pas pour les rimeurs du jour ni pour les courtisans, dit-il, « qui n'admirent qu'un petit sonnet pétrarquisé ou quelque mignardise d'amour » qui n'a qu'un propos et qu'un ton ; mais il s'adresse aux « gentils esprits, ardents de la vertu ». Il a à cœur d'illustrer, de promouvoir notre langue, et de montrer aux étrangers qu'elle devancerait la leur, si ces beaux diseurs médisants, qui s'attaquent déjà à lui et qui combattent proprement des ombres (il les appelle d'un mot grec effrayant, *scia-maches*), voulaient aussi bien s'appliquer à la défendre et à la propager. Ces derniers mots couverts paraissent avoir été à l'adresse de Mellin de Saint-Gelais, poëte de cour et homme de goût comme nous dirions, lequel s'était permis dès l'abord, contre Ronsard et sa manière, des railleries qu'il continua encore quelque temps, et dont enfin il se désista : Mellin vieillissait et allait mourir, et, après les premières escarmouches, il sentit qu'il valait mieux faire sa paix avec cette jeunesse que de soutenir une guerre inégale. J'ai sous les yeux dans l'édition première ces odes de Ronsard ; je les disais autrefois presque illisibles : j'avoue qu'elles continuent de me paraître bien hérissées et bien rudes ; il y justifie par trop ce vers de l'ode finale imitée de l'*Exegi monumentum* :

Plus dur que fer, j'ai fini mon ouvrage.

Si j'avais à y faire un choix, il ne serait pas autre que celui que j'en ai tiré anciennement. Quelques pièces vives ou même touchantes, telles que l'*Élection de mon sépulcre*, des vers *à la fontaine Bellerie*, une épode impétueuse contre une certaine Jeanne trop cruelle, des strophes éparses, voilà ce qu'on y peut glaner. La jolie pièce : *Mignonne, allons voir si la rose...*, n'y était pas d'abord et n'a été introduite que dans des éditions suivantes. Ronsard a le souffle généreux et une certaine force inhérente à son talent : c'en est un trait distinctif ; mais cette force insuffisante, et qui le trahit dans les grands sujets, réussit mieux et le sert quand il se rabat aux moindres. C'est ainsi qu'il a quelquefois du nerf et de la netteté brillante dans la grâce.

Les *Amours* de Ronsard, qui succédèrent (1552), sont moins tendues que les premières odes, et offrent, malgré la monotonie, quelque agrément. Le poëte dans ces sonnets imite habituellement Pétrarque, et par endroits avec fraîcheur et sentiment; il y a des expressions heureuses, de ces images qui enrichissent la langue poétique :

> Sur le metier d'un si vague penser
> Amour ourdit les trames de ma vie.

L'année suivante (1553) le docte Muret jugea à propos de commenter ce recueil de sonnets; il voulait venger Ronsard contre la critique des ignorants, contre l'arrogance, disait-il, de ces *acrêtés mignons* dont « l'un le reprenait de se trop louer, l'autre d'écrire trop obscurément, l'autre d'être trop audacieux à faire de nouveaux mots ». Muret convient cependant que dans ce volume « il y a quelques sonnets qui d'homme n'eussent jamais été bien entendus, si l'auteur ne les eût, ou à lui ou à quelque autre, familièrement déclarés » et expliqués. Dès ce moment la réputation de Ronsard, aidée de ce concours des doctes et de quelques hautes protections en cour, triompha de toute résistance; Mellin de Saint-Gelais avait rendu les armes, et dans les années suivantes Ronsard, goûté des princes et adopté de la jeunesse, n'eut plus qu'à développer et à varier les applications de son talent. Il l'assouplit en effet, et dans les nouvelles *Amours* qu'il ajouta aux premières, dans les odes ou chansons qu'il y entremêla aux sonnets, il eut des notes où le feu, la verve et la facilité se font encore aujourd'hui sentir : *Quand j'étois libre, ains qu'une amour nouvelle,* etc.; *Or que l'hiver roidit la glace épaisse,* etc. ; *Quand ce beau printemps je voy,* etc. Il y a plaisir ici et profit à le parcourir ; on est vraiment avec un poëte.

La musique se mariait à ses vers ; on le chantait sur les instruments, et il devenait aussi populaire qu'il pouvait l'être : « Quand notre Mabile de Rennes, lit-on dans les *Contes d'Eutrapel,*[1] chantait un lai de Tristan le Léonnais sur sa viole, ou une ode de ce grand poëte Ronsard, n'eussiez-vous juré que celui-ci, sous le désespoir de sa Cassandre, se voulût confiner et rendre en la plus étroite observance et ermitage qui soit sur le Mont-Serrat ?... » Ainsi chanté par Mabile, Ronsard faisait l'effet d'un amoureux passionné.

Dans cette seconde période de sa carrière et de son talent, on voit Ronsard devenu un poëte assez facile, et plutôt trop facile ; il manie avec une grande aisance le vers alexandrin et y dit ce qu'il veut, mais avec quelque prolixité et longueur. Il est en quête de sujets, et ne trouve pas en lui matière à vaste conception ; il médite sa *Franciade* qu'il combine assez froidement et pour laquelle il attend des encouragements et récompenses, faute de quoi il ne l'achèvera jamais. Et cependant il s'exerce en bien des genres qu'on pourrait dire noblement tempérés, dans l'épître, le poëme moral, et il y a fait preuve de sens et de talent : ainsi dans une des pièces qui lui attirèrent le plus d'inimitiés, dans son *Discours des misères de ce temps,* adressé à la reine Catherine de Médicis à l'occasion des troubles et des premiers massacres de religion dont le

---

1. Chapitre XIX, *Musique d'Eutrapel.*

signal fut donné en 1560, il disait, après avoir dépeint l'espèce de fureur soudaine qui s'était emparé des esprits :

> Mais vous, Reine très-sage, en voyant ce discord
> Pouvez, en commandant, les mettre tous d'accord :
> Imitant le pasteur qui voyant les armées
> De ses mouches à miel, fierement animées
> Pour soutenir leurs rois, au combat se ruer,
> Se percer, se piquer, se navrer, se tuer,
> Et parmi les assauts forcenant pesle-mesle
> Tomber mortes du ciel aussi menu que gresle,
> Portant un gentil cœur dedans un petit corps,
> Il verse parmi l'air un peu de poudre ; et lors
> Retenant des deux camps la fureur à son aise,
> Pour un peu de sablon leurs querelles apaise.

Dans cette comparaison prise à Virgile, le *Pulveris exigui jactu* est très-bien rendu. Il y a une suspension qui est imitative et d'un effet pittoresque :

> Il verse parmi l'air un peu de poudre...

La plupart des critiques que l'on a adressées à la première manière ardue et rocailleuse de Ronsard trouveraient peu leur application, à considérer cette portion plus rassise de ses œuvres ; je lui reprocherais plutôt d'y être trop détendu et de se relâcher dans le prosaïque, bien que de temps en temps il y ait des retours de verve et que le cheval de race y retrouve des élans.

Si l'on voulait s'en prendre aux événements de ce que l'homme n'a pas su accomplir, il serait naturel de faire comme Ronsard et d'accuser les guerres civiles et domestiques ; elles lui furent plus contraires qu'à personne, et dès 1562 il éprouva, pour s'être loyalement déclaré en faveur de l'ordre existant et de l'Église établie, la fureur et la malignité des factions. Il y eut alors un premier échec porté à sa renommée, et un grand dérangement dans sa tranquillité et ses loisirs. Des amis, des disciples de la veille se tournèrent contre lui, et l'insultèrent dans des libelles dont quelques-uns se sont conservés. Ronsard, selon l'usage du temps, avait reçu pour récompense de ses vers des bénéfices; les réformés et prédicants le traitèrent comme ils auraient fait un gras prieur ou un abbé repu. Voici une de ces pièces satiriques que je traduis ; ce sont des distiques latins :

« Tant que tu as bu aux sources d'Aonie; tant que sur le sommet du Pinde, ô Ronsard, tu as touché avec art la lyre aux onze cordes, ta Muse a fait retentir les champs du Vendômois de ses graves accents que Phébus eut avoués pour les siens; mais dès que tu n'as plus eu souci que de t'engraisser le panse à la manière d'une soyeuse truie, tu as grossi le nombre de ceux qui font les enterrements, qui ressemblent aux frelons, et sont impropres à l'ouvrage. Tu t'es mis dès lors au plain-chant de la Messe; mais depuis ce temps-là ce n'est plus ta Muse, c'est ta Messe qui chante.

. . . . . At tempore ab illo
Non tua Musa canit, sed tua Missa canit. »

En réimprimant cette pièce pour y répondre, Ronsard l'a intitulée *Coassement d'une grenouille du lac de Genève, Ranæ Lemanicolæ coaxatio*. Car il eut le tort d'y vouloir répondre, et en vers latins, ce qui n'était pas son fort. En tout il est plus grec et français que latin. — Je laisse de côté bien d'autres aménités dont on le gratifia dans cette querelle de littérature et de théologie mêlées ; il y eut de ces fines injures qui allaient jusqu'à la moelle, et dont le xvie siècle, sur la matière que Fracastor a célébrée, n'était jamais avare.

Par compensation, Ronsard reçut du pape Pie V un bref qui le remerciait de s'être montré en faveur de la religion.[1] La religion de Ronsard d'ailleurs, en cet âge de fanatisme, paraît avoir été celle d'un homme sage. Il a exprimé son sentiment d'indifférence philosophique autant qu'orthodoxe pour toutes ces divisions et variations des sectes :

> L'un se dit zwinglien, l'autre lutherien,
> Et fait de l'habile homme au sens de l'Écriture.
> . . . .
> Chacun songe et discourt, et dit qu'il a raison.

C'est dans un sonnet adressé à Louis prince de Condé qu'il parle de la sorte, et il n'a tenu qu'à ce prince, fauteur et soutien de la Réforme, d'y voir une leçon.

Peu après cette querelle de parti et cette polémique, la seule au reste qu'il eut dorénavant à soutenir, Ronsard publia en 1565 un recueil intitulé *Élégies, Mascarades et Bergerie* ; ce sont, pour la plupart, des pièces de circonstance, des divertissements de cour qui furent représentés à des fêtes, et qui sont pour nous purement ennuyeux et sans intérêt ; mais j'y trouve en tête, sous le titre d'Élégie,

---

1. M. de Falloux, dans son histoire de *Saint Pie V,* a rendu cette circonstance en des termes assez singuliers : « Pie V, dit-il, ne dédaigna pas non plus d'adresser des encouragements aux hommes lettrés qui prenaient un rang honorable dans la *mêlée des intelligences.* Ronsard « ayant armé « les Muses au secours de la religion », le pape l'en remercia hautement par un bref. » M. de Falloux est certainement un homme poli : on vient de voir ce que c'était que cette *mêlée des intelligences.*

un discours en vers à la reine d'Angleterre Élisabeth, nouvellement en paix avec la France. Le poëte y introduit le dieu Protée, par la bouche duquel il fait dire à la noble reine toutes sortes de belles et flatteuses choses, et même des prophéties très-sensées, par exemple :

> N'offensez point par arme ni par noise,
> Si m'en croyez, la province françoise ;
> Car, bien qu'il fust destiné par les cieux
> Qu'un temps seriez d'elle victorieux,
> Le mesme ciel pour elle a voulu faire
> Autre destin au vostre tout contraire.
>
> Le François semble au saule verdissant ;
> Plus on le coupe et plus il est naissant,
> Et rejetonne en branches davantage,
> Prenant vigueur de son propre dommage :
> Pour ce vivez comme amiables sœurs.
> . . . .
> Quand vous serez ensemble bien unies,
> L'Amour, la Foi, deux belles compagnies,
> Viendront çà-bas le cœur nous eschauffer :
> Puis sans harnois, sans armes et sans fer,
> Et sans le dos d'un corselet vous ceindre,
> Ferez vos noms par toute Europe craindre :
> Et l'Age d'or verra de toutes parts
> Fleurir les Lys entre les Léopards.[1]

Il y a là-dedans un bon sens politique que Malherbe, qui en avait tant, n'aurait certes pas désavoué.

Ce qui me frappe chez Ronsard poëte, et poëte si honorable, si laborieux et même si modeste après son

---

1. Édit. P. Bl., t. III, p. 335.

accès de fougue première, c'est comme il se casse de
bonne heure, comme il devient vite incapable d'autre
chose que de courtes poussées, et comme il a le sentiment
que la poésie ainsi que la jeunesse gît toute dans la chaleur
du sang, et s'évanouit avec elle. Il a exprimé cela admirablement dans une Épître à son ami Jean Galland, principal
au collége de Boncourt ; il lui dit :

> Comme on voit en septembre aux tonneaux angevins
> Bouillir en escumant la jeunesse des vins,
> Qui, chaude en son berceau, à toute force gronde
> Et voudroit tout d'un coup sortir hors de sa bonde,
> Ardente, impatiente, et n'a point de repos,
> De s'enfler, d'escumer, de jaillir à gros flots,
> Tant que le froid hiver lui ait dompté sa force,[1]
> Rembarrant sa puissance ès prisons d'une escorce :
> Ainsi la poësie en la jeune saison
> Bouillonne dans nos cœurs...[2]

Mais quand vient l'âge de trente-cinq ou quarante ans
(c'est la limite qu'il assigne), le sang se refroidit ; adieu
la Muse et les belles chansons :

> Nos lauriers sont sechez, et le train de nos vers
> Se presente à nos yeux boiteux et de travers :
> Toujours quelque malheur en marchant les retarde,
> Et comme par despit la Muse les regarde.

Il faut lire toute la pièce, qui, avec celle des *Muses délogées*, est une des meilleures de Ronsard mûri ou plutôt

---

[1]. Dans toutes les éditions que j'ai vues on lit : *Tant que le froid hiver
lui ait* DONNÉ *sa force...*, ce qui est contraire au sens.

[2]. Voy. ci-après, p. 254.

vieilli, et l'on conçoit, à la lecture de tels vers, qu'on ait rapproché de son nom celui de Corneille. Regnier, dans sa chaude veine, n'a rien fait de mieux. Mais Ronsard, qui n'a plus que des rencontres et par-ci par-là de ces bons accidents, s'en prend alors de son peu d'entrain et de son ralentissement aux rois et princes qui ne l'ont pas assez récompensé ni fait assez riche : au fond, il ne devrait s'en prendre qu'à lui et à sa nature. Cet *esprit gaillard* et ce *cœur généreux* (c'est ainsi qu'il se qualifie avec raison) n'a pas su assez dégager la poésie de la fougue même du tempérament ; sa santé s'est fatiguée avant qu'il ait régulièrement mûri ; il n'a pas eu deux jeunesses. Sauf de rares passages dans le ton de ce que je viens de citer, sauf de courts moments où le vieux coursier de guerre se redresse comme au son du clairon, il s'oublie, il se traîne ; il ne donne pas à sa propre manière son perfectionnement graduel, et, après une si fière et tumultueuse entrée, il a une fin lente, inégale et incertaine. Il meurt à soixante et un ans (1585), mais il a commencé d'être le *bonhomme* Ronsard de bonne heure, vers cinquante ans et plus tôt, — à l'âge où Malherbe, qui est au contraire un poëte de vieillesse, acquerra seulement sa pleine verdeur.

Cela est si vrai que, lorsqu'il veut se corriger lui-même, Ronsard n'a pas la main sûre ni le tact heureux ; il lui arrive de retrancher, on ne sait pourquoi, de ses dernières éditions des vers qui sont charmants, et du petit nombre de ceux qui paraîtront tels à tous les yeux. Ses admirateurs, dans le temps, ne s'expliquaient pas cette sévérité, et ils ont rétabli après lui ces pièces qu'on dirait plutôt de choix que de rebut. Voici un sonnet touchant, mélancolique, qu'il avait rejeté et que la postérité a accueilli ; il l'adressait à sa dame en lui envoyant un bouquet, une après-midi :

Je vous envoie un bouquet que ma main, etc.[1]

Remi Belleau, dans son commentaire, a fait remarquer que ce sonnet est imité d'une petite pièce latine de Marulle ; il ne dit pas qu'il pourrait aussi bien paraître imité de cette jolie épigramme de l'Anthologie, et qui est du poëte Rufin :

« Je t'envoie, Rhodoclée, cette couronne qu'avec de belles fleurs j'ai moi-même tressée de mes mains : il y a un lis, un bouton de rose, une anémone humide, un tiède narcisse, et la violette à l'éclat sombre. Ainsi couronnée, cesse d'être trop fière ! tu fleuris et tu finis, et toi et la couronne. »

---

1. Voy. ci-après, p. 367.

III.[1]

Un des plus beaux sonnets de Ronsard, et qui le caractérisent le mieux dans son feu d'étude, dans sa fièvre de poésie et de travail, c'est celui qui commence par ces vers empressés, impétueux :

> Je veux lire en trois jours l'*Iliade* d'Homere,
> Et pour ce, Corydon, ferme bien l'huis sur moi...

Il y ordonne à ce laquais, Corydon, de tenir sa porte exactement close et de ne le déranger pour rien au monde, sous peine d'éprouver à l'instant sa colère. Il n'y aurait que le cas unique où quelqu'un viendrait de la part de sa maîtresse Cassandre : oh! alors la consigne tomberait à l'instant; mais, hormis pour elle, il est invisible à l'univers :

> Au reste, si un dieu vouloit pour moi descendre
> Du ciel, ferme la porte et ne le laisse entrer.[2]

Je le crois bien, en lisant avec cette passion l'*Iliade* d'Homère, il est déjà avec les dieux mêmes et avec les héros fils des dieux.

Dans cette petite pièce on sent toute l'ardeur de la Renaissance, cette avidité d'apprendre, de dévorer, de

1. 20 octobre 1855.
2. Voyez ci-après, p. 372.

s'incorporer les anciens. Si Ronsard sort d'une lecture ainsi forcée avec une poésie un peu haute en idée, mais inégale et indigeste, et la tête montée comme on dit, on n'en sera pas surpris. Excusez-le s'il ne gouverne pas son français comme il le faudrait, il vient de faire un excès d'Homère ou de Pindare.

M. Gandar, qui est un adorateur d'Homère (et j'appelle adorateurs ceux qui le sont par un vœu tout spécial et par une pratique fidèle), lui qui a fait le pélerinage d'Ithaque, qui a visité le port de Phorcys et la grotte des Nymphes, qui a reconnu le lieu certain des étables d'Eumée, et déterminé l'endroit probable de la maison d'Ulysse, [1] M. Gandar s'est complu à rechercher dans l'œuvre de Ronsard la trace et l'influence homérique. Il a très-bien montré que c'était une grande nouveauté alors en France de lire Homère en grec, que dans l'Université même, et parmi ceux qui passaient pour doctes, on ne s'en avisait que depuis peu, et il en a fait un mérite à notre poëte, qui, non content de l'étudier sans cesse, voulait encore l'imiter, le reproduire et doter son siècle et son pays d'un poëme épique : vain effort, mais noble pensée !

Ici je ne puis m'empêcher de remarquer combien l'influence d'Homère, de ce grand poëte naturel, fut petite dans notre littérature, ou, pour parler plus exactement, combien elle en fut absente ; et, afin de rendre le fait plus net et plus sensible, je me pose une question :

Quels sont les grands écrivains français qui auraient pu s'aller promener aux champs en emportant un Homère, rien que le texte, ou qui, s'enfermant comme Ronsard en des heures de sainte orgie, auraient pu avoir raison en

---

1. Dans sa thèse latine *De Ulyssis Ithaca*, 1854.

trois jours de l'*Iliade* ou de l'*Odyssée?* Quels sont-ils, grands prosateurs ou poëtes? et, selon que cette lecture directe et familière leur a été possible ou non, n'y aurait-il pas un certain trait à en déduire par rapport à chacun, une certaine réflexion qui porte sur l'ensemble du talent? et aussi, cette revue faite, n'y a-t-il pas une conclusion générale à tirer sur le caractère presque exclusivement latin de notre littérature?

Avant Ronsard, il n'est chez nous qu'un seul écrivain célèbre, un seul qui soit capable de cette lecture largement prise à la source : c'est Rabelais, également lecteur de Platon, d'Hippocrate ou d'Homère; et au milieu de ses bruyantes facéties, — à l'ampleur, au naturel et à la richesse aisée de sa forme, — il s'en ressent.

Depuis Ronsard, je cherche en vain un poëte, un écrivain de renom dans son siècle, qui soit comme lui, je ne dirai pas de la religion, mais de la familiarité et de la fréquentation homérique. Ce n'est pas Des Portes, déjà tout Italien et déchu des grandes sources ; ce n'est pas le doux et languissant Bertaut ; ce n'est pas le vigoureux Regnier, purement participant des satiriques italiens et latins. Ce n'est pas même Montaigne. Entre Homère et Virgile, si on les veut comparer, l'auteur des *Essais* se récuse et avoue bonnement qu'il n'est pas juge : « Moi qui n'en connois que l'un, dit-il, puis seulement dire cela, selon ma portée, que je ne crois pas que les Muses mêmes allassent au delà du Romain. » D'Homère cependant il est très-tenté de faire un des trois plus excellents hommes et presque un dieu, mais il ne le lit pas. Il aimerait moins Sénèque, s'il le lisait.

Henri Estienne et Amyot, eux, gens du métier, lisaient Homère à livre ouvert quand ils le voulaient, et leur belle et bonne langue en a profité comme de toute la Grèce. Amyot même a cela de particulier que, sans le savoir, il a donné un air homérique à Plutarque, et il le fait parler un peu comme Nestor.

A continuer, après le siècle de Ronsard, d'adresser cette question à nos poëtes et auteurs en renom : « Lisez-vous Homère ? aimez-vous Homère ? » ce n'est certes point Malherbe qui répondra *oui* ; ni vous non plus, ô grand Corneille ! Stace et Lucain sont trop près de vous et vous sont trop chers. — Je n'oserais dire de Balzac, si instruit, si docte même, qu'il n'a pas eu la connaissance d'Homère, mais je dirai sans crainte que l'habitude d'Homère lui a manqué. — Pascal, au génie sévère et à l'imagination sombre, le connaît peu ; il en parle comme de l'auteur d'un beau roman, il ne voit en lui que le père des mensonges. Saint-Évremond et les spirituels élèves des jésuites n'y entendaient plus rien. Le grand Arnauld ne l'avait jamais lu, je pense, et ce qu'il savait de grec, vers la fin de sa vie il l'avait oublié.

Avec Boileau, du moins, nous retrouvons un poëte qui, pour les endroits où il l'a étudié, peut emporter avec fruit un volume d'Homère, et qui travaille à le traduire en quelques beaux passages. Racine plus heureux (il le doit à Lancelot) le lit couramment, et il y puiserait sans effort, s'il ne préférait Euripide.

La Fontaine devine Homère comme toutes choses ; il le lit je ne sais comment, mais je croirais volontiers qu'il l'a vu face à face ; il est si digne d'en tout comprendre ! Molière, qui sait son Lucrèce, n'a guère eu le temps ni l'occasion, près de Gassendi, d'aller jusqu'à Homère. La Bruyère l'entend, à coup sûr ; mais en a-t-il bien profité ? Fléchier, dans sa politesse ingénieuse, écrit toujours et en toute occasion comme quelqu'un qui ne l'a lu ni entrevu.

Bossuet, dans une Instruction sur le style oratoire, a écrit : « Les poëtes aussi sont de grand secours. Je ne connais que Virgile, — et un peu Homère. » Il est vrai qu'il écrivait cela avant d'être chargé de l'éducation du Dauphin ; dans le cours de cette éducation il eut des loisirs, et il put se remettre à cette lecture, moins faite pourtant que celle d'un David pour son génie. C'est à Fénelon qu'il en faut venir pour posséder l'esprit familier et adouci d'Homère, tout ce qui pouvait alors se naturaliser de lui en France et y être à l'usage de chacun dans une prose suave et persuasive.

Depuis Fénelon, et durant tout le XVIIIe siècle, nous n'avons à attendre, si nous prononçons le nom d'Homère, que des réponses négatives et sèches; trop heureux quand ce ne sont pas des épigrammes et des impertinences! Fontenelle, La Motte, il ne faut point leur en parler; ils ne le lisent pas, et ils l'abrègent. Sans le connaître, ils sentent en lui comme un grand ennemi personnel, et ils le voudraient supprimer. Par eux, Mme Dacier est restée atteinte de ridicule pour avoir rendu de son mieux le divin poëte et l'avoir trop défendu. Par malheur, aucun de nos grands prosateurs d'alors, ni Montesquieu, ni Voltaire, ni Buffon, ni Jean-Jacques, n'ont lu directement Homère : il n'est entré pour rien dans la composition ni dans la trempe de leur talent; on s'en aperçoit à leur cachet. — Ce n'est pas la bonne volonté pour Homère qui a manqué à Diderot, et, sans guère le lire, il a dû plus d'une fois en causer de près et par bouffées avec son ami l'Allemand Grimm, l'ancien élève d'Ernesti. — Celui qui l'a lu (j'entends toujours lu à la source), dans tout ce monde du XVIIIe siècle, ce n'est ni d'Alembert, ni Duclos, ni Marmontel, ni même le critique La Harpe, dont ce serait pourtant le devoir et le métier; ce n'est pas même Fontanes, d'un goût si pur, mais paresseux. Nommons vite André Chénier, pour nous rattacher avec lui au sol sacré et au vrai rivage. Bernardin de Saint-Pierre, par une grâce du Ciel, avait déjà reconnu de loin la grande plage antique, et, sans y aborder, il l'avait saluée à l'horizon. Ajoutons aussi que Chateaubriand, malgré une éducation classique très-incomplète, avait su, dans les solitaires études de sa jeunesse, revenir directement et mordre tant bien que mal au texte d'Homère; il en avait ressaisi, pour les reproduire, l'esprit, la grandeur, ou même le charme, autant qu'on le peut sans la simplicité. Je ne pousserai pas plus loin, ni auprès de plus modernes, ma question qui deviendrait indiscrète : « Lisez-vous, avez-vous lu Homère? » et je reviens vite à ce désordonné Ronsard qui, avec sa débauche de trois jours, me l'a suggérée.

M. Gandar a eu un dessein qu'il est bon de connaître pour mieux apprécier l'intention de son *Étude sur Ronsard*;[1] il consacre la meilleure partie des loisirs que lui laisse l'enseignement à une histoire des *Hellénistes français de la Renaissance*. C'est un beau sujet et qui, bien circonscrit, bien approfondi, doit amener des découvertes ou des nouveautés d'aspect au sein de cette époque confuse et si pleine, qu'on ne saurait entamer par trop de côtés. L'écueil à éviter, ce serait de voir de l'hellénisme là où il n'y en a pas, d'abuser de ce genre d'influence, et de la trop étendre. Ainsi, par exemple, Henri IV, qui n'était rien moins que savant, eut un précepteur qui lui

---

1. *Étude sur Ronsard, considéré comme imitateur d'Homère et de Pindare*, par M. Eugène Gandar, ancien membre de l'École françoise d'Athènes. 1 vol. in-8; Metz, 1854.

apprit un peu de latin; il en eut même un, La Gaucherie, qui essaya de lui apprendre du grec par forme d'usage, sans grammaire, et qui lui faisait réciter par cœur quelques sentences ou maximes. Palma Cayet, qui était pour lors son répétiteur, nous a conservé une ou deux de ces maximes qu'il nous cite et que le jeune prince avait retenues. C'est une pure curiosité. Est-ce une raison pour se poser la question que se fait M. Gandar, et pour se demander si Henri IV ne devait pas en quelque degré, à cette première éducation, « son style et le tour si français de ses lettres? » Je crois qu'ici il y a trop d'envie de tirer à soi et à son sujet ce qui réellement n'y appartient ni de près ni de loin. Non, ce n'est point du tout parce qu'il avait appris une vingtaine peut-être de phrases grecques dans son enfance, que Henri IV parlait si lestement son joli français.

Quant à Ronsard, c'est autre chose, et M. Gandar ne pouvait choisir un plus juste et plus manifeste exemple de l'helléniste français par excellence. Ronsard, en effet, regorgeait de grec quand il se mit à l'œuvre. M. Gandar discute au long le projet de *la Franciade*, ce poëme épique inachevé dont on n'a que les quatre premiers livres, et qui expira faute d'encouragement et aussi de verve. Une sorte d'*Énéide* était-elle possible en France au xvie siècle? Je ne le crois pas. Pour composer une *Énéide*, il faut le talent d'abord; il faut aussi que le temps et les princes y soient propices; et rien de cela ne se rencontrait au berceau de *la Franciade*. Au lieu de venir à l'une de ces grandes époques où le monde se rassoit, Ronsard tombait dans un temps où tout bouillonne, et où, pour ainsi dire, on entre dans la chaudière. Charles IX, qui jouerait ici le rôle d'Auguste, n'est qu'un enfant maladif et gouverné; il aime les vers, il est vrai, et il en commande volontiers à son poëte; mais une Saint-Barthélemy jetée à la traverse fait un terrible contre-temps. Imaginez une proscription à la Sylla tombant en pleine composition de l'*Énéide;* cela coupe l'inspiration, si on l'avait. Lors même que, dans le sujet et la fable de Francus, il y aurait eu matière à une composition nationale, il manquait donc la famille des Jules et un Auguste demandant à Virgile l'*Énéide* au lendemain de son triomphe et de la célébration des jeux de Troie, et comme un magnifique couronnement de la paix du monde. Enfin, il manquait surtout un Virgile, c'est-à-dire ce génie à la fois imitateur, inventif et composite, qui, venu à l'heure de la maturité d'une langue et de la domination universelle d'un peuple, fond et combine toutes choses, souvenirs, traditions et espérances, avec un art intérieur accompli, dans un sentiment présent et élevé. M. Gandar, qui arrive aux mêmes conclusions, n'y est conduit en quelque sorte qu'à regret; il s'applique à excuser Ronsard de son illusion, tournée si vite en défaillance, et il cherche çà et là dans cette *Franciade* trop insignifiante, que le poëte n'a pas même osé écrire en vers alexandrins, quelques passages heureux, quelques détails pittoresques. On y est plus aisément indulgent lorsqu'on y arrive par le grec que lorsqu'on y va directement par le français.

De même pour les odes pindariques, M. Gandar explique mieux qu'on ne l'avait fait encore comment Ronsard n'a pu triompher des différences essentielles qu'offre chez les Anglais et chez les modernes le genre qu'il prétendait embrasser avec audace et renouveler dans toute sa variété. Le poëte lyrique du xvie siècle cherche aussi, comme l'ancien Thébain, à enchaîner ses rhythmes à la musique, et à leur donner ces ailes qui font courir une parole chantante sur les lèvres des hommes ; mais il eut beau s'efforcer, sa tentative interrompue, son échafaudage ne sert qu'à marquer sa ruine et à mieux faire mesurer l'infinie distance qu'il y a entre cette ode publique chantée et presque jouée de Pindare, et cette emphase moderne toute métaphorique, plus apparente ici dans une langue roide, neuve, et tout exprès fabriquée.

Ce n'est pas moi qui me plaindrai des constants témoignages de sympathie pour l'auteur que M. Gandar a pris soin de mêler à ses conclusions inévitablement sévères. Il aime à suivre dans les portions de Ronsard qu'on lit le moins, et qui ont peu prêté jusqu'ici aux extraits, dans les Discours, les Hymnes, les Poëmes moraux, des preuves de cette disposition altière et généreuse qui appartenait proprement au tour d'esprit et au talent du poëte. M. Ampère, quand il a eu à parler de Ronsard dans son cours, insistait aussi sur cette même fibre héroïque et mâle, un peu cornélienne à l'avance, et qui était alors très-neuve et originale en français. Voici de beaux vers, non pas tout à fait dans ce ton, mais d'un haut accent, que je viens d'avoir le plaisir de retrouver en refeuilletant une de ces épîtres peu avenantes au premier coup d'œil. Ronsard y raconte à l'un de ses amis, Pierre Lescot, l'un des architectes du Louvre, comment dès son enfance il résistait à son père qui lui disait de renoncer à la poésie, et comment déjà le démon du rêve et de la fantaisie le transportait; je crois bien qu'en la mettant à l'âge de douze ans, *alter ab undecimo...*, il antidate un peu sa jeune manie, pour la mieux peindre; mais il exprime cela en homme qui n'a pas cessé d'en être possédé au moment où il en parle :

Je n'avois pas douze ans, qu'au profond des vallées,
Dans les hautes forests des hommes reculées,

> Dans les antres secrets, de frayeur tout couverts,
> Sans avoir soin de rien, je composois des vers.
> Écho me répondoit et les simples Dryades,
> Faunes, Satyres, Pans, Napées, Oréades,
> Ægipans qui portoient des cornes sur le front,
> Et qui ballant sautoient comme les chèvres font,
> Et le gentil troupeau des fantastiques Fées
> Autour de moi dansoient à cottes dégraffées [1].

On n'a pas plus d'emportement ni de sainte fureur; on en entend le trépignement et les bonds de la danse.

Je ne saurais toutefois, et bien que j'abonde en général dans son sens, accorder à M. Gandar son admiration pour une des pièces morales de Ronsard intitulée *De l'équité des vieux Gaulois*. Il m'en coûte de lui résister; mais dans cette pièce où un grand chef gaulois, Brennus, tue de sa main devant l'autel sa captive, l'épouse d'un étranger, d'un Milésien son hôte, au moment de la lui rendre, et où, après avoir essuyé patiemment les reproches du mari, il lui réplique par un récit de l'infidélité et de la perfidie de sa femme, je verrais bien plutôt le sujet d'un conte de La Fontaine dans le genre de *la Matrone d'Éphèse*. Ronsard n'a pas évité le léger ridicule qui se mêle à ces sortes d'histoires :

> Le mari, spectateur d'un acte si piteux,
> Eut le sein et les yeux de larmes tout moiteux.

A un certain endroit de la pièce, dans une description de sacrifice, M. Gandar croit voir « un bas-relief antique »; mais pour cela il est obligé de découper les vers et de les

---

1. Éd. P. Bl., t. VI, p. 191.

isoler, en retranchant ceux qui précèdent et qui suivent. Cette pièce de Ronsard, où il y a d'ailleurs du sens et du bon, me paraît être de celles où il tombe dans un prosaïsme ennuyeux et dans la prolixité. A ces moments il est à demi désarmé, et bien loin de son premier nerf : il ne tend plus l'arc d'Apollon.

Il y aurait sur un point, et pour montrer l'insuffisance de son procédé poétique dans cette seconde manière, une comparaison facile à établir. On connaît la charmante pièce de Claudien, *le Vieillard de Vérone : Felix qui patriis œvum transegit in agris...* Trois poètes l'ont imitée : Mellin de Saint-Gelais, Ronsard et Racan. Mellin de Saint-Gelais suit le texte et le délaye ; il en fait simplement une paraphrase en gros, sans lutter d'expression, sans chercher d'équivalent. Là où le texte dit : « Heureux qui, vieux, s'appuyant sur un bâton dans la même allée où il s'est traîné enfant, ne sait compter en fait de siècles que ceux de sa cabane ! *Qui baculo nitens, in qua reptavit arena,* etc., » Saint-Gelais dira : *O bienheureux...*

> Qui d'un baston et du bras secouru
> Va par les champs où jeune il a couru !

a couru au lieu de *reptavit !* C'est même un faux sens dans l'esprit de la pièce ; car il n'est pas précisément agréable à un vieillard de se souvenir qu'il a couru là où maintenant il marche à peine ; mais il peut aimer à se dire qu'il s'est traîné tout petit enfant là où il se traîne encore. En tout, les vers de Saint-Gelais sont assez faciles, mais plats.

Ronsard, à son tour, dans une pièce adressée au cardinal de Châtillon, traduit et encadre cet éloge de la vie rurale d'après Claudien; il suit son texte de plus près, et il y ajoute un joli vers :

Il dort au bord de l'eau qui court parmi les prées.

Mais d'ailleurs il ne réussit pas, et il manque tout à fait de grâce et d'élégance. Par exemple il dira : *O bienheureux celui...*

Qui se soutient les bras d'un baston appuyés,
Parmi les champs où jeune *alloit à quatre pieds!*

Puis, quand il en a fini avec le couplet de Claudien, il se ressouvient du beau morceau de Virgile : *O fortunatos nimium...*, et il l'ajoute par une reprise visible : *Heureux* DONCQUES, *heureux qui de son toit ne bouge!* en se contentant pour cette seconde partie d'imiter librement. Mais ce qui frappe, c'est qu'il met Virgile et Claudien bout à bout; il les coud, il les accole et ne les fond pas; ce n'est pas un tissu qu'il fait; c'est un placage. Il y a des tons qui crient et que ne suffisent pas à racheter d'agréables vers, tels que ceux-ci :

Quant à moi, j'aime mieux ne manger que du pain
Et boire d'un ruisseau puisé dedans la main,
Sauter ou m'endormir sur la belle verdure,
Ou composer des vers près d'une eau qui murmure...

Mais, quelques vers plus haut, il était question d'un *crocheteur* qui, rien qu'à l'entendre nommer, me gâte cette vue champêtre.

Racan, au contraire, dans sa délicieuse pièce de *la Retraite*, a tout fondu en une parfaite nuance : il a fait quelque chose d'original et d'imité, et où l'imitation s'oublie dans le naturel de la peinture et du sentiment. Il est revenu à la paraphrase, et c'est à son aise qu'il rejoint son modèle, qu'il le développe et le transforme, sans lutte, sans paraître y viser :

> Il soupire en repos l'ennui de sa vieillesse
> Dans ce même foyer où sa tendre jeunesse
> A vu dans le berceau ses bras emmaillottés...

Voilà le *reptavit*. Et au lieu de *Frugibus alternis, non consule, computat annum*, sans entrer dans une antithèse difficile, il dira nonchalamment :

> Il tient par les moissons registre des années...

Mais surtout il y met à chaque instant ses impressions vraies, et les associe aux tons primitifs sans qu'on puisse les démêler. Je renvoie les curieux aux pièces elles-mêmes. Et c'est ainsi que les trois poëtes, en présence d'un ancien, nous donnent tour à tour la mesure de leur procédé et de leur goût. Le seul Racan, par la fusion de l'harmonie et de la couleur, a retrouvé le charme et le je ne sais quoi d'enchanté.

Il faut conclure. Je l'ai presque déjà fait au début, par des paroles de Fénelon. Je le ferai ici encore en terminant, et par des paroles de Chapelain. Qu'on n'aille pas s'effaroucher, la chose vaut mieux que le nom. Jamais je n'ai rapproché Chapelain de Ronsard comme poëte ; des deux, il n'y a que Ronsard qui le soit. Chapelain est un esprit judicieux, réglé, de tout temps un peu lourd, venu à la suite, et digne finalement par ses vers de toute la risée de Boileau et de tout notre oubli. Mais à son heure, et encore jeune, il jugeait bien de toute cette littérature antérieure ; et c'est à lui que Balzac adressait, à une date qui doit être des premiers mois de 1640, cette lettre souvent citée où il lui disait : « Mais est-ce tout de bon que vous parlez de Ronsard, et que vous le traitez de *grand?* ou si c'est seulement par modestie, et pour opposer sa grandeur à notre ténuité? Pour moi, je ne l'estime grand que dans le sens de ce vieux proverbe : *Magnus liber, magnum malum*, et me suis déclaré là-dessus dans une de mes lettres latines, que vous avez laissée passer sans y former d'opposition. » Chapelain, ainsi pressé par Balzac, lui répond un peu longuement, mais très-judicieusement, et cette lettre inédite, publiée ici pour la première fois, ne saurait désormais se séparer de la question même qui lui était faite et dont on se souvient encore :

« Vous me demandiez, lui écrit-il le 27 mai 1640,[1] par l'une de vos précédentes, si l'épithète de *grand,* que j'avois donné à Ronsard, étoit sérieux[2] ou ironique, et vouliez mon sentiment exprès là-dessus. J'avois alors beaucoup de choses à vous dire plus nécessaires que celles-là, et à peine avois-je assez de temps pour vous le dire. Maintenant que je suis sans matière et sans occupation, je puis bien prendre celle-ci pour remplir ma page et satisfaire à votre désir, plutôt tard que jamais. Ronsard sans doute étoit né poëte, autant ou plus que pas un des modernes, je ne dis pas seulement François, mais

---

1. D'après la copie très-authentique des Lettres de Chapelain que j'ai sous les yeux, je rapporte celle-ci à l'année 1640. Dans les lettres imprimées de Balzac à Chapelain, on a porté les lettres correspondantes de Balzac à l'année 1641.

2. Chapelain ne met pas *épithète* au féminin ; il se souvient du latin et du grec, où le mot est neutre.

encore Espagnols et Italiens. Ç'a été l'opinion de deux grands
savants de delà les monts, Sperone et Castelvetro, dont le
dernier, comme vous avez pu voir dans les livres que je vous
ai envoyés, le compare et le préfère à son adversaire Caro
dans la plus belle chose et de plus de réputation qu'il ait
jamais faite, et le premier le loue *ex professo* dans une élégie
latine qu'il fit incontinent après la publication de ses *Odes
pindariques*. Mais ce n'est pas plus leur sentiment que le
mien propre qui m'oblige à rendre ce témoignage à son mérite.
Il n'a pas, à la vérité, les traits aigus de Lucain et de Stace,
mais il a quelque chose que j'estime plus, qui est une certaine
égalité nette et majestueuse qui fait le vrai corps des ouvrages
poétiques, ces autres petits ornements étant plus du sophiste
et du déclamateur que d'un esprit véritablement inspiré par
les Muses. Dans le détail je le trouve plus approchant de Virgile, ou, pour mieux dire, d'Homère, que pas un des poëtes
que nous connoissons ; et je ne doute point que, s'il fût né
dans un temps où la langue eût été plus achevée et plus
réglée, il n'eût pour ce détail emporté l'avantage sur tous
ceux qui font ou feront jamais des vers en notre langue. Voilà
ce qui me semble candidement de lui pour ce qui regarde
son mérite dans la poésie françoise. Ce n'est pas à cette heure,
que je ne lui trouve bien des défauts hors de ce feu et de cet
air poétique qu'il possédoit naturellement, car on peut dire
qu'il étoit sans art et qu'il n'en connoissoit point d'autre que
celui qu'il s'étoit formé lui-même dans la lecture des poëtes
grecs et latins, comme on le peut voir dans le traité qu'il en a
fait à la tête de sa *Franciade*. D'où vient cette servile et désa-
gréable imitation des anciens que chacun remarque dans ses
ouvrages, jusques à vouloir introduire dans tout ce qu'il faisoit
en notre langue tous ces noms des déités grecques, qui passent au peuple, pour qui est faite la poésie, pour autant de
galimatias, de barbarismes et de paroles de grimoire, avec
d'autant plus de blâme pour lui, qu'en plusieurs endroits il
déclame contre ceux qui font des vers en langue étrangère,

comme si les siens, en ce particulier, n'étoient pas étrangers et inintelligibles. C'est là un défaut de jugement insupportable de n'avoir pas songé au temps où il écrivoit, ou une présomption très-condamnable de s'être imaginé que, pour entendre ce qu'il faisoit, le peuple se feroit instruire des mystères de la religion païenne. Le même défaut de jugement paroît dans son grand ouvrage, non-seulement dans ce menu de termes et matières inconnues à ce siècle, mais encore dans le dessein, lequel, par ce que l'on en voit, se fait connoître assez avoir été conçu sans dessein, je veux dire sans un plan certain et une économie vraiment poétique, et marchant simplement sur les pas d'Homère et Virgile, dont il faisoit ses guides, sans s'enquérir où ils menoient. *Ce n'est qu'un maçon de poésie, et il n'en fut jamais architecte,* n'en ayant jamais connu les vrais principes ni les solides fondements sur lesquels on bâtit en sûreté. Avec tout cela, je ne le tiens nullement méprisable, et je trouve chez lui, parmi cette affectation de paroître savant, toute une autre noblesse que dans les afféteries ignorantes de ceux qui l'ont suivi ; et jusqu'ici, comme je donne à ces derniers l'avantage dans les ruelles de nos dames, je crois qu'on le doit donner à Ronsard dans les bibliothèques de ceux qui ont le bon goût de l'antiquité. J'aurois encore beaucoup de choses à dire, mais le papier s'accourcit, et il faut que j'y garde place pour vous assurer du ressentiment que Mme de Rambouillet a eu, etc., etc. »

Cette lettre ne vous paraît-elle pas bien justifier l'éloge qu'un jour Balzac adressait à Chapelain : « Si la Sagesse écrivoit des lettres, elle n'en écriroit pas de plus sensées ni de plus judicieuses que les vôtres. » Il y aurait peut-être encore quelques remarques à faire sur ce jugement de Ronsard par Chapelain : mais à le prendre dans son résumé assez pittoresque : « Ce n'est qu'un maçon de poésie, et il n'en fut jamais architecte », on a l'équivalent du mot célèbre de Balzac : « Ce n'est pas un poëte bien entier, c'est le commencement et la matière d'un poëte. » Fénelon, Balzac, Chapelain, que faut-il de plus ! on n'est pas si loin les uns des autres, et tout le monde, ce me semble, devrait enfin se trouver d'accord.[1]

M. Prosper Blanchemain n'est point entré dans ces débats. Il a publié dans son élégant volume[2], la *Vie de Ronsard* par Guillaume Colletet, qui fait partie de l'*Histoire des poëtes français* appartenant à la Bibliothèque du Louvre. Il l'a fait précéder d'une note bibliographique assez détaillée, et qui permet d'attendre le travail complet que M. Brunet, le savant auteur du *Manuel du libraire*, prépare sur le même sujet et dont il a réuni les éléments. M. Blanchemain, à la suite de la vie du poëte, a donné quelques vers extraits des manuscrits de la Bibliothèque impériale, et qui paraissent inédits, et d'autres qui avaient été retranchés dans les éditions dernières. Sous le titre de *Vers attribués à Ronsard*, il y a joint plusieurs sonnets qui flétrissent les désordres de la cour sous Henri III et l'avénement des mignons. Ces pièces, si elles étaient en effet de Ronsard, le montreraient sous un aspect assez nouveau, et rivalisant avec d'Aubigné pour l'indignation que soulèvent ces turpitudes :

Vous jouez comme aux dés votre couronne, Sire ?
J'y perds ; vous y perdez encore plus que moi.

---

1. Je sais un de nos contemporains, et des plus favorables à Ronsard, qui a encore dit très-bien : « Ronsard n'est pas un modèle, mais il demeure un illustre pionnier. » (Dissertation académique intitulée *Ronsard et Malherbe*, par M. le professeur Amiel. Genève, 1849.)

2. *OEuvres inédites de P. de Ronsard*, recueillies et publiées par M. Prosper Blanchemain. 1 vol. petit in-18, Metz 1854. — Ces *OEuvres inédites* font partie du tome préliminaire de l'édition des *OEuvres complètes* de 1867.

Le blâme, la froideur, la pâleur, l'effroi
Et la peur d'une mère ont perdu votre empire...

Mais je n'oserais trancher la question, et, comme M. Édouard Thierry dans son article du *Moniteur*,[1] j'en reste à me demander si de tels vers d'opposition sont bien de Ronsard, ou s'ils ne sont pas plutôt de quelque anonyme qu'on aura couvert ensuite d'un nom célèbre. Le volume de M. Blanchemain, orné de portraits, armoiries, fac-simile d'écriture, se termine par quelques lettres et pièces en prose, notamment deux discours moraux qui ont dû être composés par Ronsard pour la petite Académie du Louvre présidée par Henri III. Un de ces discours a été récemment retrouvé dans les manuscrits de la Bibliothèque de Copenhague par M. Geffroy. Quand des vaisseaux ont péri dans une tempête, même sous des zones plus heureuses, on découvre quelquefois, après des années, des débris et des épaves du naufrage égarés dans les mers du Nord et conservés aux confins de l'Océan.

Post-scriptum. — On pouvait espérer que la *question de Ronsard*, moyennant tous ces examens contradictoires et ces concessions réciproques, était à peu près close et que l'affaire était vidée; mais est-ce que rien se clôt et se vide jamais? est-ce que tout n'est pas à recommencer toujours? M. Michelet, dans le dernier volume publié de son *Histoire de France*, où il traite de la renaissance des lettres, a réengagé de plus belle le procès contre Ronsard : « Dans une des tours du château de Meudon, dit-il, le cardinal de Lorraine, ce protecteur des lettres, logeait un maniaque enragé de travail, de frénétique orgueil, le capitaine Ronsard, ex-page de la maison de Guise. Cet homme, cloué là et se rongeant les ongles, le nez

---

1. 16 octobre 1855.

sur les livres latins, arrachant des griffes et des dents les lambeaux de l'antiquité, rimait le jour, la nuit, sans lâcher prise... » M. Michelet s'amuse; lui aussi on peut dire qu'il a une manie, celle de briller, de produire de l'effet, et il y réussit. Avec son savoir, son esprit et son talent, il n'aurait qu'à moins *viser*, il réussirait à moins de frais, et on serait heureux de l'applaudir alors, de l'approuver.

ŒUVRES CHOISIES

DE

PIERRE DE RONSARD

ŒUVRES CHOISIES
DE
PIERRE DE RONSARD

AMOURS DE CASSANDRE.

Nous suivrons dans le choix que nous allons faire la division adoptée et consacrée dans toutes les anciennes éditions de Ronsard. C'est donc par les Amours en sonnets que nous commencerons. Les contemporains ont loué dans les sonnets adressés à Cassandre l'érudition, ou, comme on disait, *la doctrine*, et une grande élévation de pensées; et dans les sonnets adressés à Marie et à Hélène, plus de douceur, de naturel et de délicatesse. Cette distinction, avouons-le, n'est pas très-frappante pour nous. Parmi ces centaines de sonnets uniformes, nous n'en choisirons qu'un assez petit nombre, et notre attention se portera de préférence sur les jolies chansons qui s'y trouvent entremêlées.

Qui voudra voir comme Amour me surmonte,
Comme il m'assaut, comme il se fait vainqueur,
Comme il renflame et renglace mon cœur,
Comme il reçoit un honneur de ma honte :

Qui voudra voir une jeunesse pronte
A suivre en vain l'objet de son malheur,
Me vienne lire, il voirra ma douleur,
Dont ma Deesse et mon Dieu ne font conte.

Il cognoistra qu'Amour est sans raison,
Un doux abus, une belle prison,
Un vain espoir qui de vent nous vient paistre :

Il cognoistra que l'homme se deçoit,
Quand plein d'erreur un aveugle il reçoit
Pour sa conduite, un enfant pour son maistre.

Nature ornant Cassandre, qui devoit
De sa douceur forcer les plus rebelles,
La composa de cent beautez nouvelles.
Que dès mille ans en espargne elle avoit.

De tous les biens qu'Amour au ciel couvoit
Comme un tresor cherement sous ses ailes,
Elle enrichit les Graces immortelles
De son bel œil, qui les dieux esmouvoit.

Du ciel à peine elle estoit descendue
Quand je la vey, quand mon ame esperdue
En devint folle, et d'un si poignant trait

1. Édition P. Blanchemain, *Bibliothèque elzévirienne*, t. 1, p. 1.

Amour coula ses beautez en mes veines,
Qu'autres plaisirs je ne sens que mes peines,
Ny autre bien qu'adorer son portrait. [1]

Il paraît que cette *Cassandre* était une demoiselle de Blois. On lit dans le 136ᵉ sonnet du premier livre :

Ville de Blois, naissance de madame.

Entre les rais de sa jumelle flame
Je veis Amour qui son arc desbandoit,
Et dans mon cœur le brandon espandoit,
Qui des plus froids les mouëlles enflame :

Puis en deux parts près les yeux de ma Dame,
Couvert de fleurs un ret d'or me tendoit,
Qui tout crespu sur sa face pendoit
A flots ondez, pour enlacer mon ame.

Qu'eussé-je faict? l'archer estoit si doux,
Si doux son feu, si doux l'or de ses nouds,
Qu'en leurs filets encore je m'oublie :

Mais cest oubli ne me travaille point,
Tant doucement le doux archer me poingt.
Le feu me brusle, et l'or crespe me lie. [2]

---

1. Éd. P. Bl., t. I, p. 2.
2. Éd. P. Bl., t. I, p. 3.

L'or de ses nouds, l'or de ses nœuds. — *Tant doucement,* ainsi Pétrarque :

> Amor con tal dolcezza m'unge e punge.

L'or crespe, l'or frisé des cheveux.

>Bien qu'il te plaise en mon cœur d'allumer
>(Cœur ton sujet, lieu de ta seigneurie),
>Non d'une amour, ainçois d'une furie
>Le feu cruel, pour mes os consumer;
>
>Le mal qui semble aux autres trop amér,
>Me semble doux: aussi je n'ay envie
>De me douloir, car je n'aime ma vie,
>Sinon d'autant qu'il te plaist de l'aimer.
>
>Mais si le ciel m'a fait naître, Madame,
>Pour ta victime, en lieu de ma pauvre ame,
>Sur ton autel j'offre ma loyauté.
>
>Tu dois plustost en tirer du service,
>Que par le feu d'un sanglant sacrifice
>L'immoler vive aux pieds de ta beauté. [1]

Ce sonnet est un peu alambiqué ; mais tout le second quatrain est délicieux, surtout le vers

> Sinon d'autant qu'il te plaist de l'aimer.

Il respire une sensibilité molle et naïve.

1. Éd. P. Bl., t. I, p. 5.

Une beauté de quinze ans enfantine,
Un or frisé de maint crespe anelet,
Un front de rose, un teint damoiselet,
Un ris qui l'ame aux astres achemine,

Une vertu de telle beauté digne,
Un col de neige, une gorge de lait,
Un cœur ja meur en un sein verdelet,
En dame humaine une beauté divine ;

Un œil puissant de faire jours les nuits,
Une main douce à forcer les ennuis,
Qui tient ma vie en ses doigts enfermée ;

Avec un chant decoupé doucement,
Or' d'un sous-ris, or' d'un gemissement :
De tels sorciers ma raison fut charmée. [1]

Ce sonnet est pris de Pétrarque : *Grazie, ch'a pochi'l ciel largo destina*, etc., etc. Quoique fort joliment tourné, il est inférieur à l'original. — *Une vertu de telle beauté digne*, on prononçait *dine*. — *Un cœur ja meur en un sein verdelet* traduit parfaitement *Sotto biondi capei canuta mente*. — *Avec un chant découpé doucement*, *Coi sospir soavemente rotti*.

« Avant le temps tes tempes fleuriront,
« De peu de jours ta fin sera bornée,
« Avant le soir se clorra ta journée,
« Trahis d'espoir tes pensers periront :

[1]. Éd. P. Bl., t. I, p. 12.

« Sans me flechir tes escrits fletriront,
« En ton desastre ira ma destinée,
« Pour abuser les poëtes je suis née,
« De tes souspirs nos neveux se riront:

« Tu seras fait du vulgaire la fable,
« Tu bastiras sur l'incertain du sable,
« Et vainement tu peindras dans les cieux. »

— Ainsi disoit la Nymphe qui m'affole,
Lorsque le ciel, temoin de sa parolle,
D'un dextre eclair fut presage à mes yeux. [1]

Admirable sonnet. Ronsard identifie sa maîtresse Cassandre avec l'antique prophétesse de ce nom, et se fait prédire par elle ses destinées, qui se sont accomplies presque à la lettre. Il mourut en effet tout infirme et cassé, dans un âge peu avancé encore. *Ses neveux ont ri de ses soupirs*, et il *a été fait la fable du vulgaire*. — *Avant le soir*. Vers tout moderne, qu'on croirait d'André Chénier, — *Pour abuser les poëtes*. On faisait alors *poëte* de deux syllabes; on le trouve encore ainsi dans Regnier. — *Et vainement tu peindras dans les cieux*. Peindre dans les cieux est une expression magnifique et splendide qui va au sublime. — *D'un dextre eclair*. On pensait anciennement que les foudres et les éclairs du côté gauche étaient signes et présages de bonheur, et ceux du côté droit, de malheur.

Si mille œillets, si mille liz j'embrasse,
Entortillant mes bras tout à l'entour,

[1]. Éd. P. Bl., t. I, p. 12.

Plus fort qu'un cep, qui, d'un amoureux tour,
La branche aimée en mille plis enlasse ;

Si le soucy ne jaunit plus ma face,
Si le plaisir fait en moy son sejour,
Si j'aime mieux les ombres que le jour,
Songe divin, ce bien vient de ta grace.

Suivant ton vol je volerois aux cieux ;
Mais son portrait, qui me trompe les yeux,
Fraude toujours ma joye entre-rompue.

Puis tu me fuis au milieu de mon bien,
Comme un eclair qui se finit en rien,
Ou comme au vent s'evanouit la nue. [1]

Le commencement est imité du Bembe. On remarquera ce cep voluptueux,

qui, d'un amoureux tour,
La branche aimée en mille plis enlasse.

Voilà des images poétiques qu'on chercherait vainement dans nos poëtes avant Ronsard et Dubellay.

Ores la crainte et ores l'esperance
De tous costez se campent en mon cœur :
Ny l'un ny l'autre au combat n'est vainqueur,
Pareils en force et en perseverance.

1. Éd. P. Bl., t. I. p. 18.

Ores douteux, ores plein d'asseurance,
Entre l'espoir, le soupçon et la peur,
Pour estre en vain de moy-mesme trompeur,
Au cœur captif je promets delivrance.

Verray-je point, avant mourir, le temps,
Que je tondrai la fleur de son printemps,
Sous qui ma vie à l'ombrage demeure ?

Verray-je point qu'en ses bras enlassé,
Tantost dispos, tantost demy lassé,
D'un beau souspir entre ses bras je meure ?[1]

Avant qu'Amour du chaos ocieux
Ouvrist le sein qui couvoit la lumiere,
Avec la terre, avec l'onde premiere,
Sans art, sans forme estoient brouillez les cieux.

Tel mon esprit à rien industrieux,
Dedans mon corps, lourde et grosse matiere,
Erroit sans forme et sans figure entiere,
Quand l'arc d'Amour le perça par tes yeux.

Amour rendit ma nature parfaite,
Pure par luy mon essence s'est faite,
Il m'en donna la vie et le pouvoir ;

Il eschaufa tout mon sang de sa flame,

---

1. Ed. P. Bl., t. I, p. 26.

Et m'emportant de son vol, fit mouvoir
Avecques luy mes pensers et mon ame. [1]

L'idée de ce sonnet n'a rien de bien neuf; mais les deux derniers vers sont pleins de mouvement, et rendent à merveille l'impulsion imprimée à l'âme.

Comme un chevreuil, quand le printemps detruit
Du froid hyver la poignante gelée,
Pour mieux brouter la fueille emmiellée,
Hors de son bois avec l'aube s'enfuit :

Et seul et seur, loin de chiens et de bruit,
Or' sur un mont, or' dans une vallée,
Or' près d'une onde à l'escart recelée,
Libre s'egaye où son pied le conduit :

De rets ne d'arc sa liberté n'a crainte,
Sinon alors que sa vie est atteinte
D'un trait sanglant, qui le tient en langueur.

Ainsi j'allois sans espoir de dommage,
Le jour qu'un œil sur l'avril de mon âge
Tira d'un coup mille traits en mon cœur. [2]

Ce sonnet est pris du Bembe : *Si come suol, poiche'l verno aspro e rio*, etc., etc. Il n'est pas inférieur à l'original, et j'oserai même dire que je le lui préfère. Le charmant vers :

1. Éd. P. Bl., t. I, p. 31.
2. Éd. P. Bl., t. I, p. 35.

Pour mieux brouter la fueille emmiellée appartient tout entier à Ronsard; et cet autre vers, allègre et sémillant, *Libre s'egaye où son pied le conduit,* vaut mieux que *Orunque più la porta il suo desio.*

Si je trespasse entre tes bras, ma Dame,
Je suis content : aussi ne veux-je avoir
Plus grand honneur au monde, que me voir,
En te baisant, dans ton sein rendre l'ame.

Celuy dont Mars la poictrine renflame,
Aille à la guerre : et d'ans et de pouvoir
Tout furieux, s'esbate à recevoir
En sa poitrine une espagnole lame :

Moy plus couard, je ne requiers sinon,
Après cent ans, sans gloire et sans renom,
Mourir oisif en ton giron, Cassandre :

Car je me trompe, ou c'est plus de bon-heur
D'ainsi mourir, que d'avoir tout l'honneur
D'un grand Cesar ou d'un foudre Alexandre. [1]

Ainsi Tibulle :

> Non ego laudari curo, mea Delia : tecum
> Dummodo sim, quæso segnis inersque vocer.

Ainsi Properce, Ovide, et tous les élégiaques de l'antiquité.

---

1. Éd. P. Bl., t. I, p. 46.

STANCES.

Quand au temple nous serons
Agenouillés, nous ferons
Les devots, selon la guise
De ceux qui pour louer Dieu
Humbles se courbent au lieu
Le plus secret de l'eglise.

Mais quand au lit nous serons
Entrelassés, nous ferons
Les lascifs, selon les guises
Des amants, qui librement
Pratiquent folastrement
Dans les draps cent mignardises.

Pourquoi doncques quand je veux
Ou mordre tes beaux cheveux,
Ou baiser ta bouche aimée,
Ou toucher à ton beau sein,
Contrefais-tu la nonnain
Dedans un cloistre enfermée?

Pour qui gardes-tu tes yeux
Et ton sein délicieux,
Ton front, ta levre jumelle?
En veux-tu baiser Pluton
Là bas, après que Charon
T'aura mise en sa nacelle?

Après ton dernier trespas,
Gresle, tu n'auras là bas
Qu'une bouchette blesmie :
Et quand, mort, je te verrois,
Aux ombres je n'avou'rois
Que jadis tu fus m'amie.

Ton test n'aura plus de peau,
Ny ton visage si beau
N'aura veines ny arteres :
Tu n'auras plus que des dents
Telles qu'on les voit dedans
Les testes des cimeteres.

Doncques tandis que tu vis,
Change, maistresse, d'advis,
Et ne m'espargne ta bouche.
Incontinent tu mourras :
Lors tu te repentiras
De m'avoir esté farouche.

Ah je meurs! ah baise-moy!
Ah, Maistresse, approche-toy!
Tu fuis comme un fan qui tremble :
Au moins souffre que ma main
S'esbate un peu dans ton sein,
Ou plus bas, si bon te semble.[1]

De pareilles beautés ne réclament ni ne souffrent aucun commentaire. Bien malheureux qui, en lisant ces vers, n'y

---

1. Éd. P. Bl., t. I, p. 74.

verrait que des scènes de plaisir et des espiègleries folâtres!
Tout cela y est, et de plus, surtout vers le milieu, il y a des
larmes, larmes de tristesse autant que de volupté.....

> Quoniam medio de fonte leporum
> Surgit amari aliquid quod in ipsis floribus angat.
> LUCRÈCE.

Ou pour parler avec Lamartine :

> Mais jusque dans le sein des heures fortunées
> Je ne sais quelle voix que j'entends retentir
> Me poursuit, et vient m'avertir
> Que le bonheur s'enfuit sur l'aile des années,
> Et que de nos amours le flambeau doit mourir.

Voicy le bois que ma saincte angelette
Sur le printemps rejouist de son chant :
Voicy les fleurs où son pied va marchant,
Quand à soy-mesme elle pense seulette :

Voicy la prée et la rive mollette,
Qui prend vigueur de sa main la touchant,
Quand pas à pas en son sein va cachant
Le bel email de l'herbe nouvelette.

Icy chanter, là pleurer je la vy,
Icy sourire, et là je fu ravy
De ses discours par lesquels je des-vie :

Icy s'asseoir, là je la vy danser :
Sus le mestier d'un si vague penser
Amour ourdit les trames de ma vie.[1]

1. Éd. P. Bl., t. I, p. 92.

Imité de Pétrarque : *Senuccio; i'vo' che sappi in qual maniera*, etc.

Icy chanter :

>Qui cantò dolcemente, e qui s'assise;
>Qui si rivolse, e qui rattenne il passo;
>Qui co' begli occhi mi trafisse il core.
>
>Qui disse una parola, e qui sorrise;
>Qui cangiò'l viso. In questi pensier, lasso,
>Notte e di tienmi il signor nostro Amore.

Il faut avouer que ces deux derniers vers de Pétrarque sont bien au-dessous des deux vers correspondants de Ronsard, qui offrent une riche et gracieuse image.

———

>Page, suy-moy par l'herbe plus espesse :
>Fauche l'esmail de la verte saison,
>Puis à plein poing en-jonche la maison
>Des fleurs qu'avril enfante en sa jeunesse.
>
>Despen du croc ma lyre chanteresse.
>Je veux charmer si je puis la poison,
>Dont un bel œil enchanta ma raison
>Par la vertu d'une œillade maistresse.
>
>Donne-moy l'encre et le papier aussi ;
>En cent papiers, tesmoins de mon souci,
>Je veux tracer la peine que j'endure :

En cent papiers plus durs que diamant,
Afin qu'un jour nostre race future
Juge du mal que je souffre en aimant.[1]

———

De ses maris l'industrieuse Heleine,
L'aiguille en main, retraçoit les combas
Dessus sa toile : en ce poinct tu t'esbas
D'ouvrer le mal duquel ma vie est pleine.

Mais tout ainsi, Maistresse, que ta leine
Et ton fil noir desseignent mon trespas,
Tout au rebours pourquoy ne peins-tu pas
De quelque verd un espoir à ma peine?

Mon œil ne void sur ta gaze rangé,
Sinon du noir, sinon de l'orangé,
Tristes tesmoins de ma longue souffrance.

O fier destin! son œil ne me desfait
Tant seulement, mais tout ce qu'elle fait
Ne me promet qu'une desesperance.[2]

Ingénieux et bien tourné. Il paraît que l'invention appartient à Ronsard.

Quand je te voy discourant à part toy,
Toute amusée avecques ta pensée,
Un peu la teste encontre-bas baissée,
Te retirant du vulgaire et de moy :

1. Éd. P. Bl., t. I, p. 109.
2. Éd. P. Bl., t. I, p. 118.

Je veux souvent, pour rompre ton esmoy,
Te saluer : mais ma voix offensée,
De trop de peur se retient amassée
Dedans la bouche et me laisse tout coy.

Mon œil confus ne peut souffrir ta veue :
De ses rayons mon ame tremble esmeue :
Langue ne voix ne font leur action.

Seuls mes soupirs, seul mon triste visage
Parlent pour moy, et telle passion
De mon amour donne assez tesmoignage.[1]

Le tableau du premier quatrain est parfaitement touché; cet air pensif, cette tête penchante, et cette façon d'exprimer la rêverie : *Toute amusée avecques ta pensée!* La Fontaine eût-il pu trouver mieux?

1. Éd. P. Bl., t. I, p. 120.

AMOURS DE MARIE.

Dédaigné de la fière Cassandre, le poète se console avec Marie, qui paraît avoir été une simple fille de Bourgueil; Belleau va même jusqu'à dire qu'elle servait dans une hôtellerie de l'endroit. Ces nouvelles amours sont célébrées sur un ton un peu moins fastueux que celles de Cassandre. La jeune Marie ne tarda pas à mourir, et le poète a déploré ce trépas prématuré comme Pétrarque a fait celui de Laure. M. Nodier dans sa belle collection possède un livre d'heures qui pourrait bien avoir appartenu à cette Marie, et sur lequel on lit les vers suivants, qui sont de la main de Ronsard. [1]

> Maugré l'envy je suis du tout à elle;
> Mais je vouldrois dans son cueur avoir leu
> Qu'elle ne veult et qu'elle n'a esleu
> Autre que moy pour bien estre aymé d'elle.
>
> Bien elle scet que je luy suis fidelle,
> Et quant à moy j'estime en son endroit
> Ce qui en est : car elle ne vouldroit
> Autre que moy pour bien estre aymé d'elle.

Au reste, la discussion de ce point piquant de bibliologie a fourni matière à un intéressant chapitre des *Mélanges tirés*

---

[1]. Assertion contestée. V. Éd. Bl., t. VIII, p. 26, note 1.

d'une petite bibliothèque, que le public lettré attend avec une si vive impatience.[1]

Je veux, me souvenant de ma gentille amie,
Boire ce soir d'autant, et pour ce, Corydon,
Fay remplir mes flacons, et verse à l'abandon
Du vin pour resjouir toute la compagnie.

Soit que m'amie ait nom ou Cassandre ou Marie,
Neuf fois je m'en vay boire aux lettres de son nom :
Et toi si de ta belle et jeune Magdelon,
Belleau, l'amour te poind, je te pri', ne l'oublie.

Apporte ces bouquets que tu m'avois cueillis,
Ces roses, ces œillets, ce jasmin et ces lis :
Attache une couronne à l'entour de ma teste.

Gaignons ce jour icy, trompons nostre trespas :
Peut-estre que demain nous ne reboirons pas.
S'attendre au lendemain n'est pas chose trop preste.[2]

Ainsi Tibulle :

> Care puer, madeant generoso pocula baccho,
> Et nobis pronâ funde falerna manu.
> Ite procul, durum, curæ genus, ite labores.

---

1. Les *Mélanges, tirés d'une petite bibliothèque* par Charles Nodier, parurent à Paris, chez Roret, 1829, in-8°. (L. M.)
2. Éd. P. Bl., t. I, p. 159.

Marie, levez-vous, vous estes paresseuse,
Ja la gaye alouette au ciel a fredonné,
Et ja le rossignol doucement jargonné,
Dessus l'espine assis, sa complainte amoureuse.

Sus debout, allons voir l'herbelette perleuse,
Et vostre beau rosier de boutons couronné,
Et vos œillets mignons ausquels aviez donné
Hier au soir de l'eau d'une main si soigneuse.

Harsoir en vous couchant vous jurastes vos yeux,
D'estre plustost que moy ce matin esveillée ;
Mais le dormir de l'aube, aux filles gracieux,

Vous tient d'un doux sommeil encor les yeux sillée.
Ça ça que je les baise et vostre beau tetin
Cent fois pour vous apprendre à vous lever matin.[1]

Belleau, qui a commenté ce sonnet, en trouve avec raison *les mignardises plus belles en leur simplicité que toutes les inventions alambiquées des Espagnols et de quelques Italiens.* — *Marie* se comptait de trois syllabes, parce qu'on faisait sentir l'*e* final. — *Harsoir,* pour hier soir.

Amour est un charmeur ; si je suis une année
Avecques ma maistresse à babiller tousjours,
Et à luy raconter quelles sont mes amours,
L'an me semble plus court qu'une courte journée

1. Éd. P. Bl., t. I, p. 164.

Si quelque tiers survient, j'en ay l'ame gennée,
Ou je deviens muet, ou mes propos sont lours :
Au milieu du devis s'esgarent mes discours,
Et tout ainsi que moi ma langue est estonnée.

Mais quand je suis tout seul auprès de mon plaisir,
Ma langue interpretant le plus de mon desir,
Alors de caqueter mon ardeur ne fait cesse :

Je ne fais qu'inventer, que conter, que parler ;
Car pour estre cent ans auprès de ma maistresse,
Cent ans me sont trop courts, et ne m'en puis aller.[1]

Ce sonnet pourrait être de Marot, tant il est facile et naturel.

Cache pour ceste nuict ta corne, bonne Lune :
Ainsi Endymion soit tousjours ton amy,
Ainsi soit-il tousjours en ton sein endormy,
Ainsi nul enchanteur jamais ne t'importune.

Le jour m'est odieux, la nuict m'est opportune,
Je crains de jour l'aguet d'un voisin ennemy :
De nuict plus courageux je traverse parmy
Les espions, couvert de la courtine brune.

Tu sçais, Lune, que peut l'amoureuse poison :
Le dieu Pan pour le prix d'une blanche toison
Put bien flechir ton cœur. Et vous, astres insignes,

---

1. Éd. P. Bl., t. I, p. 165.

Favorisez au feu qui me tient allumé,
Car, s'il vous en souvient, la pluspart de vous, Signes,
N'a place dans le ciel que pour avoir aimé.[1]

Je traverse parmi les espions. Malgré notre prédilection pour l'enjambement, nous trouvons celui-ci un peu hasardé; pourtant il n'est pas trop mal en rapport avec l'idée exprimée, et oblige le lecteur de *traverser* le vers furtivement et comme à la dérobée *parmi les espions*. — *Le dieu Pan.* Pan, étant amoureux de la Lune, l'obtint moyennant la toison d'une brebis blanche :

> Munere sic niveo lanæ (si credere dignum est)
> Pan, deus Arcadiæ, captam te, Luna, fefellit.
> <div align="right">Virgile, <i>Georg.</i></div>

N'a place dans le ciel. Vers d'une justesse ingénieuse et d'un sentiment exquis.

CHANSON.

Fleur Angevine de quinze ans,
Ton front monstre assez de simplesse :
Mais ton cœur ne cache au dedans
Sinon que malice et finesse,
Celant, sous ombre d'amitié,
Une jeunette mauvaistié.

Rends-moy (si tu as quelque honte)
Mon cœur que je t'avois donné,
Dont tu ne fais non plus de conte
Que d'un esclave emprisonné,

---

1. Éd. P. Bl., t. I, p. 168.

T'esjouissant de sa misere,
Et te plaisant de luy desplaire.

Une autre moins belle que toy,
Mais bien de meilleure nature,
Le voudroit bien avoir de moy,
Elle l'aura, je te le jure :
Elle l'aura, puis qu'autrement
Il n'a de toy bon traitement.

Mais non, j'aime trop mieux qu'il meure
Sans esperance en ta prison :
J'aime trop mieux qu'il y demeure
Mort de douleur contre raison,
Qu'en te changeant jouir de celle
Qui m'est plus douce et non si belle.[1]

Chanson aimable et naïve, d'un rhythme léger et courant, tout à fait dans le goût de Marot ou de Saint-Gelais. — *Une jeunette mauvaistié.* Il est à regretter que ce substantif *mauvaistié* n'ait pas été conservé dans la langue ; *malice* n'est pas son équivalent. Ronsard a dit ailleurs à sa maîtresse dans le même sens :

Ha ! tu fais la mauvaise !

Qui m'est plus douce et non si belle. Vers exquis, comme nous en avons déjà rencontré tant de fois.

Vous mesprisez nature : estes-vous si cruelle
De ne vouloir aimer ? Voyez les passereaux,

---

1. Éd. P. Bl., t. I, p. 169.

Qui demenent l'amour, voyez les colombeaux,
Regardez le ramier, voyez la tourterelle :

Voyez deçà delà d'une fretillante aile
Voleter par les bois les amoureux oiseaux ;
Voyez la jeune vigne embrasser les ormeaux,
Et toute chose rire en la saison nouvelle.

Icy, la bergerette en tournant son fuseau,
Desgoise ses amours, et là le pastoureau
Respond à sa chanson : icy toute chose aime.

Tout parle de l'amour, tout s'en veut enflammer :
Seulement votre cœur, froid d'une glace extreme,
Demeure opiniastre et ne veut point aimer.[1]

CHANSON.

Amour, dy, je te prie (ainsi de tous humains
Et des dieux soit tousjours l'empire entre tes mains),
  Qui te fournist de fleches?
Veu que tousjours colere en mille et mille lieux
Tu pers tes traits ès cœurs des hommes et des dieux,
  Empennez de flammeches?

Mais je te pri', dy-moy, est-ce point le dieu Mars,
Quand il revient chargé du butin des soldars
  Tuez à la bataille?

[1]. Éd. P. Bl., t. I, p. 171.

Ou bien si c'est Vulcan qui dedans ses fourneaux
(Après les tiens perdus) t'en refait de nouveaux,
  Et tousjours t'en rebaille ?

Pauvret (respond Amour) et quoy? ignores-tu
La rigueur, la douceur, la force, la vertu
  Des beaux yeux de t'amie?
Plus je respan de traits sus hommes et sus dieux,
Et plus d'un seul regard m'en fournissent les yeux
  De ta belle Marie. [1]

Toute cette pièce est prise du latin de Marulle :

> Cum tot tela die, proterve, spargas;
> Tot figas sine fine, et hic et illic.

Nous la citons surtout pour le rhythme, qui est de l'invention de Ronsard. Si les petits vers, troisième et sixième de chaque strophe, avaient quatre pieds au lieu de trois, ce serait précisément le rhythme de *la Jeune Captive*. Or il y a un grand charme et une singulière impression pour les oreilles délicates dans ce petit vers féminin qui vient après les deux grands vers masculins. Si la rime masculine portait sur le petit vers, et si celle des alexandrins était féminine, on n'aurait plus la même impression, et le rhythme, quoique d'un fort bon effet, serait plus ordinaire et moins savant.

1. Éd. P. Bl., t. I, p. 175.

LE VOYAGE DE TOURS

OU LES AMOUREUX.[1]

THOINET ET PERROT.

C'estoit en la saison que l'amoureuse Flore
Faisoit pour son amy les fleurettes esclore
Par les prez bigarrez d'autant d'esmail de fleurs,
Que le grand arc du ciel s'esmaille de couleurs :
Lorsque les papillons et les blondes avettes,
Les uns chargez au bec, les autres aux cuissettes,
Errent par les jardins, et les petits oiseaux
Voletant par les bois de rameaux en rameaux
Amassent la bechée, et parmi la verdure
Ont souci comme nous de leur race future.
Thoinet au mois d'avril passant par Vendomois
Me mena voir à Tours Marion que j'aimois,
Qui aux nopces estoit d'une sienne cousine :
Et ce Thoinet aussi alloit voir sa Francine,
Qu'Amour en se jouant, d'un trait plein de rigueur,
Luy avoit près le Clain[2] escrite dans le cœur.

Nous partismes tous deux du hameau de Coustures,
Nous passasmes Gastine et ses hautes verdures,

---

1. Cette idylle fut composée au sujet d'un voyage que J.-A. de Baïf et Ronsard firent à Tours pour voir leurs maîtresses. On sait que la maîtresse de Baïf s'appelait *Francine*. La *Marie* de Ronsard prend ici le nom rustique de *Marion*. *Thoinet*, c'est *Antoine de Baïf*, et *Perrot*, *Pierre de Ronsard*.

2. *Le Clain*. Rivière qui passe par Poitiers.— *Coustures*. Hameau voisin de Vendôme, et patrie de Ronsard. — *Gastine*. Nom de forêt. — *Marré*, *Beaumont-la-Ronce, Lengenrie*. Noms de villages.

Nous passasmes Marré, et vismes à mi-jour
Du pasteur Phelippot s'eslever la grand'tour,
Qui de Beaumont-la-Ronce honore le village,
Comme un pin fait honneur aux arbres d'un bocage.

Ce pasteur qu'on nommoit Phelippot, tout gaillard
Chez luy nous festoya jusques au soir bien tard.
De là vinsmes coucher au gué de Lengenrie,
Sous des saules plantez le long d'une prairie :
Puis, dès le poinct du jour redoublant le marcher,
Nous vismes en un bois s'eslever le clocher
De sainct Cosme près Tours, où la nopce gentille
Dans un pré se faisoit au beau milieu de l'isle.

Là Francine dançoit, de Thoinet le souci,
Là Marion balloit, qui fut le mien aussi :
Puis nous mettans tous deux en l'ordre de la dance,
Thoinet tout le premier ceste plainte commence :

Ma Francine, mon cœur, qu'oublier je ne puis,
Bien que pour ton amour oublié je me suis ;
Quand dure en cruauté tu passerois les ourses,
Et les torrens d'hyver desbordez de leurs courses,
Et quand tu porterois en lieu d'humaine chair
Au fond de l'estomach pour un cœur un rocher ;
Quand tu aurois succé le laict d'une lyonne,
Quand tu serois, cruelle, une beste felonne,
Ton cœur seroit pourtant de mes pleurs adouci,
Et ce pauvre Thoinet tu prendrois à mercy.

Je suis, s'il t'en souvient, Thoinet qui dès jeunesse
Te voyant sur le Clain t'appela sa maistresse,
Qui musette et flageol à ses levres usa

Pour te donner plaisir, mais cela m'abusa :
Car te pensant flechir comme une femme humaine,
Je trouvay ta poitrine et ton oreille pleine,
Helas, qui l'eust pensé ! de cent mille glaçons
Lesquels ne t'ont permis d'escouter mes chansons :
Et toutefois le temps, qui les prez de leurs herbes
Despouille d'an en an, et les champs de leurs gerbes,
Ne m'a point despouillé le souvenir du jour
Ny du mois, où je mis en tes yeux mon amour ;
Ny ne fera jamais, voire eussé-je avallée
L'onde qui court là bas sous l'obscure vallée.

C'estoit au mois d'avril, Francine, il m'en souvient,
Quand tout arbre florit, quand la terre devient
De vieillesse en jouvence, et l'estrange arondelle
Fait contre un soliveau sa maison naturelle ;
Quand la limace, au dos qui porte sa maison,
Laisse un trac sur les fleurs ; quand la blonde toison
Va couvrant la chenille, et quand parmy les prées
Volent les papillons aux ailes diaprées,
Lors que fol je te vy, et depuis je n'ai peu
Rien voir après tes yeux que tout ne m'ait despleu.
Six ans sont jà passez, toutefois dans l'oreille
J'entens encor le son de ta voix nompareille,
Qui me gaigna le cœur, et me souvient encor
De ta vermeille bouche et de tes cheveux d'or,
De ta main, de tes yeux, et si le temps qui passe
A depuis desrobé quelque peu de leur grace,
Helas ! je ne suis moins de leurs graces ravy
Que je fus sur le Clain, le jour que je te vy
Surpasser en beauté toutes les pastourelles
Que les jeunes pasteurs estimoient les plus belles :

Car je n'ay pas esgard à cela que tu es,
Mais à ce que tu fus, tant les amoureux traits
Te graverent en moy, voire de telle sorte
Que telle que tu fus telle au sang je te porte.

Dès l'heure que le cœur de l'œil tu me perças,
Pour en sçavoir la fin je fis tourner le sas[1]
Par une Janeton, qui, au bourg de Crotelles,
Soit du bien soit du mal disoit toutes nouvelles.

Après qu'elle eut trois fois craché dedans son sein,
Trois fois esternué, elle prist du levain,
Le retaste en ses doigts, et en fit une image,
Qui te sembloit de port, de taille et de visage :
Puis tournoyant trois fois, et trois fois marmonnant,
De sa jartiere alla tout mon col entournant,
Et me dis : Je ne tiens si fort de ma jartiere
Ton col, que ta vie est, de malheur heritiere,
Captive de Francine, et seulement la mort
Desnou'ra le lien qui te serre si fort :
Et n'espere jamais de vouloir entreprendre
D'eschauffer un glaçon qui te doit mettre en cendre.
Las ! je ne la creu pas, et pour vouloir adonc
En estre plus certain, je fis coupper le jonc,
La veille de sainct Jean : mais je vy sur la place
Le mien, signe d'amour, croistre plus d'une brasse,
Le tien demeurer court, signe que tu n'avois
Soucy de ma langueur, et que tu ne m'aimois,
Et que ton amitié, qui n'est point asseurée,
Ainsi que le jonc court est courte demeurée.

1. *Sas,* sac, sachet.

Je mis, pour t'essayer encores devant-hier,
Dans le creux de ma main des fueilles de coudrier :
Mais en tappant dessus, nul son ne me rendirent,
Et flaques sans sonner sur la main me fanirent ;
Vray signe que je suis en ton amour moqué,
Puis qu'en frapant dessus elles n'ont point craqué,
Pour monstrer par effet que ton cœur ne craquette
Ainsi que fait le mien d'une flamme secreite.

O ma belle Francine ! ô ma fiere, et pourquoy
En dansant, de tes mains ne me prends-tu le doy ?
Pourquoy, lasse du bal, entre ces fleurs couchée,
N'ay-je sur ton giron ou la teste panchée,
Ou mes yeux sur les tiens, ou ma bouche dessus
Tes deux tetins, de neige et d'yvoire conceus ?
Te semblé-je trop vieil ? encor la barbe tendre
Ne fait que commencer sur ma joue à s'estendre,
Et ta bouche qui passe en beauté le coral,
S'elle veut me baiser, ne se fera point mal :
Mais ainsi qu'un lezard se cache sous l'herbette,
Sous ma blonde toison cacheras ta languette,
Puis en la retirant, tu tireras à toy
Mon cœur, pour te baiser, qui sortira de moy.

Helas, pren donc mon cœur avecque ceste paire
De ramiers que je t'offre ; ils sont venus de l'aire
De ce gentil ramier dont je t'avois parlé :
Margot m'en a tenu plus d'une heure accollé,
Les pensant emporter pour les mettre en sa cage :
Mais ce n'est pas pour elle, et demain davantage
Je t'en rapporteray, avecques un pinson
Qui desja sçait par cœur une belle chanson,

Que je fis l'autre jour dessous une aubespine,
Dont le commencement est Thoinet et Francine.
Hà, cruelle, demeure ; et tes yeux amoureux
Ne destourne de moy : hà je suis malheureux !
Car je cognois mon mal, et si cognois encore
La puissance d'Amour, qui le sang me devore :
Sa puissance est cruelle, et n'a point d'autre jeu,
Sinon de rebrusler nos cœurs à petit feu,
Ou de les englacer, comme ayant pris son estre
D'une glace ou d'un feu ou d'un rocher champestre.
Hà ! que ne suis-je abeille, ou papillon, j'irois
Maugré toy te baiser, et puis je m'assirois
Sur tes tetins, afin de succer de ma bouche
Ceste humeur qui te fait contre moy si farouche.

O belle au doux regard, Francine au beau sourcy,
Baise-moy, je te prie, et m'embrasses ainsi
Qu'un arbre est embrassé d'une vigne bien forte :
Souvent un vain baiser quelque plaisir apporte.
Je meurs ! tu me feras despecer ce bouquet,
Que j'ai cueilly pour toy, de thym et de muguet,
Et de la rouge fleur qu'on nomme Cassandrette,[1]
Et de la blanche fleur qu'on appelle Olivette,
A qui Bellot donna et la vie et le nom,
Et de celle qui prend de ton nom son surnom.

---

1. Notre auteur, suivant le commentaire de Belleau, non content d'avoir immortalisé sa première maîtresse, Cassandre, par des sonnets et des chansons, appela de son nom une belle fleur rouge, vulgairement nommée *gantelée*. Dubellay avait fait de même en appelant *Olivette*, du nom de sa maîtresse *Olive*, une belle fleur blanche, *la fleur de Notre-Dame*, qui vient en février ; et voilà Thoinet, c'est-à-dire Baïf, qui nous dit avoir nommé *Francinette* une fleur qui paraît être l'*anémone*.

DE MARIE.

Las! où fuis-tu de moy? hà ma fiere ennemie,
Je m'en vais despouiller jaquette et souquenie,
Et m'en courray tout nud au haut de ce rocher,
Où tu vois ce garçon à la ligne pescher,
Afin de me lancer à corps perdu dans Loire,
Pour laver mon soucy, où afin de tant boire
D'escumes et de flots, que la flamme d'aimer
Par l'eau contraire au feu se puisse consumer.

Ainsi disoit Thoinet, qui se pasme sur l'herbe,
Presque transi de voir sa dame si superbe,
Qui rioit de son mal, sans daigner seulement
D'un seul petit clin d'œil appaiser son tourment.

J'ouvroy desja la levre après Thoinet, pour dire
De combien Marion estoit encore pire,
Quand j'avise sa mere en haste gagner l'eau,
Et sa fille emmener avec elle au bateau,
Qui se jouant sur l'onde attendoit ceste charge,
Lié contre le tronc d'un saule au feste large;
Ja les rames tiroient le bateau bien pansu,
Et la voile en enflant son grand reply bossu
Emportoit le plaisir qui mon cœur tient en peine,
Quand je m'assis au bord de la premiere arene:
Et voyant le bateau qui s'enfuyoit de moy,
Parlant à Marion, je chantay ce convoy :

Bateau qui par les flots ma chere vie emportes,
Des vents en ta faveur les haleines soient mortes :
Et le ban perilleux, qui se trouve parmy
Les eaux, ne t'enveloppe en son sable endormy :
Que l'air, le vent, et l'eau favorisent ma Dame,

Et que nul flot bossu ne destourbe sa rame :
En guise d'un estang, sans vagues, paresseux
Aille le cours de Loire, et son limon crasseux
Pour ce jourd'huy se change en gravelle menue,
Pleine de maint ruby et mainte perle esleue.

Que les bords soient semez de mille belles fleurs
Representans sur l'eau mille belles couleurs,
Et le troupeau nymphal des gentilles Naïades
A l'entour du vaisseau face mille gambades :
Les unes balloyant des paumes de leurs mains
Les flots devant la barque, et les autres leurs seins
Descouvrent à fleur d'eau, et d'une main ouvriere
Conduisent le bateau du long de la riviere.
L'azuré martinet puisse voler devant
Avecque la mouette ; et le plongeon, suivant
Son mal-heureux destin, pour le jourd'huy ne songe
En sa belle Hesperie, [1] et dans l'eau ne se plonge :
Et le heron criard, qui la tempeste fuit,
Haut pendu dedans l'air ne fasse point de bruit :
Ains tout gentil oiseau, qui va cherchant sa proye
Par les flots poissonneux, bien-heureux te convoye,
Pour seurement venir avec ta charge au port,
Où Marion verra peut-estre sur le bort
Une orme des longs bras d'une vigne enlassée,
Et la voyant ainsi doucement embrassée,
De son pauvre Perrot se pourra souvenir,
Et voudra sur le bord embrassé le tenir.

On dit au temps passé que quelques-uns changerent

---

1. OEsacus, fils de Priam, fut changé en plongeon pour l'amour de sa maîtresse Hespérie.

En riviere leur forme, et eux-mesmes nagerent
Au flot qui de leur sang goutte à goutte sailloit,
Quand leur corps transformé en eau se distilloit.
Que ne puis-je muer ma ressemblance humaine
En la forme de l'eau qui ceste barque emmeine?
J'irois en murmurant sous le fond du vaisseau,
J'irois tout alentour, et mon amoureuse eau
Baiseroit or' sa main, ore sa bouche franche,
La suyvant jusqu'au port de la Chapelle blanche :
Puis laissant mon canal pour jouir de mon veuil,
Par le trac de ses pas j'irois jusqu'à Bourgueil,
Et là dessous un pin couché sur la verdure,
Je voudrois revestir ma premiere figure.

Se trouve point quelque herbe en ce rivage icy
Qui ayt le goust si fort, qu'elle me puisse ainsi
Muer comme fut Glauque en aquatique monstre,
Qui, homme ne poisson, homme et poisson se montre?
Je voudrois estre Glauque, et avoir dans mon sein
Les pommes qu'Hippomene eslançoit de sa main
Pour gagner Atalante : à fin de te surprendre,
Je les ru'rois sur l'eau, et te ferois apprendre
Que l'or n'a seulement sur la terre pouvoir,
Mais qu'il peut dessur l'eau les femmes decevoir.
Or cela ne peut estre, et ce qui se peut faire,
Je le veux achever afin de te complaire.
Je veux soigneusement ce coudrier arroser,
Et des chapeaux de fleurs sur ses feuilles poser :
Et avecq'un poinçon je veux dessus l'escorce
Engraver de ton nom les six lettres à force,

1. *La Chapelle-Blanche* est un port où abordent les bateaux de la Loire, près de Bourgueil, où Marie était née et demeurait.

Afin que les passans en lisant;[1] Marion,
Facent honneur à l'arbre entaillé de ton nom.

Je veux faire un beau lict d'une verte jonchée
De parvanche feuillue encontre bas couchée,
De thym qui fleure bon, et d'aspic porte-epy,
D'odorant poliot contre terre tapy,
De neufard tousjours-verd, qui la froideur incite
Et de jonc qui les bords des rivieres habite.

Je veux jusques au coude avoir l'herbe, et je veux
De roses et de lys couronner mes cheveux.
Je veux qu'on me defonce une pippe angevine,
Et en me souvenant de ma toute divine,
De toy, mon doux soucy, espuiser jusqu'au fond
Mille fois ce jourd'huy mon gobelet profond,
Et ne partir d'icy jusqu'à tant qu'à la lie
De ce bon vin d'Anjou la liqueur soit faillie.

Melchior Champenois, et Guillaume Manceau,
L'un d'un petit rebec,[1] l'autre d'un chalumeau,
Me chanteront comment j'eu l'ame despourveue
De sens et de raison si tost que je t'eu veue :
Puis chanteront comment pour flechir ta rigueur
Je t'appelay ma vie, et te nommay mon cœur,
Mon œil, mon sang, mon tout : mais ta haute pensée
N'a voulu regarder chose tant abaissée :
Ains en me dedaignant tu aimas autre part
Un qui son amitié chichement te depart.

1. *Rebec.* Ancien violon à trois cordes.

Voilà comme il te prend pour mespriser ma peine
Et le rustique son de mon tuyau d'aveine.

Ils diront que mon teint vermeil auparavant,
Se perd comme une fleur qui se fanit au vent :
Que mon poil devient blanc, et que la jeune grace
De mon nouveau printemps de jour en jour s'efface :
Et que depuis le mois que l'amour me fit tien,
De jour en jour plus triste et plus vieil je devien.

Puis ils diront comment les garçons du village
Disent que ta beauté tire deja sur l'age,
Et qu'au matin le coq dès la pointe du jour
N'orra plus à ton huys ceux qui te font l'amour :
Bien fol est qui se fie en sa belle jeunesse,
Qui si tost se desrobe, et si tost nous delaisse.
La rose à la parfin devient un gratecu
Et tout avecq' le temps par le temps est vaincu.

Quel passe-temps prens-tu d'habiter la vallée
De Bourgueil où jamais la Muse n'est allée ?
Quitte-moy ton Anjou, et vien en Vendomois :
Là s'eslevent au ciel les sommets de nos bois,
Là sont mille taillis et mille belles plaines,
Là gargouillent les eaux de cent mille fontaines,
Là sont mille rochers, où Echon à l'entour,
En resonnant mes vers, ne parle que d'amour.

Ou bien si tu ne veux, il me plaist de me rendre
Angevin, pour te voir et ton langage apprendre :
Et pour mieux te flechir, les hauts vers que j'avois
En ma langue traduit du Pindare Gregeois,

Humble je veux redire en un chant plus facile
Sur le doux chalumeau du Pasteur de Sicile.

Là parmy tes sablons Angevin devenu,
Je veux vivre sans nom comme un pauvre incognu,
Et dès l'aube du jour avec toy mener paistre
Auprès du port Guyet nostre troupeau champestre :
Puis sur le chaud du jour je veux en ton giron
Me coucher sous un chesne, où l'herbe à l'environ
Un beau lict nous fera de mainte fleur diverse
Pour nous coucher tous deux sous l'ombre à la renverse ;
Puis, au soleil penchant, nous conduirons nos bœufs
Boire le haut sommet des ruisselets herbeux,
Et les reconduirons au son de la musette ;
Puis nous endormirons dessus l'herbe mollette.

Là sans ambition de plus grands biens avoir,
Contenté seulement de t'aimer et te voir,
Je passeroy mon age, et sur ma sepulture
Les Angevins mettroient ceste breve escriture :

Celui qui gist icy, touché de l'aiguillon
Qu'Amour nous laisse au cœur, garda comme Apollon
Les troupeaux de sa Dame, et en ceste prairie
Mourut en bien-aimant une belle Marie :
Et elle après sa mort mourut ainsi d'ennuy,
Et sous ce verd tombeau repose avecques luy.

A peine avois-je dit, quand Thoinet se depame,
Et à soy revenu alloit après sa Dame :
Mais je le retiray le menant d'autre part
Pour chercher à loger, car il estoit bien tard.

Nous avions ja passé la sablonneuse rive,
Et le flot qui bruyant contre le pont arrive,
Et ja dessus le pont nous estions parvenus,
Et nous apparoissoit le Tombeau de Turnus,[1]
Quand le pasteur Janot tout gaillard nous emmeine
Dedans son toict couvert de javelles d'aveine.[2]

———

Ha! que je porte et de haine et d'envie
Au medecin, qui vient, soir et matin,
Sans nul propos tastonner le tetin,
Le sein, le ventre et les flancs de m'amie.

Las! il n'est pas si soigneux de sa vie
Comme elle pense, il est meschant et fin :
Cent fois le jour il la visite, afin
De voir son sein qui d'aimer le convie.

Vous qui avez de sa fievre le soin,
Parens, chassez ce medecin bien loin,
Ce medecin amoureux de Marie,

---

1. *Le Tombeau de Turnus.* On dit que Turnus, qui fonda Tours, est enterré sous le château de la ville. Toute cette idylle offre un caractère singulier. L'auteur veut être pastoral, voire même rustique; il prend des noms de pays, exprime en termes propres les détails les plus vulgaires de la vie des champs; puis tout d'un coup la mythologie reprend le dessus, et le berger Perrot redevient le traducteur de Pindare. Cette Arcadie à la fois rustique et érudite se retrouve au reste chez tous les auteurs du temps. Vauquelin de la Fresnaye et d'Urfé furent les premiers qui la polirent et la civilisèrent. Mais ce dont il faut surtout savoir gré à Ronsard et à ses amis, c'est d'avoir osé tout dire en vers, et d'y avoir réussi bien souvent; c'est d'avoir mis *le Clocher de Saint-Cosme, le Port de la Chapelle-Blanche, la Limace, la Chenille, la Jarretière, le Bateau bien pansu,* et *le Repli bossu de la voile,* etc., etc.

2. Éd. P. Bl., t. I, p. 182.

Qui fait semblant de la venir panser.
Que pleust à Dieu, pour le recompenser,
Qu'il eust mon mal, et qu'elle fust guarie ! [1]

Ce sonnet est pris de la lettre qu'Aconce écrit à Cydippe, dans Ovide :

> Me miserum quòd non medicorum jussa ministro,
> Astringoque manus, insideoque thoro ;
> Et rursus miserum quòd me procul inde removit:
> Quem minime vellem, forsitan alter adest.
> Ille manus istas astringit, et assidet ægræ,
> Invisus superis, cum superisque mihi ;
> Dumque suo tentat salientem pollice venam,
> Candida per causam brachia sæpe tenet,
> Contrectatque sinus, et forsitan oscula jungit :
> Officio merces plenior illa suo est.

CHANSON.

Voulant, ô ma douce moitié,
T'asseurer que mon amitié
Ne se verra jamais finie,
Je fis, pour t'en asseurer mieux,
Un serment juré par mes yeux
Et par mon cœur et par ma vie.

Tu jures ce qui n'est à toy ;
Ton cœur et tes yeux sont à moy
D'une promesse irrevocable,
Ce me dis-tu. Helas, au moins

1, Éd. P. Bl., t. I, p. 198.

Reçoy mes larmes pour tesmoins
Que ma parole est veritable !

Alors, Belle, tu me baisas,
Et doucement des-attisas
Mon feu d'un gracieux visage :
Puis tu fis signe de ton œil,
Que tu recevois bien mon dueil
Et mes larmes pour tesmoignage.[1]

Pris de Marulle :

> Juravi fore me tuum perenne,
> Per me, per caput hoc, per hos ocellos.

J'ay l'ame pour un lict de regrets si touchée,
Que nul homme jamais ne fera que j'approuche
De la chambre amoureuse, encor moins de la couche
Où je vy ma Maistresse au mois de may couchée.

Un somme languissant la tenoit mi-panchée
Dessus le coude droit, fermant sa belle bouche
Et ses yeux dans lesquels l'archer Amour se couche,
Ayant tousjours la fleche à la corde encochée :

Sa teste en ce beau mois sans plus estoit couverte
D'un riche escofion ouvré de soye verte,
Où les Graces venoyent à l'envy se nicher ;

---

1. Éd. P. Bl., t. I, p. 207.

Puis en ses beaux cheveux choisissoient leur demeure.
J'en ay tel souvenir que je voudrois qu'à l'heure
Mon cœur pour n'y penser fust devenu rocher.[1]

Les dix premiers vers de ce sonnet sont à rimes féminines; il doit être de la jeunesse de Ronsard.

CHANSON.

Quand j'estois libre, ains qu'une amour nouvelle
Ne se fust prise en ma tendre mouelle,
 Je vivois bien-heureux :
Comme à l'envy les plus accortes filles
Se travailloient par leurs flames gentilles
 De me rendre amoureux.

Mais tout ainsi qu'un beau poulain farouche,
Qui n'a masché le frein dedans la bouche,
 Va seulet écarté,
N'ayant soucy sinon d'un pied superbe
A mille bonds fouler les fleurs et l'herbe,
 Vivant en liberté,

Ores il court le long d'un beau rivage,
Ores il erre en quelque bois sauvage,
 Fuyant de sault en sault :[2]
De toutes parts les poutres hennissantes

---

1. Éd. P. Bl., t. I, p. 210.
2. *Sault, saltus,* bois. *Poutre,* jument.

Luy font l'amour, pour neant blandissantes
    A luy qui ne s'en chaut.

Ainsi j'allois desdaignant les pucelles
Qu'on estimoit en beauté les plus belles,
    Sans respondre à leur vueil :
Lors je vivois amoureux de moy-mesme,
Contant et gay, sans porter couleur blesme
    Ny les larmes à l'œil.

J'avois escrite au plus haut de la face,
Avec l'honneur, une agreable audace
    Pleine d'un franc desir :
Avec le pied marchoit ma fantaisie
Où je voulois, sans peur ne jalousie,
    Seigneur de mon plaisir :

Mais aussi tost que par mauvois desastre
Je vey ton sein blanchissant comme albastre
    Et tes yeux, deux soleils,
Tes beaux cheveux espanchez par ondées,
Et les beaux lys de tes levres bordées
    De cent œillets vermeils,

Incontinent, j'appris que c'est service :
La liberté, de mon ame nourrice,
    S'eschappa loin de moy :
Dedans tes rets ma premiere franchise,
Pour obeir à ton bel œil, fut prise
    Esclave sous ta loy.

Tu mis cruelle en signe de conqueste

Comme vainqueur tes deux pieds sur ma teste,
  Et du front m'as osté
L'honneur, la honte et l'audace premiere,
Accouardant mon ame prisonniere,
  Serve à ta volonté ;

Vengeant d'un coup mille fautes commises,
Et les beautez qu'à grand tort j'avois mises
  Par-avant à mespris,
Qui me prioyent en lieu que je te prie :
Mais d'autant plus que merci je te crie,
  Tu es sourde à mes cris ;

Et ne respons non plus que la fontaine
Qui de Narcis mira la forme vaine,
  En vengeant à son bord
Mille beautez des Nymphes amoureuses,
Que cet enfant par mines desdaigneuses
  Avoit mises à mort.[1]

Le commencement est pris de Marulle, liv. II, épig. 12, *Donec liber eram*. La belle comparaison du poulain rappelle celle d'Horace, liv. III, ode III, où il parle de Lydie :

> Quæ, velut latis equa trima campis,
> Ludit exultim, metuitque tangi
> Nuptiarum expers, et adhuc protervo
>   Cruda marito.

Ronsard n'est pas resté au-dessous du lyrique latin. Sa pièce étincelle de hardiesses et d'images ; le style en est ferme et pittoresque, le rhythme serré et bondissant. Lamartine affectionne ce rhythme heureux inventé par Ronsard, et dont nos

1. Éd. P. Bl., t. I, p. 214.

lyriques classiques ont usé trop sobrement. Ferai-je remarquer ces francs et beaux vers, *Qui n'a masché le frein dedans la bouche, Tes beaux cheveux espanchez par ondées?* et tant d'expressions vraies et poétiques, les *poutres hennissantes, seigneur de mon plaisir,* et les *mines desdaigneuses de l'enfant Narcis?*

AMOURETTE.

Or' que l'hyver roidit la glace epesse,
Rechaufons-nous, ma gentille Maistresse,
Non accroupis près le fouyer cendreux,
Mais aux plaisirs des combats amoureux.

Assisons-nous sur ceste molle couche :
Sus baisez-moy, tendez-moy vostre bouche,
Pressez mon col de vos bras despliez,
Et maintenant vostre mere oubliez.

Que de la dent vostre tetin je morde,
Que vos cheveux fil à fil je destorde :
Il ne faut point en si folastres jeux,
Comme au dimanche arranger ses cheveux.

Approchez donc, tournez-moy vostre joue ;
Vous rougissez ? il faut que je me joue ;
Vous sou-riez ? avez-vous point ouy
Quelque doux mot qui vous ait resjouy ?

Je vous disois que la main j'allois mettre
Sur votre sein ; le voulez-vous permettre ?

Ne fuyez pas sans parler : je voy bien
A vos regards que vous le voulez bien.

Je vous cognois en voyant vostre mine.
Je jure Amour que vous estes si fine,
Que pour mourir de bouche ne diriez
Qu'on vous baisast, bien que le desiriez :
Car toute fille encor' qu'elle ait envie
Du jeu d'aimer, desire estre ravie :
Tesmoin en est Helene, qui suivit
D'un franc vouloir Pâris qui la ravit.

Je veux user d'une douce main-forte.
Hà vous tombez, vous faites ja la morte !
Hà quel plaisir dans le cœur je reçoy !
Sans vous baiser vous mocqueriez de moy
En vostre lict quand vous seriez seulette.
Or sus c'est fait, ma gentille brunette :
Recommençons, à fin que nos beaux ans
Soyent rechauffez en combats si plaisans.[1]

Petit chef-d'œuvre. Ces conseils à la jeune fille *d'oublier sa mere et de n'arranger ses cheveux comme au dimanche*, ce tendre et malicieux souvenir d'Hélène qui se laisse ravir de si bonne grâce et seulement pour la forme, ces mines folâtres, ce babil entrecoupé, cette *douce main-forte, lene tormentum,* tout respire ici une suave délicatesse et un air frais de volupté. Mais, prenons garde, arrêtons-nous : s'il ne faut pas peser la lyre dans une balance, il faut encore moins extraire le nectar des baisers de Vénus.

1. Éd. P. Bl., t. I, p. 218.

LA QUENOUILLE.

Quenouille, de Pallas la compagne et l'amie,
Cher present que je porte à ma chere Marie,
Afin de soulager l'ennuy qu'ell' a de moy,
Disant quelque chanson en filant dessur toy,
Faisant pirouetter, à son huys amusée,
Tout le jour son rouet et sa grosse fusée.

Quenouille, je te meine où je suis arresté,
Je voudrois racheter par toy ma liberté.
Tu ne viendras ès mains d'une mignonne oisive
Qui ne fait qu'attifer sa perruque lascive,
Et qui perd tout son temps à mirer et farder
Sa face, à celle fin qu'on l'aille regarder ;
Mais bien entre les mains d'une disposte fille,
Qui devide, qui coust, qui mesnage et qui file
Avecque ses deux sœurs pour tromper ses ennuis,
L'hyver devant le feu, l'esté devant son huis.

Aussi je ne voudrois que toy, quenouille, faite
En nostre Vendomois (où le peuple regrette
Le jour qui passe en vain) allasses en Anjou
Pour demeurer oisive et te rouiller au clou.
Je te puis asseurer que sa main delicate
Filera dougement quelque drap d'escarlate,
Qui si fin et si souef en sa laine sera,
Que pour un jour de feste un roy le vestira.

Suy-moy donc, tu seras la plus que bien-venue,
Quenouille, des deux bouts et greslette et menue,

Un peu grosse au milieu où la filace tient,
Estreinte d'un riban qui de Montoire vient,
Aime-laine, aime-fil, aime-estaim, maisonniere,
Longue, Palladienne, enflée, chansonniere ;
Suy-moy, laisse Cousture, et allons à Bourgueil,
Où, quenouille, on te doit recevoir d'un bon œil :
Car le petit present qu'un loyal amy donne,
Passe des puissants roys le sceptre et la couronne.[1]

L'invention est de Théocrite, qui donna en présent une quenouille à la femme du médecin Nicias, son hôte et son ami. (Idylle 34.) — *Filera dougement*, subtilement, à trame fine et déliée. Le bon Belleau, qui a commenté cette partie des amours de Ronsard, prend de là occasion de nous apprendre que la *Marie* du poëte n'était pas de grande et riche famille, mais simple fille d'hôtellerie; « ce qui ne doit sur« prendre, ajoute-t-il, car l'Amour, qui n'a point d'yeux, ne « regarde pas aux grandeurs ; et volontiers les plus nobles et « gentils esprits sont plustost amoureux des simples filles que « des riches ; tesmoin David et presque tous les roys et grands « capitaines qui ont jamais vescu. » — *Estreinte d'un riban qui de Montoire vient*. Montoire est un bourg situé à trois petites lieues de Cousture, patrie de Ronsard. — *Aime-laine, aime-fil, aime-estaim*. Estaim est une espèce de laine cardée et prête à filer. La pièce qu'on vient de lire me semble excellente de style et de facture; tous les mots justes et propres y entrent, et font trait dans cet humble et riant tableau. On y voit la filandière, assise en chantant sur son huis, qui fait pirouetter tout le jour le rouet et la grosse fusée ; on voit en ses mains laborieuses la quenouille grêle des deux bouts et renflée au milieu, et la filasse nouée du ruban de Montoire. J'aime fort cette quenouille.

---

1. Éd. P. Bl., t. I, p. 219.

Aime-laine, aime-fil, aime-estaim, maisonniere,
Longue, Palladienne, enfiée, chansonniere.

Cela est un peu grec, sans doute; mais André Chénier lui-même n'eût pas dédaigné de tels vers dans ces poésies d'une inspiration antique, qui sont pour lui comme des réminiscences du berceau, comme des souvenirs de la patrie.

CHANSON.

Quand ce beau printemps je voy,
  J'appercoy
Rajeunir la terre et l'onde,
Et me semble que le jour
  Et l'Amour,
Comme enfans, naissent au monde.

Le jour qui plus beau se fait,
  Nous refait
Plus belle et verde la terre :
Et Amour, armé de traits
  Et d'attraits,
En nos cœurs nous fait la guerre.

Il respand de toutes parts
  Feu et dards,
Et domte sous sa puissance
Hommes, bestes et oyseaux,
  Et les eaux
Luy rendent obeissance.

Venus, avec son enfant
  Triomphant
Au haut de son coche assise,
Laisse ses cygnes voler
  Parmy l'air
Pour aller voir son Anchise.

Quelque part que ses beaux yeux
  Par les cieux
Tournent leurs lumieres belles,
L'air qui se montre serein
  Est tout plein
D'amoureuses estincelles.

Puis en descendant à bas,
  Sous ses pas
Naissent mille fleurs ecloses :
Les beaux lyz et les œillets
  Vermeillets
Rougissent entre les roses.

Je sens en ce mois si beau
  Le flambeau
D'Amour qui m'eschaufe l'ame,
Y voyant de tous costez
  Les beautez
Qu'il emprunte de ma Dame.

Quand je voy tant de couleurs
  Et de fleurs
Qui esmaillent un rivage,
Je pense voir le beau teint

Qui est peint
Si vermeil en son visage.

Quand je voy les grands rameaux
Des ormeaux
Qui sont lacez de lierre,
Je pense estre pris ès laz
De ses bras,
Et que mon col elle serre.

Quand j'enten la douce vois
Par les bois
Du gay rossignol qui chante,
D'elle je pense jouyr
Et ouyr
Sa douce voix qui m'enchante.

Quand je voy en quelque endroit
Un pin droit,
Ou quelque arbre qui s'esleve,
Je me laisse decevoir,
Pensant voir
Sa belle taille et sa greve.[1]

Quand je voy dans un jardin
Au matin
S'esclorre une fleur nouvelle,

---

1. *Sa greve.* Ce mot offre deux sens vraisemblables qui rentrent l'un dans l'autre : ou il signifie *jambe*, et c'est dans ce sens que l'a employé Rabelais (*Gargantua*, liv. Ier, chap. xxvii) lorsqu'il nous montre frère Jean qui avale les nez, poche les yeux, sphacèle les *grèves;* ou bien il signifierait *allure, port,* et il viendrait alors de *garbo.*

J'accompare le bouton
　　Au teton
De son beau sein qui pommelle.

Quand le soleil tout riant
　　D'orient
Nous monstre sa blonde tresse,
Il me semble que je voy
　　Devant moy
Lever ma belle maistresse.

Quand je sens parmy les prez
　　Diaprez
Les fleurs dont la terre est pleine,
Lors je fais croire à mes sens
　　Que je sens
La douceur de son haleine.

Bref, je fais comparaison
　　Par raison
Du printemps et de m'amie :
Il donne aux fleurs la vigueur,
　　Et mon cœur
D'elle prend vigueur et vie.

Je voudrois au bruit de l'eau
　　D'un ruisseau
Desplier ses tresses blondes,
Frizant en autant de nœus
　　Ses cheveux,
Que je verrois friser d'ondes.

DE MARIE.

Je voudrois, pour la tenir,
    Devenir
Dieu de ces forests desertes,
La baisant autant de fois
    Qu'en un bois
Il y a de fueilles vertes.

Hà Maistresse, mon soucy,
    Vien icy,
Vien contempler la verdure !
Les fleurs, de mon amitié
    Ont pitié,
Et seule tu n'en as cure.

Au moins leve un peu tes yeux
    Gracieux,
Et voy ces deux colombelles,
Qui font naturellement,
    Doucement,
L'amour du bec et des ailes :

Et nous, sous ombre d'honneur,
    Le bon-heur
Trahissons par une crainte :
Les oyseaux sont plus heureux
    Amoureux,
Qui font l'amour sans contrainte.

Toutefois ne perdons pas
    Nos esbats
Pour ces loix tant rigoureuses :

> Mais si tu m'en crois, vivons,
> Et suyvons
> Les colombes amoureuses.
>
> Pour effacer mon esmoy
> Baise-moy,
> Rebaise-moy, ma Deesse :
> Ne laissons passer en vain
> Si soudain
> Les ans de notre jeunesse.[1]

Cette chanson est pleine de grâce et de fraîcheur; le rhythme, dont Belleau plus tard fit usage dans sa charmante pièce d'*Avril*, paraît être de l'invention de Ronsard ou de Dubellay, car c'est dans les poésies de ces deux écrivains qu'il se montre pour la première fois. On sent assez tout ce qu'il a de curieux, de vif et de pressant; pourtant il ne survécut guère à la *Pléiade*, et nos lyriques des deux derniers siècles l'ont laissé tomber en oubli. Le spirituel Hamilton essaya de l'employer dans une de ses chansons, mais avec peu d'intelligence et sans succès. L'auteur du présent commentaire a lui-même osé remanier ce rhythme délicat dans une bagatelle intitulée *la Rime*, qu'il se permettra de consigner ici comme un hommage offert au grand inventeur lyrique du xvıᵉ siècle. C'est à peu près ainsi qu'à défaut d'originalité propre, Warton, auquel nous n'avons nullement d'ailleurs la vanité de nous comparer, recueillit de la lecture des vieux poëmes anglais plus d'une inspiration d'artiste, et ne put s'empêcher d'en reproduire parfois l'esprit ou la forme.

---

1. Éd. P. Bl., t. I, p. 220.

A LA RIME.

Rime, qui donnes leurs sons
    Aux chansons ;
Rime, l'unique harmonie
Du vers qui, sans tes accents
    Frémissants,
Serait muet au génie ;

Rime, écho qui prends la voix
    Du hautbois,
Ou l'éclat de la trompette ;
Dernier adieu d'un ami,
    Qu'à demi
L'autre ami de loin répète ;

Rime, tranchant aviron,
    Éperon
Qui fends la vague écumante ;
Frein d'or, aiguillon d'acier
    Du coursier
A la crinière fumante ;

Agrafe, autour des seins nus
    De Vénus
Pressant l'écharpe divine,
Ou serrant le baudrier
    Du guerrier
Contre sa forte poitrine ;

Col étroit, par où saillit
    Et jaillit

La source au ciel élancée,
Qui brisant l'éclat vermeil
　　Du soleil,
Tombe en gerbe nuancée ;

Anneau pur de diamant
　　Ou d'aimant,
Qui, jour et nuit, dans l'enceinte
Suspends la lampe, ou le soir
　　L'encensoir
Aux mains de la vierge sainte ;

Clé qui, loin de l'œil mortel,
　　Sur l'autel
Ouvres l'arche du miracle,
Ou tiens le vase embaumé
　　Renfermé
Dans le cèdre, au tabernacle ;

Ou plutôt Fée au léger
　　Voltiger,
Habile, agile courrière,
Qui mène le char des vers
　　Dans les airs
Par deux sillons de lumière ;

O Rime ! qui que tu sois,
　　Je reçois
Ton joug ; et, longtemps rebelle,
Corrigé, je te promets
　　Désormais
Une oreille plus fidèle.

Mais aussi devant mes pas
　　Ne fuis pas ;

Quand la muse me dévore,
Donne, donne, par égard
    Un regard
Au poëte qui t'implore !

Dans un vers tout défleuri,
    Qu'a flétri
L'aspect d'une règle austère,
Ne laisse point murmurer,
    Soupirer,
La syllabe solitaire.

Sur ma lyre, l'autre fois,
    Dans un bois,
Ma main préludait à peine ;
Une colombe descend,
    En passant
Blanche sur le luth d'ébène.

Mais au lieu d'accords touchants,
    De doux chants,
La colombe gémissante
Me demande par pitié
    Sa moitié,
Sa moitié loin d'elle absente.

Ah ! plutôt, oiseaux charmants,
    Vrais amants,
Mariez vos voix jumelles ;
Que ma lyre et ses concerts
    Soient couverts
De vos baisers, de vos ailes ;

Ou bien, attelés d'un crin
    Pour tout frein

Au plus léger des nuages,
Traînez-moi, coursiers chéris
De Cypris,
Au fond des sacrés bocages.

Ce serait peut-être ici le lieu de faire remarquer que Ronsard ne s'est pas toujours assez religieusement astreint à ce joug sacré de la rime, qu'avaient porté sans révolte Villon, Marot et Saint-Gelais, et que reprirent bientôt Passerat, Gilles Durant et Regnier.

CHANSON.

Douce Maistresse, touche,
Pour soulager mon mal,
Ma bouche de ta bouche
Plus rouge que coral :
Que mon col soit pressé
De ton bras enlassé.

Puis, face dessus face,
Regarde-moi les yeux,
Afin que ton trait passe
En mon cœur soucieux,
Cœur qui ne vit sinon
D'amour et de ton nom.

Je l'ay veu fier et brave,
Avant que ta beauté

Pour estre son esclave
Du sein me l'eust osté :
Mais son mal luy plaist bien,
Pourveu qu'il meure tien.

Belle, par qui je donne
A mes yeux tant d'esmoy,
Baise-moy, ma mignonne,
Cent fois rebaise-moy.
Et quoi? faut-il en vain
Languir dessus ton sein?

Maistresse, je n'ay garde
De vouloir t'eveiller :
Heureux quand je regarde
Tes beaux yeux sommeiller ;
Heureux quand je les voy
Endormis dessus moy!

Veux-tu que je les baise
Afin de les ouvrir?
Hà! tu fais la mauvaise
Pour me faire mourir :
Je meurs entre tes bras,
Et si ne t'en chaut pas!

Hà! ma chère ennemie,
Si tu veux m'appaiser,
Redonne-moi la vie
Par l'esprit d'un baiser.
Hà! j'en sens la douceur
Couler jusques au cœur.

J'aime la douce rage
D'amour continuel,
Quand d'un mesme courage
Le soin est mutuel.
Heureux sera le jour
Que je mourray d'amour ! [1]

« Cette chanson, dit le bon Remi Belleau en son commentaire, est pleine de délices et mignardises amoureuses, assez faciles à celuy qui aura tant soit peu pratiqué la faction d'amour. »

Dans une *Élégie à Marie,* dont nous ne donnerons que la fin, Ronsard dit à sa maîtresse que, s'il était grand roi, il lui bâtirait un temple dont elle serait la déesse et lui le dieu, et que là les amants viendraient tous les ans se disputer le prix du baiser.

Celui qui mieux serait en tels baisers appris,
Sur tous les jouvenceaux emporteroit le prix,
Seroit dit le vainqueur des baisers de Cythere,
Et tout chargé de fleurs s'en-iroit à sa mere.

Aux pieds de mon autel en ce temple nouveau
Luiroit le feu veillant d'un eternel flambeau,
Et seroient ces combats nommez après ma vie,
Les jeux que fit Ronsard pour sa belle Marie.

---

1. Éd. P. Bl., t. I, p. 225.

O ma belle Maistresse, hé que je voudrois bien
Qu'Amour nous eust conjoints d'un semblable lien,
Et qu'après nos trespas dans nos fosses ombreuses
Nous fussions la chanson des bouches amoureuses :
Que ceux de Vendomois dissent tous d'un accord
(Visitant le tombeau sous qui je serois mort) :
Nostre Ronsard, quittant son Loir et sa Gastine,
A Bourgueil fut espris d'une belle Angevine ;
Et que les Angevins dissent tous d'une vois :
Nostre belle Marie aimait un Vendomois ;
Les deux n'avoient qu'un cœur, et l'amour mutuelle,
Qu'on ne void plus icy, leur fut perpetuelle.
Siecle vrayment heureux, siecle d'or estimé,
Où tousjours l'amoureux se voyoit contre-aimé !

Puisse arriver après l'espace d'un long age,
Qu'un esprit vienne à bas, sous le mignard ombrage
Des myrtes, me conter que les ages n'ont peu
Effacer la clarté qui luist de nostre feu ;
Mais que de voix en voix, de parole en parole,
Nostre gentille ardeur par la jeunesse vole,
Et qu'on apprend par cœur les vers et les chansons
Qu'Amour chanta pour vous en diverses façons,
Et qu'on pense amoureux celui qui rememore
Vostre nom et le mien, et nos tombes honore !
Or il en adviendra ce que le ciel voudra,
Si est-ce que ce livre immortel apprendra
Aux hommes et au temps et à la renommée
Que je vous ay six ans plus que mon cœur aimée.[1]

1. Éd. P. Bl., t. I, p. 230.

Cette élégie est imitée de la douzième idylle de Théocrite.

Après six ans d'amour, la belle Marie tomba malade et mourut. Le poëte déplore ce malheur dans plusieurs pièces, stances et sonnets.

Ciel, que tu es malicieux !
Qui eust pensé que ces beaux yeux
Qui me faisoient si douce guerre,
Ces mains, ceste bouche et ce front
Qui prindrent mon cœur, et qui l'ont,
Ne fussent maintenant que terre ?

Helas ! où est ce doux parler,
Ce voir, cet ouyr, cet aller,
Ce ris qui me faisoit apprendre
Que c'est qu'aimer ? hà, doux refus !
Hà, doux desdains, vous n'estes plus,
Vous n'estes plus qu'un peu de cendre !

. . . .

Toutesfois en moy je la sens
Encore l'objet de mes sens,
Comme à l'heure qu'elle estoit vive :
Ny mort ne me peut retarder,
Ny tombeau ne me peut garder
Que par penser je ne la suive.

Si je n'eusse eu l'esprit chargé
De vaine erreur, prenant congé
De sa belle et vive figure,
Oyant sa voix, qui sonnoit mieux
Que de coustume, et ses beaux yeux
Qui reluisoient outre mesure,

Et son souspir qui m'embrasoit,
J'eusse bien veu qu'ell' me disoit :
Or, soule-toy de mon visage,
Si jamais tu en eus souci :
Tu ne me verras plus ici,
Je m'en vay faire un long voyage.

J'eusse amassé de ses regars
Un magasin de toutes pars,
Pour nourrir mon ame estonnée,
Et paistre longtemps ma douleur :
Mais onques mon cruel malheur
Ne sceut prevoir ma destinée.

Depuis j'ay vescu de souci,
Et de regret qui m'a transi,
Comblé de passions estranges.
Je ne desguise mes ennuis :
Tu vois l'estat auquel je suis,
Du ciel, assise entre les anges.

. . . .

En ton age le plus gaillard,
Tu as seul laissé ton Ronsard,

Dans le ciel trop tost retournée,
Perdant beauté, grace et couleur,
Tout ainsi qu'une belle fleur
Qui ne vit qu'une matinée.

. . . .

Si tu veux, Amour, que je sois
Encore un coup dessous tes lois,
M'ordonnant un nouveau service,
Il te faut sous la terre aller
Flatter Pluton, et r'appeller
En lumiere mon Eurydice :

Ou bien va-t'en là haut crier
A la Nature, et la prier
D'en faire une aussi admirable :
Mais j'ay grand peur qu'elle rompit
Le moule alors qu'elle la fit,
Pour n'en tracer plus de semblable.

Refay-moy voir deux yeux pareils
Aux siens qui m'estoient deux soleils,
Et m'ardoient d'une flamme extreme,
Où tu soulois tendre tes las,
Tes hameçons et tes appas
Où s'engluoit la raison mesme.

Ren-moy ce voir et cet ouïr,
De ce parler fay-moy jouir,
Si douteux à rendre responce :
Ren-moy l'objet de mes ennuis :

Si faire cela tu ne puis,
Va t'en ailleurs, je te renonce.

A la Mort j'auray mon recours :
La Mort me sera mon secours,
Comme le but que je desire.
Dessus la Mort tu ne peus rien,
Puis qu'elle a desrobé ton bien,
Qui fut l'honneur de ton empire.

Soit que tu vives près de Dieu,
Ou aux Champs Elisez, adieu,
Adieu cent fois, adieu Marie :
Jamais mon cœur ne t'oubliera,
Jamais la Mort ne desli'ra
Le nœud dont ta beauté me lie. [1]

———

Comme on void sur la branche au mois de mai la rose
En sa belle jeunesse, en sa premiere fleur,
Rendre le ciel jaloux de sa vive couleur,
Quand l'aube de ses pleurs au point du jour l'arrose :

La grace dans sa fueille, et l'amour se repose,
Embasmant les jardins et les arbres d'odeur :
Mais battue ou de pluie ou d'excessive ardeur,
Languissante elle meurt fueille à fueille declose.

1. Éd. P. Bl., t. I, p. 234.

Ainsi en ta premiere et jeune nouveauté,
Quand la terre et le ciel honoroient ta beauté,
La Parque t'a tuée, et cendre tu reposes.

Pour obseques reçoy mes larmes et mes pleurs,
Ce vase plein de laict, ce pannier plein de fleurs,
A fin que vif et mort ton corps ne soit que roses.[1]

Charles IX, étant tombé amoureux de mademoiselle d'Atric, de la maison d'Aquavive, depuis comtesse de Châteauvilain, chargea Ronsard de célébrer sa flamme, ce que fit le poëte, en désignant les illustres amants sous les noms d'Eurymédon le chasseur et de la nymphe Callirhée. Dans le sonnet suivant, Callirhée, qui déjà s'est rendue à l'amour, appréhende pour son Eurymédon les accidents qui pourraient lui arriver à la chasse.

Celuy fut ennemy des Deitez puissantes,
Et cruel viola de Nature les lois,
Qui le premier rompit le silence des bois,
Et les nymphes qui sont dans les arbres naissantes :

Qui premier de limiers et de meutes pressantes,
De piqueurs, de veneurs, de trompes et d'abois
Donna par les forests un passetemps aux roys
De la course et du sang des bestes innocentes.

Je n'aime ny piqueurs, ny filets, ny veneurs,
Ny meutes, ny forests, la cause de mes peurs :
Je doute qu'Artemis quelque sanglier n'appelle

1. Éd, P. Bl., t. I, p. 239.

Encontre Eurymedon pour voir ses jours finis ;
Que le dueil ne me face une Venus nouvelle,
Que la mort ne le face un nouvel Adonis.[1]

Artemis, Diane.

1. Éd. P. Bl., t. I, p. 264.

AMOURS D'ASTRÉE.

Ronsard, qui n'avait pas dédaigné dans Marie une humble fille de village, ne craignit pas de lever les yeux jusqu'à une noble dame de la famille d'Estrée, qu'il célébra sous le nom d'*Astrée*. Nous prendrons trois sonnets parmi ceux qui sont adressés à cette dame.

> Jamais Hector aux guerres n'estoit lache
> Lors qu'il alloit combattre les Gregeois ;
> Tousjours sa femme attachoit son harnois,
> Et sur l'armet luy plantoit son pennache.
>
> Il ne craignoit la Peléenne hache
> Du grand Achille, ayant deux ou trois fois
> Baisé sa femme, et tenant en ses dois
> Une faveur de sa belle Andromache.
>
> Heureux cent fois, toy chevalier errant,
> Que ma Déesse alloit hier parant,
> Et qu'en armant baisoit, comme je pense !
>
> De sa vertu procede ton honneur :
> Que pleust à Dieu pour avoir ce bon-heur.
> Avoir changé mes plumes à ta lance ![1]

[1] Éd. P. Bl., t. I, p. 268.

A mon retour (hé, je m'en desespere!)
Tu m'as receu d'un baiser tout glacé,
Froid, sans saveur, baiser d'un trespassé,
Tel que Diane en donnoit à son frere,

Tel qu'une fille en donne à sa grand mere,
La fiancée en donne au fiancé,
Ny savoureux, ny moiteux, ny pressé :
Et quoy, ma levre est-elle si amere?

Hà, tu devrois imiter les pigeons,
Qui bec en bec de baisers doux et longs
Se font l'amour sur le haut d'une souche.

Je te suppli', Maistresse, desormais
Ou baise-moy la saveur en la bouche,
Ou bien du tout ne me baise jamais[1].

Charmant sonnet; jamais on n'a mieux rendu la saveur d'un baiser d'amour.

Pour retenir un amant en servage
Il faut aimer et non dissimuler,
De mesme flame amoureuse brusler,
Et que le cœur soit pareil au langage :

Tousjours un ris, tousjours un bon visage,
Tousjours s'escrire et s'entre-consoler :

---

1. Éd. P. Bl., t. I, p. 273.

Ou qui ne peut escrire ny parler,
A tout le moins s'entre-voir par message.

Il faut avoir de l'amy le pourtraict,
Cent fois le jour en rebaiser le traict :
Que d'un plaisir deux ames soient guidées,

Deux corps en un rejoincts en leur moitié.
Voilà les poincts qui gardent l'amitié,
Et non pas vous qui n'aimez qu'en idées. [1]

ÉLÉGIE DU PRINTEMPS

ADRESSÉE A ISABEAU, SOEUR D'ASTRÉE.

Printemps, fils du Soleil, que la terre, arrousée
De la fertile humeur d'une douce rousée,
Au milieu des œillets et des roses conceut,
Quand Flore entre ses bras nourrice vous receut,
Naissez, croissez, Printemps, laissez-vous apparoistre :
En voyant Isabeau vous pourrez vous cognoistre.
Elle est vostre miroer, et deux lys assemblez
Ne se ressemblent tant que vous entre-semblez :
Tous les deux n'estes qu'un, c'est une mesme chose.
La rose que voicy ressemble à ceste rose,
Le diamant à l'autre, et la fleur à la fleur :
Le Printemps est le frère, Isabeau est la sœur.

---

1. Éd. P. Bl., t. I, p. 274.

On dit que le Printemps, pompeux de sa richesse,
Orgueilleux de ses fleurs, enflé de sa jeunesse,
Logé comme un grand prince en ses vertes maisons,
Se vantoit le plus beau de toutes les saisons,
Et se glorifiant le contoit à Zephire.
Le Ciel en fut marry, qui soudain le vint dire
A la mere Nature. Elle, pour r'abaisser
L'orgueil de cet enfant, va par tout ramasser
Les biens qu'elle serroit de mainte en mainte année.

Quand elle eut son espargne en son moule ordonnée,
La fit fondre, et versant ce qu'elle avoit de beau,
Miracle! nous fit naistre une belle Isabeau,
Belle Isabeau de nom, mais plus belle de face,
De corps belle et d'esprit, des trois Graces la grace.
Le Printemps estonné, qui si belle la voit,
De vergongne la fievre en son cœur il avoit :
Tout le sang lui bouillonne au plus creux de ses veines :
Il fit de ses deux yeux saillir mille fontaines,
Souspirs dessus souspirs comme feu luy sortoient,
Ses muscles et ses nerfs en son corps luy batoient ;
Il devint en jaunisse, et d'une obscure nue
La face se voila pour n'estre plus cognue.

Et quoy? disoit ce dieu de honte furieux,
Ayant la honte au front, et les larmes aux yeux,
Je ne sers plus de rien, et ma beauté premiere,
D'autre beauté vaincue, a perdu sa lumiere :
Une autre tient ma place, et ses yeux en tout temps
Font aux hommes sans moy tous les jours un Printemps
Et mesme le Soleil plus longuement retarde
Ses chevaux sur la terre, afin qu'il la regarde.

Il ne veut qu'à grand'peine entrer dedans la mer,
Et se faisant plus beau fait semblant de l'aimer.
Elle m'a desrobé mes graces les plus belles,
Mes œillets et mes lys, et mes roses nouvelles,
Ma jeunesse, mon teint, mon fard, ma nouveauté,
Et diriez, en voyant une telle beauté,
Que tout son corps ressemble une belle prairie,
De cent mille couleurs au mois d'avril fleurie.
Bref, elle est toute belle, et rien je n'apperçoy
Qui la puisse egaler, seule semblable à soy.

Le beau traict de son œil seulement ne me touche,
Je n'aime seulement ses cheveux et sa bouche,
Sa main qui peut d'un coup et blesser et guarir :
Sur toutes ces beautez son sein me fait mourir.
Cent fois ravy je pense, et si ne sçaurois dire
De quelle veine fut emprunté le porphyre,
Et le marbre poli dont Amour l'a basti,
Ny de quels beaux jardins cest œillet est sorti,
Qui donna la couleur à sa jeune mammelle,
Dont le bouton ressemble une fraize nouvelle,
Verdelet, pommelé, des Graces le sejour :
Venus et ses enfans volent tout à l'entour,
La douce Mignardise, et les douces Blandices,
Et tout cela qu'Amour inventa de delices.
Je m'en vay furieux sans raison ny conseil,
Je ne sçaurois souffrir au monde mon pareil.

Ainsi disoit ce dieu tout remply de vergongne.
Voilà pourquoy de nous si long temps il s'elongne,
Craignant vostre beauté dont il est surpassé :
Ayant quitté la place à l'Hyver tout glacé,

Il n'ose retourner. Retourne, je te prie,
Printemps, pere des fleurs : il faut qu'on te marie
A la belle Isabeau : car vous apparier,
C'est aux mesmes beautez les beautez marier,
Les fleurs avec les fleurs : de si belle alliance
Naistra de siecle en siecle un Printemps en la France.
Pour douaire certain tous deux vous promettez
De vous entre-donner vos fleurs et vos beautez,
Afin que vos beaux ans, en despit de vieillesse,
Ainsi qu'un renouveau soient tousjours en jeunesse. [1]

Cette pièce eut une grande réputation en son temps. Guill. Colletet la juge *la plus mignonne* qu'on puisse voir en ce genre. Pour nous encore la poésie dont elle brille en sauve la fadeur. Rien n'est moins commun que ce printemps

> Orgueilleux de ses fleurs, enflé de sa jeunesse,
> Logé comme un grand prince en ses vertes maisons.

Rien n'est d'un mouvement plus vif ni plus engageant que ces vers :

> Il n'ose retourner. Retourne, je te prie,
> Printemps, pere des fleurs : il faut qu'on te marie, etc.

1. Éd. P. Bl., t. I, p. 275.

POÉSIES POUR HÉLÈNE.

Outre Cassandre, Marie, Astrée, Ronsard a chanté aussi *Hélène*. C'était mademoiselle Hélène de Surgères, d'une bonne famille de Saintonge, et fille d'honneur de la reine-mère Catherine de Médicis. Ces nouvelles amours sont plus respectueuses que les autres et purement platoniques; elles furent entreprises avec l'agrément et en quelque sorte par l'ordre de la reine. Ronsard demeura jusqu'à sa mort l'adorateur de mademoiselle de Surgères, et dans les dernières lettres écrites de sa main à Galand, principal de Boncour, il ne manque jamais de présenter *ses humbles baise-mains* à cette noble dame; il y sollicite même plus d'une fois sa protection auprès du trésorier de l'épargne pour se faire payer l'arriéré de ses pensions. Guillaume Colletet conjecture qu'Hélène de Surgères peut bien avoir été aussi la *Cléonice* de Philippe Desportes.

>Adieu belle Cassandre, et vous belle Marie,
>Pour qui je fu trois ans en servage à Bourgueil :
>L'une vit, l'autre est morte, et ores de son œil
>Le ciel se rejouit, dont la terre est marrie.

>Sur mon premier avril, d'une amoureuse envie
>J'adoray vos beautez, mais vostre fier orgueil
>Ne s'amollit jamais pour larmes ny pour dueil,
>Tant d'une gauche main la Parque ourdit ma vie.

Maintenant, en automne encores malheureux,
Je vy comme au printemps, de nature amoureux,
Afin que tout mon age aille au gré de la peine.

Et or' que je deusse estre affranchi du harnois,
Mon Colonnel m'envoye, à grands coups de carquois,
Rassieger Ilion pour conquerir Heleine.[1]

———

Ostez vostre beauté, ostez vostre jeunesse,
Ostez ces rares dons que vous tenez des cieux,
Ostez ce docte esprit, ostez-moy ces beaux yeux,
Cet aller, ce parler digne d'une Deesse.

Je ne vous seray plus d'une importune presse,
Fascheux comme je suis; vos dons si precieux
Me font en les voyant devenir furieux,
Et par le desespoir l'ame prend hardiesse.

Pour ce, si quelquefois je vous touche la main,
Par courroux vostre teint n'en doit devenir blesme :
Je suis fol, ma raison n'obeyt plus au frein,

Tant je suis agité d'une fureur extreme :
Ne prenez, s'il vous plaist, mon offense à desdain ;
Mais douce pardonnez mes fautes à vous mesme.[2]

Ce sonnet est imité de Pétrarque, *Amor, io fallo*, etc. Le dernier vers a beaucoup de finesse et d'esprit, sans en avoir

[1]. Éd. P. Bl., t. I, p. 323.
[2]. Éd. P. Bl., t. I, p. 299.

trop. Dire à sa maîtresse, *Pardonnez-vous mes fautes,* c'est presque dire comme madame de Sévigné à sa fille, *Ma fille, j'ai mal à votre poitrine.* Au reste, le vers est de Pétrarque,

E le mie colpe a se stessa perdoni.

Je plante en ta faveur cet arbre de Cybelle,
Ce Pin, où tes honneurs se liront tous les jours,
J'ay gravé sur le tronc nos noms et nos amours,
Qui croistront à l'envy de l'escorce nouvelle.

Faunes, qui habitez ma terre paternelle,
Qui menez sur le Loir vos dances et vos tours,
Favorisez la plante et lui donnez secours,
Que l'esté ne la brusle et l'hyver ne la gelle.

Pasteur, qui conduiras en ce lieu ton troupeau,
Flageollant une eglogue en ton tuyau d'aveine,
Attache tous les ans à cest arbre un tableau,

Qui tesmoigne aux passans mes amours et ma peine :
Puis, l'arrosant de laict et du sang d'un agneau,
Dy : Ce Pin est sacré, c'est la plante d'Helene.[1]

Vous triomphez de moy, et pour ce je vous donne
Ce lierre qui coule et se glisse à l'entour

---

1. Éd. P. Bl. t. I, p. 321.

Des arbres et des murs, lesquels, tour dessus tour,
Plis dessus plis, il serre, embrasse et environne.

A vous de ce lierre appartient la couronne :
Je voudrois, comme il fait, et de nuict et de jour
Me plier contre vous, et languissant d'amour,
D'un nœud ferme enlacer vostre belle colonne.

Ne viendra point le temps que dessous les rameaux,
Au matin où l'aurore éveille toutes choses,
En un ciel bien tranquille, au caquet des oiseaux,

Je vous puisse baiser à levres demy-closes,
Et vous conter mon mal, et de mes bras jumeaux
Embrasser à souhait vostre yvoire et vos roses. [1]

———

Quand vous serez bien vieille, au soir, à la chandelle,
Assise auprès du feu, devisant et filant,
Direz chantant mes vers, en vous esmerveillant :
Ronsard me celebroit du temps que j'estois belle.

Lors vous n'aurez servante oyant telle nouvelle,
Desja sous le labeur à demy sommeillant,
Qui au bruit de mon nom ne s'aille reveillant,
Benissant votre nom de louange immortelle.

Je seray sous la terre, et, fantosme sans os,
Par les ombres myrteux je prendray mon repos :
Vous serez au fouyer une vieille accroupie,

1. Éd. P. Bl., t. I, p. 332.

Regrettant mon amour et vostre fier desdain.
Vivez, si m'en croyez, n'attendez à demain :
Cueillez dès aujourd'huy les roses de la vie. [1]

Ce tendre et mélancolique sonnet rappelle la chanson de notre célèbre Béranger, *Vous vieillirez, ô ma belle maîtresse*, etc. Le refrain semblerait emprunté à Ronsard, si la conformité des situations n'expliquait assez celle des idées,

> Et, bonne vieille, au coin d'un feu paisible,
> De votre ami répétez les chansons.

Celle de qui l'amour vainquit la fantasie,
Que Jupiter conceut sous un cygne emprunté ;
Ceste sœur des Jumeaux, qui fit par sa beauté
Opposer toute Europe aux forces de l'Asie,

Disoit à son mirouer, quand elle veit saisie
Sa face de vieillesse et de hideuseté :
Que mes premiers maris insensez ont esté
De s'armer pour jouir d'une chair si moisie !

Dieux, vous estes jaloux et pleins de cruauté !
Des dames sans retour s'en-vole la beauté :
Aux serpens tous les ans vous ostez la vieillesse.

Ainsi disoit Helene en remirant son teint.
Cest exemple est pour vous, cueillez vostre jeunesse :
Quand on perd son avril, en octobre on s'en plaint. [2]

1. Éd. P. Bl., t. I, p. 340.
2. Éd. P. Bl., t. I. p. 341.

Ainsi Ovide au 15ᵉ liv. *des Métamorphoses*,

> Flet quoque, ut in speculo rugas aspexit aniles
> Tyndaris, et secum, cur sit bis rapta, requirit.

Qu'il me soit arraché des tetins de sa mere
Ce jeune enfant Amour, et qu'il me soit vendu :
Il ne fait que de naistre et m'a desja perdu :
Vienne quelque marchand, je le mets à l'enchere.

D'un si mauvais garçon la vente n'est pas chere,
J'en feray bon marché. Ah ! j'ay trop attendu.
Mais voyez comme il pleure, il m'a bien entendu :
Appaise-toy, mignon, j'ay passé ma cholere,

Je ne te vendray point : au contraire je veux
Pour page t'envoyer à ma maistresse Helene,
Qui toute te ressemble et d'yeux et de cheveux,

Aussi fine que toy, de malice aussi pleine.
Comme enfans vous croistrez, et vous jourez tous deux :
Quand tu seras plus grand, tu me payras ma peine.[1]

Le mouvement de ce sonnet est vif et naturel. L'amant se fâche, puis s'apaise en un clin d'œil ; il caresse après avoir frappé : c'est un troisième enfant à joindre aux deux autres, à l'Amour et à Hélène.

---

1. Éd. P. Bl., t. I. p. 349.

Il ne faut s'esbahir, disoient ces bons vieillars
Dessus le mur Troyen, voyans passer Helene,
Si pour telle beauté nous souffrons tant de peine,
Nostre mal ne vaut pas un seul de ses regars.

Toutesfois il vaut mieux, pour n'irriter point Mars,
La rendre à son espoux, afin qu'il la remmeine,
Que voir de tant de sang nostre campagne pleine,
Nostre havre gaigné, l'assaut à nos rampars.

Peres, il ne falloit, à qui la force tremble,
Par un mauvais conseil les jeunes retarder :
Mais et jeunes et vieux, vous deviez tous ensemble

Pour elle corps et biens et ville hazarder.
Menelas fut bien sage, et Pâris, ce me semble,
L'un de la demander, l'autre de la garder.[1]

On se souvient de ce que disent les vieillards au troisième livre de l'*Iliade*. Les deux derniers vers sont pris de Properce :

> Nunc, Pari, tu sapiens, et tu Menelae, fuisti,
> Tu quia poscebas, tu quia lentus eras.

Afin que ton renom s'estende par la plaine
Autant qu'il monte au ciel engravé dans un pin,
Invoquant tous les dieux, et respandant du vin,
Je consacre à ton nom ceste belle fontaine.

---

1. Éd. P. Bl.. t. I, p. 353.

Pasteurs, que vos troupeaux frisez de blanche laine
Ne paissent à ces bords; y fleurisse le thym,
Et tant de belles fleurs qui s'ouvrent au matin,
Et soit dite à jamais la Fontaine d'Helene.

Le passant en esté s'y puisse reposer,
Et assis dessus l'herbe à l'ombre composer
Mille chansons d'Helene, et de moi luy souvienne !

Quiconques en boira, qu'amoureux il devienne :
Et puisse, en la humant, une flame puiser
Aussi chaude qu'au cœur je sens chaude la mienne ![1]

ÉLÉGIE.

Six ans estoient coulez, et la septieme année
Estoit presques entiere en ses pas retournée,
Quand loin d'affection, de desir et d'amour,
En pure liberté je passois tout le jour,
Et franc de tout soucy qui les ames devore,
Je dormois dès le soir jusqu'au poinct de l'aurore :
Car seul maistre de moy j'allois, plein de loisir,
Où le pied me portoit, conduit de mon desir,
Ayant tousjours ès mains pour me servir de guide
Aristote ou Platon, ou le docte Euripide,
Mes bons hostes muets qui ne fachent jamais ;
Ainsi que je les prens, ainsi je les remais;
O douce compagnie et utile et honneste.
Un autre en caquetant m'estourdiroit la teste.

1. Éd. P. Bl., t. I, p. 357.

Puis du livre ennuyé, je regardois les fleurs,
Fueilles, tiges, rameaux, especes, et couleurs,
Et l'entrecoupement de leurs formes diverses,
Peintes de cent façons, jaunes, rouges et perses,
Ne me pouvant saouler, ainsi qu'en un tableau,
D'admirer la Nature, et ce qu'elle a de beau ;
Et de dire en parlant aux fleurettes escloses :
Celuy est presque dieu qui cognoist toutes choses,
Eslogné du vulgaire, et loin des courtizans,
De fraude et de malice impudens artizans.
Tantost j'errois seulet par les forests sauvages,
Sur les bords enjonchez des peinturez rivages,
Tantost par les rochers reculez et deserts,
Tantost par les taillis, verte maison des cerfs.

J'aimois le cours suivy d'une longue riviere,
Et voir onde sur onde allonger sa carriere,
Et flot à l'autre flot en roulant s'attacher,
Et, pendu sur le bord, me plaisoit d'y pescher,
Estant plus resjouy d'une chasse muette
Troubler des escaillez la demeure secrette,
Tirer avecq' la ligne, en tremblant emporté,
Le credule poisson prins à l'haim apasté,
Qu'un grand prince n'est aise ayant pris à la chasse
Un cerf, qu'en haletant tout un jour il pourchasse.
Heureux, si vous eussiez d'un mutuel esmoy,
Prins l'apast amoureux aussi bien comme moy,
Que tout seul j'avallay, quand par trop desireuse
Mon ame en vos yeux beut la poison amoureuse.

Puis alors que Vesper vient embrunir nos yeux,
Attaché dans le ciel, je contemple les cieux,

En qui Dieu nous escrit en notes non obscures
Les sorts et les destins de toutes creatures.
Car luy, en desdaignant (comme font les humains)
D'avoir encre et papier et plume entre les mains,
Par les astres du ciel, qui sont ses caracteres,
Les choses nous predit et bonnes et contraires :
Mais les hommes, chargez de terre et du trespas,
Mesprisent tel escrit, et ne le lisent pas.

Or le plus de mon bien, pour decevoir ma peine,
C'est de boire à longs traits les eaux de la fontaine
Qui de vostre beau nom se brave, et, en courant
Par les prez, vos honneurs va tousjours murmurant,
Et la royne se dit des eaux de la contrée ;
Tant vaut le gentil soin d'une Muse sacrée,
Qui peut vaincre la Mort et les sorts inconstans,
Sinon pour tout jamais, au moins pour un long tems.

Là couché dessus l'herbe, en mes discours je pense
Que pour aimer beaucoup j'ay peu de recompense,
Et que mettre son cœur aux dames si avant,
C'est vouloir peindre en l'onde et arrester le vent ;
M'asseurant toutefois, qu'alors que le vieil age
Aura comme un sorcier changé vostre visage,
Et lorsque vos cheveux deviendront argentez,
Et que vos yeux, d'Amour ne seront plus hantez,
Que tousjours vous aurez, si quelque soin vous touche,
En l'esprit mes escrits, mon nom en vostre bouche.

Maintenant que voicy l'an septieme venir,
Ne pensez plus, Helene, en vos laqs me tenir :

La raison m'en delivre et vostre rigueur dure ;
Puis il faut que mon age obéisse à nature.[1]

Il se félicite, après six années de servage, d'être libre enfin et maître de son cœur. Rien de plus simple, de plus vrai et de plus naïvement coloré que cette élégie. On doit voir maintenant combien est fausse cette réputation de pédant illisible qu'on a faite à Ronsard sur la foi de quelques vers pris çà et là dans ses odes pindariques.

1. Éd. P. Bl., t. I, p. 362.

AMOURS DIVERSES.

AU SEIGNEUR DE VILLEROY.

Ronsard, en envoyant au seigneur de Villeroy un livre d'*Amours diverses*, qui suit ses sonnets à Hélène, lui adresse l'épître suivante, dont nous n'avons supprimé que le milieu :

Ja du prochain hyver je prevoy la tempeste,
Ja cinquante et six ans ont neigé sur ma teste,
Il est temps de laisser les vers et les amours,
Et de prendre congé du plus beau de mes jours.
J'ay vescu, Villeroy, si bien, que nulle envie
En partant je ne porte aux plaisirs de la vie ;
Je les ai tous goustez, et me les suis permis
Autant que la raison me les rendoit amis,
Sur l'eschaffaut mondain jouant mon personnage
D'un habit convenable au temps et à mon age.

J'ay veu lever le jour, j'ay veu coucher le soir,
J'ay veu gresler, tonner, esclairer et pleuvoir,
J'ay veu peuples et roys, et depuis vingt années
J'ay veu presque la France au bout de ses journées ;

J'ay veu guerres, debats, tantost treves et paix,
Tantost accords promis, redéfais et refais,
Puis défais et refais. J'ay veu que sous la lune
Tout n'estoit que hasard, et pendoit de Fortune.
Pour neant la Prudence est guide des humains :
L'invincible Destin luy enchaisne les mains,
La tenant prisonniere, et tout ce qu'on propose
Sagement, la Fortune autrement en dispose.

Je m'en-vais saoul du monde, ainsi qu'un convié
S'en va saoul du banquet de quelque marié,
Ou du festin d'un roy, sans renfrongner sa face,
Si un autre après luy se saisist de sa place.
J'ay couru mon flambeau sans me donner esmoy,
Le baillant à quelqu'un, s'il recourt après moy :
Il ne faut s'en fascher : c'est la loi de Nature,
Où s'engage en naissant chacune creature.

. . . .

Or comme un endebté, de qui proche est le terme
De payer à son maistre ou l'usure ou la ferme,
Et n'ayant ny argent ny biens pour secourir
Sa misere au besoin, desire de mourir :
Ainsi, ton obligé, ne pouvant satisfaire
Aux biens que je te doibs, le jour ne peut me plaire :
Presque à regret je vy et à regret je voy
Les rayons du soleil s'estendre dessus moy.
Pour ce, je porte en l'ame une amere tristesse,
De quoy mon pied s'avance aux faux-bourgs de vieillesse
Et voy (quelque moyen que je puisse essayer)
Qu'il faut que je desloge avant que te payer :

S'il ne te plaist d'ouvrir le ressort de mon coffre,
Et prendre ce papier que pour acquit je t'offre,
Et ma plume qui peut, escrivant verité,
Tesmoigner ta louange à la posterité.

Reçoy donc mon present, s'il te plaist, et le garde
En ta belle maison de Conflant, qui regarde
Paris, sejour des roys, dont le front spacieux
Ne void rien de pareil sous la voute des cieux ;
Attendant qu'Apollon m'eschauffe le courage
De chanter tes jardins, ton clos et ton bocage,
Ton bel air, ta riviere et les champs d'alentour
Qui sont toute l'année eschauffez d'un beau jour,
Ta forest d'orangers, dont la perruque verte
De cheveux eternels en tout temps est couverte,
Et tousjours son fruict d'or de ses fueilles defend,
Comme une mere fait de ses bras son enfant.

Prend ce livre pour gage, et luy fais, je te prie,
Ouvrir en ma faveur ta belle librairie,
Où logent sans parler tant d'hostes estrangers :
Car il sent aussi bon que font tes orangers.[1]

Une poésie douce et paisible anime cette pièce, que Ronsard composa quatre années seulement avant sa mort.

Ja cinquante et six ans ont neigé sur ma teste.

J'ai couru mon flambeau. Ainsi Lucrèce,

Et, quasi cursores, vitaï lampada tradunt.

Toutes les images de cette épître sont d'un choix parfait et

---

1. Éd. P. Bl., t. I, p. 367.

d'un goût pur. Que j'aime ces arbres qui couvrent leurs beaux fruits de leurs feuilles,

> Comme une mère fait de ses bras son enfant.

Que j'aime encore ce parfum des vers comparé à celui des orangers de Conflans!

———

D'autant que l'arrogance est pire que l'humblesse,
Que les pompes et fards sont tousjours desplaisans,
Que les riches habits d'artifice pesans
Ne sont jamais si beaux que la pure simplesse;

D'autant que l'innocente et peu caute jeunesse
D'une vierge vaut mieux en la fleur de ses ans,
Qu'une dame espousée abondante en enfans,
D'autant j'aime ma vierge, humble et jeune maistresse.

J'aime un bouton vermeil entr'esclos au matin,
Non la rose du soir, qui au soleil se lache :
J'aime un corps de jeunesse en son printemps fleury :

J'aime une jeune bouche, un baiser enfantin
Encore non souillé d'une rude moustache,
Et qui n'a point senty le poil blanc d'un mary.[1]

———

Quand l'esté dans ton lict tu te couches malade,
Couverte d'un linceul de roses tout semé,

---

1. Éd. P. Bl., t. I, p. 380.

Amour, d'arc et de trousse et de fleches armé,
Caché sous ton chevet se tient en embuscade.

Personne ne te void, qui d'une couleur fade
Ne retourne au logis ou malade ou pasmé :
Qu'il ne sente d'Amour tout son cœur entamé,
Ou ne soit esblouy des rais de ton œillade.

C'est un plaisir de voir tes cheveux arrangez
Sous un scofion peint d'une soye diverse :
Voir deçà, voir delà tes membres allongez,

Et ta main qui le lict nonchalante traverse,
Et ta voix qui me charme, et ma raison renverse
Si fort que tous mes sens en deviennent changez.[1]

Scofion, coiffe de femme.

CHANSON.

Plus estroit que la vigne à l'ormeau se marie
    De bras souplement forts,
Du lien de tes mains, Maistresse, je te prie,
    Enlace-moy le corps.

Et feignant de dormir, d'une mignarde face
    Sur mon front panche-toy :
Inspire, en me baisant, ton haleine et ta grace
    Et ton cœur dedans moy.

---

1. Éd. P. Bl., t. I, p. 382.

Puis appuyant ton sein sur le mien qui se pame,
    Pour mon mal appaiser,
Serre plus fort mon col, et me redonne l'ame
    Par l'esprit d'un baiser.

Si tu me fais ce bien, par tes yeux je te jure,
    Serment qui m'est si cher,
Que de tes bras aimez jamais autre avanture
    Ne pourra m'arracher.

Mais souffrant doucement le joug de ton empire,
    Tant soit-il rigoureux,
Dans les champs Elysez une mesme navire
    Nous passera tous deux.

Là, morts de trop aimer, sous les branches myrtines
    Nous verrons tous les jours
Les anciens heros auprès des heroïnes
    Ne parler que d'amours.

Tantost nous dancerons par les fleurs des rivages
    Sous maints accords divers,
Tantost lassez du bal irons sous les ombrages
    Des lauriers tousjours verds ;

Où le mollet Zephyre en haletant secoue
    De souspirs printaniers
Ores les orangers, ores mignard se joue
    Entre les citronniers.

Là du plaisant avril la saison immortelle
    Sans eschange le suit :

La terre sans labeur de sa grasse mammelle
    Toute chose y produit.

D'en-bas la troupe sainte autrefois amoureuse,
    Nous honorant sur tous,
Viendra nous saluer, s'estimant bien-heureuse
    De s'accointer de nous.

Puis nous faisant asseoir dessus l'herbe fleurie,
    De toutes au milieu,
Nulle en se retirant ne sera point marrie
    De nous quitter son lieu.

Non celle qu'un taureau sous une peau menteuse
    Emporta par la mer,
Non celle qu'Apollon vid, vierge despiteuse,
    En laurier se former,

Ny celles qui s'en vont toutes tristes ensemble,
    Artemise et Didon,
Ny ceste belle Grecque à qui ta beauté semble
    Comme tu fais de nom.[1]

Cette chanson, qui se trouve rejetée parmi les *Amours diverses*, semble avoir été composée pour Cassandre ou plutôt pour Hélène, comme l'indiquent les derniers vers, *ny ceste belle Grecque*, etc. Peut-être Ronsard n'a-t-il pas jugé à propos de mêler une boutade si peu platonique aux autres poésies pour Hélène. Le rhythme est de l'invention de Ronsard; c'est le même dont Malherbe a fait depuis usage dans la *Complainte à Désperriers*. Si les idées appartiennent aux anciens,

1. Éd. P. Bl. t. I, p. 383.

notre poëte a su se les approprier par le sentiment voluptueux et triste dont il les anime, non moins que par une expression toujours simple et colorée. Quoi de plus tendre et de plus touchant que ces promenades élyséennes des deux amants *morts de trop aimer?*

Que me servent mes vers et les sons de ma lyre,
Quand nuict et jour je change et de mœurs et de peau,
Pour aimer sottement un visage si beau !
Que l'homme est mal-heureux qui pour l'amour souspire !

Je pleure, je me deuls, je suis plein de martyre,
Je fay mille sonnets, je me romps le cerveau,
Et ne suis point aimé : un amoureux nouveau
Gaigne tousjours ma place, et je ne l'ose dire.

Madame en toute ruse a l'esprit bien appris,
Qui tousjours cherche un autre après qu'elle m'a pris.
Quand d'elle je bruslois, son feu devenoit moindre :

Mais ores que je feins n'estre plus enflamé,
Elle brusle de moy. Pour estre bien aimé
Il faut aimer bien peu, beaucoup promettre et feindre.[1]

VOEU A VENUS
POUR GARDER CYPRE CONTRE L'ARMÉE DU TURC.

Belle Deesse, amoureuse Cyprine,
Mere du Jeu, des Graces et d'Amour,

---

1. Éd. P. Bl., t. I, p. 385.

Qui fais sortir tout ce qui vit au jour,
Comme du tout le germe et la racine !

Idalienne, Amathonte, Erycine.
Defens des Turcs Cypre ton beau sejour :
Baise ton Mars, et tes bras alentour
De son col plie, et serre sa poictrine.

Ne permets point qu'un barbare Seigneur
Perde ton isle et souille ton honneur :
De ton berceau chasse autre-part la guerre.

Tu le feras : car d'un trait de tes yeux
Tu peux flechir les hommes et les dieux,
Le ciel, la mer, les enfers et la terre.[1]

———

Je faisois ces sonnets en l'antre Pieride,
Quand on vid les François sous les armes suer,
Quand on vid tout le peuple en fureur se ruer,
Quand Bellonne sanglante alloit devant pour guide ;

Quand en lieu de la loy, le vice, l'homicide,
L'impudence, le meurtre, et se sçavoir muer
En Glauque et en Protée, et l'Estat remuer,
Estoient tiltres d'honneur, nouvelle Thebaïde.

Pour tromper les soucis d'un temps si vicieux,
J'escrivois en ces vers ma complainte inutile.
Mars aussi bien qu'Amour de larmes est joyeux.

1, Éd. P. Bl., t. I, p, 385.

L'autre guerre est cruelle, et la mienne est gentille.
La mienne finiroit par un combat de deux,
Et l'autre ne pourroit par un camp de cent mille.[1]

1. Éd. P. Bl., t. II, p. 386.

ODES.

Ronsard est le premier poëte qui introduisit l'ode en France. Si Jacques Pelletier du Mans et Joachim Dubellay ont publié avant lui des odes, ils avaient déjà connaissance des siennes, et eux-mêmes ils ont attribué l'honneur de l'invention à Ronsard. On va jusqu'à raconter de Joachim Dubellay que, vivant familièrement avec Ronsard sous Dorat, il déroba à son ami quelques papiers dont il profita pour ses propres compositions lyriques. Au reste, l'espiéglerie de Dubellay (car il me répugne de voir autre chose dans ce petit larcin de collége) n'eut pas de suites fâcheuses : il restitua les papiers, Ronsard s'apaisa, et l'amitié des deux rivaux demeura inaltérable. Les odes *pindariques* de Ronsard, qui lui procurèrent tant de gloire lorsqu'elles parurent, sont, à trancher le mot, détestables et presque illisibles. La seule chose qu'on y puisse louer aujourd'hui est le côté technique, le travail du mécanisme. L'ode deuxième, adressée au roi Henri II, nous offre le premier exemple de la strophe de dix vers, dont tous nos lyriques ont fait si grand usage, et dont on a communément prêté l'invention à Malherbe :

> Comme un qui prend une coupe,
> Seul honneur de son tresor,
> Et de rang verse à la troupe
> Du vin qui rit dedans l'or.

> Ainsi versant la rosée,
> Dont ma langue est arrousée,
> Sur la race des Valois,
> En son doux nectar j'abreuve
> Le plus grand roy qui se treuve
> Soit en armes ou en lois.

On peut faire à Ronsard le reproche d'avoir trop rarement employé ce rhythme d'un si grand effet, et d'avoir souvent donné la préférence à d'autres qui sont fort inférieurs. La strophe, en effet, pour être bonne et valable, doit être constituée tellement que tout s'y tienne, et que les parties soient solidaires entre elles. Chaque vers qui entre en sa composition est comme une pierre dans une voûte. Or il arrive quelquefois que Ronsard, dans le dessein d'inventer de nouveaux rhythmes, ne fait que déplacer et ranger en mosaïque des rhythmes anciens. Sa strophe alors, si l'on peut ainsi dire, n'est pas construite en voûte, mais elle fait *plafond*. C'est ce qu'on pourra remarquer dans l'ode au chancelier de l'Hospital, où la strophe ne se compose guère que de trois quatrains juxtaposés.

Ce n'est pas sans quelque hésitation que nous réimprimons en partie cette ode. Mais sa célébrité a été si grande, elle a si longtemps été proclamée comme un chef-d'œuvre, qu'on ne saurait entièrement l'omettre dans un choix un peu complet de Ronsard. Notre but d'ailleurs n'est pas de composer un panégyrique de ce poëte, mais de le faire connaître. Avec un peu d'attention le lecteur trouvera peut-être que cette pièce tant vantée n'est pas tout à fait indigne de mémoire.

A MICHEL DE L'HOSPITAL,

CHANCELIER DE FRANCE.

STROPHE I.

Errant par les champs de la Grace
Qui peint mes vers de ses couleurs,
Sur les bords Dirceans j'amasse
L'eslite des plus belles fleurs,
Afin qu'en pillant je façonne
D'une laborieuse main
La rondeur de ceste couronne
Trois fois torse d'un ply Thebain,
Pour orner le haut de la gloire
De L'Hospital, mignon des dieux,
Qui çà bas ramena des cieux
Les filles qu'enfanta Memoire.

ANTISTROPHE.

Memoire, royne d'Eleuthere,
Par neuf baisers qu'elle receut
De Jupiter qui la fit mere,
D'un seul coup neuf filles conceut.
Mais quand la lune vagabonde
Eut courbé douze fois en rond
(Pour r'enflamer l'obscur du monde)
La double voute de son front,
Memoire, de douleur outrée

Dessous Olympe se coucha,
Et criant Lucine, accoucha
De neuf filles d'une ventrée,

EPODE.

En qui respandit le Ciel
Une musique immortelle,
Comblant leur bouche nouvelle
Du jus d'un Attique miel :
Et à qui vrayment aussi
Les vers furent en souci,
Les vers dont flattez nous sommes,
Afin que leur doux chanter
Peust doucement enchanter
Le soin des dieux et des hommes.

Avant de passer aux strophes suivantes, arrêtons-nous un instant pour expliquer et commenter, car c'est ici le cas ou jamais. Le poëte veut louer l'Hospital d'avoir ramené les Muses en France : pour cela, il remonte à la naissance des Muses, que la déesse Mémoire conçut de Jupiter, et qu'elle mit au monde après une grossesse de douze mois. Dès que les Muses commencent à grandir, elles demandent à voir leur père, et Mémoire conduit la jeune bande près du rivage éthiopien, au palais du vieil Océan, qui donnait un festin à Jupiter. Celui-ci leur fait un tendre accueil, et leur dit de chanter. Les Muses alors chantent la guerre des géants et le triomphe du père des dieux, et, en retour du plaisir qu'elles lui ont causé, implorent de lui les dons de la poésie, de l'enthousiasme et de la gloire. Jupiter accorde tout à ses filles bien-aimées. Elles descendent sur la terre, et y inspirent les grands poëtes, Orphée, Homère, Musée. Mais bientôt le souffle divin s'affaiblit, et enfin s'épuise. Chassées par l'Ignorance, les Muses se réfugient auprès du trône paternel, d'où elles ne sont ramenées en terre que par l'Hospital. Voilà le sujet et la marche de cette ode. La forme en est calquée sur Pindare, et les détails théogoniques du commencement sont empruntés à Hésiode. — *Sur les bords Dircéans,* Dircé, fontaine de Thèbes. — *Memoire, royne d'Eleuthere.* Mémoire est ainsi appelée pour montrer que ceux qui veulent s'adonner à l'étude doivent avoir l'esprit généreux et libre. On trouve dans l'épode trois rimes masculines, *miel, aussi* et *souci,* qui sont placées l'une à côté de l'autre : c'est un défaut d'harmonie auquel Ronsard n'a pas toujours assez pris garde dans ses odes sérieuses. Pourtant il est impossible de ne pas louer en ce début un ton noble, plein, soutenu, et de n'y pas reconnaître l'*os magna sonaturum*. Les images se pressent ; pas un point de l'étoffe où une broderie ne reluise, et si tout cela nous semble d'un goût antique, d'une mode surannée, on conçoit du moins que le beau a passé par là. Qu'on songe combien il y a loin d'une épître de Marot à une telle œuvre, et l'on s'expliquera l'éblouissement des contemporains.

STROPHE II.

Aussi tost que leur petitesse,
Courant avec les pas du temps,
Eut d'une rampante vistesse
Touché la borne de sept ans ;
Le sang naturel, qui commande
De voir ses parens, vint saisir
Le cœur de ceste jeune bande
Chatouillé d'un noble desir :
Si qu'elles mignardant leur mere

Neuf et neuf bras furent pliant
Autour de son col, la priant
De voir la face de leur pere.

ANTISTROPHE.

Memoire impatiente d'aise,
Délaçant leur petite main,
L'une après l'autre les rebaise,
Et les presse contre son sein.
Hors des poumons à lente peine
Une parole luy montoit,
De souspirs allegrement pleine,
Tant l'affection l'agitoit,
Pour avoir desja cognoissance
Combien ses filles auroient d'heur,
Ayant de près veu la grandeur
Du dieu qui planta leur naissance.

EPODE.

Après avoir relié
D'un tortis de violettes
Et d'un cerne de fleurettes
L'or de leur chef delié ;
Après avoir proprement
Troussé leur accoustrement,
Marcha loin devant sa trope,
Et la hastant jour et nuict
D'un pied dispos la conduit
Jusqu'au rivage Ethiope.

Tortis, tresse. *Cerne,* couronne. — Ce petit tableau de famille, ces *neuf et neuf bras* enlacés au cou maternel, la joie de la mère et la toilette du départ, ont infiniment de grâce, et l'expression en est riante, quoique peut-être un peu chargée et fatiguée.

STROPHE III.

Ces vierges encores nouvelles,
Et mal-apprises au labeur,
Voyant le front des mers cruelles,
S'effroyerent d'une grand'peur ;
Et toutes pancherent arriere
(Tant elles s'alloient emouvant),
Ainsi qu'au bord d'une riviere
Un jonc se panche sous le vent :
Mais leur mere non estonnée
De voir leur sein qui haletoit,
Pour les asseurer les flatoit
De ceste parole empennée :

ANTISTROPHE.

Courage, mes filles (dit-elle),
Et filles de ce dieu puissant,
Qui seul en sa main immortelle
Soustient le foudre rougissant ;
Ne craignez point les vagues creuses
De l'eau qui bruit profondement,
Sur qui vos chansons doucereuses
Auront un jour commandement :
Mais forcez-moy ces longues rides,

Et ne vous souffrez decevoir,
Que vostre pere n'alliez voir
Dessous ces royaumes humides.

ÉPODE.

Disant ainsi, d'un plein saut
Toute dans les eaux s'allonge,
Comme un cygne qui se plonge
Quand il voit l'aigle d'enhaut ;
Ou ainsi que l'arc des cieux
Qui d'un grand tour spacieux
Tout d'un coup en la mer glisse,
Quand Junon haste ses pas
Pour aller porter là-bas
Un message à sa nourrice.

L'arc des cieux, assez mal à propos pour Iris. — *Un message à sa nourrice,* à Thétys. — C'est une charmante image que celle de ces neuf vierges qui, effrayées à l'aspect des flots, penchent toutes en arrière,

Ainsi qu'au bord d'une rivière
Un jonc se panche sous le vent;

et que celle de cette mère qui s'élance la première pour leur donner l'exemple,

Comme un cygne qui se plonge
Quand il voit l'aigle d'enhaut.

Le *foudre rougissant* est un trait magnifique.

STROPHE IV.

Elles adonc, voyant la trace
De leur mere qui ja sondoit
Le creux du plus humide espace
Qu'à coup de bras elle fendoit,
A chef baissé sont devalées,
Penchant bas la teste et les yeux,
Dans le sein des plaines salées :
L'eau qui jaillit jusques aux cieux,
Grondant sus elles se regorge,
Et, frisant deçà et delà
Mille tortis, les avala
Dedans le goufre de sa gorge.

ANTISTROPHE.

En cent façons de mains ouvertes
Et de pieds voutez en deux pars,
Sillonnoient les campagnes vertes
De leurs bras vaguement espars.
Comme le plomb, dont la secousse
Traine le filet jusqu'au fond,
L'extreme desir qui les pousse,
Avalle contre-bas leur front.
Tousjours sondant ce vieil repaire,
Jusques aux portes du chasteau
De l'Océan, qui dessous l'eau
Donnoit un festin à leur pere.

ÉPODE.

De ce palais eternel
Brave en colonnes hautaines,
Sourdoit de mille fontaines
Le vif surgeon perennel.
Là pendoit sous le portail
Lambrissé d'un verd email
Sa charrette vagabonde,
Qui le roule d'un grand tour,
Soit de nuict ou soit de jour,
Deux fois tout au rond du monde.

Ici un des vieux commentateurs de Ronsard, Richelet, saisi d'admiration pour tant de tableaux si vivement décrits, ne peut s'empêcher d'appliquer à son auteur ce qu'Avienus dit de Salluste : *Expressor efficax styli et veritatis, imaginem pené in obtutus dedit lepore linguæ.* — *Mille tortis.* Ainsi Virgile,

................Illam ter fluctus ibidem
Torquet agens circum et rapidus vorat æquore vortex.

Brave en colonnes. Superbement orné de colonnes. — *Surgeon*, source. — *Charrette.* Il est évident que, pour Ronsard et ses contemporains, ce mot n'avait pas moins de noblesse que *chariot.* Le double voyage de l'Océan n'est autre chose que le flux et le reflux.

STROPHE V.

Là sont par la Nature encloses
Au fond de cent mille vaisseaux

Les semences de toutes choses,
Eternelles filles des eaux.
Là les Tritons, chassant les fleuves,
Sous la terre les escouloient
Aux canaux de leurs rives neuves;
Puis derechef les rappeloient.
Là ceste troupe est arrivée
Dessur le poinct qu'on desservoit,
Et que desja Portonne avoit
Le premiere nappe levée.

ANTISTROPHE.

Phebus, du milieu de la table,
Pour rejouir le front des dieux,
Marioit sa voix delectable
A son archet melodieux :
Quand l'œil du Pere qui prend garde
Sus un chacun, se costoyant
A l'escart des autres, regarde
Ce petit troupeau flamboyant,
De qui l'honneur, le port, la grace
Qu'empreint sur le front il portoit,
Publioit assez qu'il sortoit
De l'heureux tige de sa race.

ÉPODE.

Luy qui debout se dressa
Et de plus près les œillade,
Les serrant d'une accolade
Mille fois les caressa,

Tout esgayé de voir peint
Dedans les traits de leur teint
Le naïf des graces siennes :
Puis pour son hoste ejouir,
Les chansons voulut ouir
De ces neuf Musiciennes.

Les quatre premiers vers de la strophe 5e sont profonds et immenses comme l'Océan. — *Portonne*, divinité marine. Nous omettrons le chant des Muses, leur descente et leur premier séjour sur la terre, pour en venir de suite au moment où, réfugiées auprès de Jupiter, elles sont ramenées ici-bas par l'Hospital.

STROPHE XIX.

Auprès du throne de leur pere
Tout à l'entour se vont asseoir,
Chantant avec Phebus leur frere
Du grand Jupiter le pouvoir.
Les dieux ne faisoient rien sans elles,
Ou soit qu'ils voulussent aller
A quelques nopces solennelles,
Ou soit qu'ils voulussent baller.
Mais si tost qu'arriva le terme
Qui les hastoit de retourner
Au monde, pour y sejourner
D'un pas eternellement ferme :

ANTISTROPHE.

Aonc Jupiter se devale
De son throne, et grave conduit

Gravement ses pas en la salle
Des Parques filles de la Nuit.
Leur roquet pendoit jusqu'aux hanches,
Et un Dodonien fueillard
Faisoit ombrage aux tresses blanches
De leur chef tristement vieillard :
Elles ceintes sous les mammelles,
Filoient assises en un rond
Sus trois carreaux, ayant le front
Renfrongné de grosses prunelles.

ÉPODE.

Leur pezon se herissoit
D'un fer estoillé de rouille :
Au flanc pendoit leur quenouille,
Qui d'airain se roidissoit.
Au milieu d'elles estoit
Un cofre où le Temps mettoit
Les fuzeaux de leurs journées,
De courts, de grands, d'allongez,
De gros et de bien dougez,
Comme il plaist aux Destinées.

Baller, danser en chantant. — *Leur roquet*, habillement de toile, *amictus*. — *Leur pezon*, ce qui arrête au bout du fuseau la descente du fil. — *Bien dougez*, travaillés finement. Si l'on passe sur ces quelques mots surannés, il faut convenir que ce portrait des Parques est grand, triste et sévère.

STROPHE XX.

Ces trois Sœurs à l'œuvre ententives
Marmotoient un charme fatal,
Tortillans les filaces vives
Du corps futur de L'HOSPITAL :
Clothon qui le filet replie,
Ces deux vers mascha par neuf fois :
JE RETORS LA PLUS BELLE VIE
QU'ONQUES RETORDIRENT MES DOIS.
Mais si tost qu'elle fut tirée
A l'entour du fuzeau humain,
Le Destin la mit en la main
Du fils de Saturne et de Rhée.

ANTISTROPHE.

Luy tout-puissant print une masse
De terre, et, devant tous les dieux,
Imprima dedans une face,
Un corps, deux jambes et deux yeux,
Deux bras, deux flancs, une poitrine,
Et achevant de l'imprimer,
Soufla de sa bouche divine
Un vif esprit pour l'animer :
Luy donnant encor davantage
Cent mille vertus, appela
Les neuf Filles qui çà et là
Entournoient la nouvelle image.

ÉPODE.

Ore vous ne craindrez pas,
Seures sous telle conduite,
Prendre de rechef la fuite
Pour re-descendre là bas.
Suivez donc ce guide ici :
C'est celuy, filles, aussi,
De qui la docte assurance
Franches de peur vous fera,
Et celuy qui desfera
Les soldars de l'Ignorance. [1]

Nous nous arrêterons ici, et bornerons nos extraits de cette ode interminable, qui est un véritable poëme. Ronsard s'y donna pleine carrière et y déploya toutes ses forces avec amour et reconnaissance : car, on le sait, l'Hospital l'avait protégé à son début et avait lancé une satire latine contre la cabale de cour. C'était donc une dette personnelle qu'acquittait le poëte, en même temps que c'était un chant de triomphe, un glorieux dithyrambe qu'il entonnait en l'honneur de la *Pléiade*.

1. Éd. P. Bl., t. II, p. 68.

AU SIEUR BERTRAND[1]

La mercerie que je porte,
Bertrand, est bien d'une autre sorte
Que celle que l'usurier vend
Dedans ses boutiques avares,
Ou celle des Indes Barbares
Qui enflent l'orgueil du Levant.

Ma douce navire immortelle
Ne se charge de drogue telle;
Et telle de moy tu n'attens;
Ou si tu l'attens tu t'abuses :
Je suis le trafiqueur des Muses,
Et de leurs biens maistres du temps.

Leur marchandise ne s'estalle
Au plus offrant dans une halle,
Leur bien en vente n'est point mis,
Et pour l'or il ne s'abandonne :
Sans plus, liberal je le donne
A qui me plaist de mes amis.

Reçoy donque ceste largesse,
Et croy que c'est une richesse

1. Au sieur Bertrand Bergier, de Poitiers.

Qui par le temps ne s'use pas;
Mais contre le temps elle dure,
Et de siecle en siecle plus dure,
Ne donne point aux vers d'appas.

L'audacieuse encre d'Alcée
Par les ans n'est point effacée,
Et vivent encores les sons
Que l'Amante bailloit en garde
A sa tortue babillarde,
La compagne de ses chansons.

Mon grand Pindare vit encore,
Et Simonide, et Stesichore,
Sinon en vers, au moins par nom :
Et des chansons qu'a voulu dire
Anacreon dessur la lyre,
Le temps n'efface le renom.

N'as-tu ouy parler d'Enée,
D'Achil, d'Ajax, d'Idomenée?
A moy semblables artisans
Ont immortalizé leur gloire,
Et fait allonger la memoire
De leur nom jusques à nos ans.

Helene Grecque estant gaignée
D'une perruque bien peignée,
D'un magnifique accoustrement,
Ou d'un roy trainant grande suite,
N'a pas eu la poitrine cuite
Seule d'amour premierement.

Hector le premier des gendarmes
N'a sué sous le faix des armes,
Fendant les escadrons espais :
Non une fois Troye fut prise :
Maint prince a fait mainte entreprise
Devant le camp des deux roys Grecs.

Mais leur prouesse n'est cogneue,
Et une oblivieuse nue
Les tient sous un silence estraints :
Engloutie est leur vertu haute
Sans renom pour avoir eu faute
Du secours des poëtes saincts.

Mais la mort ne vient impunie,
Si elle atteint l'ame garnie
Du vers que la Muse a chanté,
Qui pleurant de deuil se tourmente
Quand l'homme aux Enfers se lamente
Dequoy son nom n'est point vanté.

Le tien le sera, car ma plume
Aime volontiers la coustume
De louer les bons comme toy,
Qui prevois l'un et l'autre terme
Des deux saisons, constant et ferme
Contre le temps qui va sans foy :

Plein de vertu, pur de tout vice,
Non bruslant après l'avarice,
Qui tout attire dans son poin,
Chenu de meurs, jeune de force,

Amy d'espreuve, qui s'efforce
Secourir les siens au besoin.

Celuy qui sur-la teste sienne
Voit l'espée sicilienne,
Des douces tables l'appareil
N'irrite sa faim, ny la noise
Du rossignol qui se desgoise
Ne luy rameine le sommeil :

Mais bien celuy qui se contente
Comme toy : la mer il ne tente,
Et pour rien tremblant n'a esté,
Soit que le bled fausse promesse,
Ou que la vendange se laisse
Griller aux flames de l'esté.

De celuy, le bruit du tonnerre
Ny les nouvelles de la guerre
N'ont fait chanceler la vertu :
Non pas d'un roy la fiere face,
Ny des pirates la menace
Ne luy ont le cœur abatu.

Taisez-vous, ma lyre mignarde,
Taisez-vous, ma lyre jazarde,
Un si haut chant n'est pas pour vous :
Retournez louer ma CASSANDRE,
Et dessur vostre lyre tendre
Chantez-la d'un fredon plus dous .[1]

---

1. Éd. P. Bl., t. II, p. 114.

L'audacieuse encre d'Alcée. Tout ce qui suit est imité et presque traduit de la 9e ode du liv. IV d'Horace : *Ne forte credas interitura,* etc. Ici Ronsard lutte difficilement contre l'expression éclatante et concise du lyrique latin ; mais il plaît par une naïveté particulière. On aime cette Hélène qui se laisse prendre à une *perruque* blonde *bien peignée,* et cet Hector qui n'a pas été *le premier des gendarmes. — Celui qui sur la tête sienne,* encore imité d'Horace, ode 1re, liv. III : *Districtus ensis cui super impia,* etc. La dernière stance semble faite pour servir de transition à la pièce suivante, l'une des plus charmantes de Ronsard.

A CASSANDRE.

Mignonne, allons voir si la rose,
Qui ce matin avoit desclose,
Sa robe de pourpre au soleil,
A point perdu ceste versprée
Les plis de sa robe pourprée,
Et son teint au vostre pareil.

Las! voyez comme en un peu d'espace,
Mignonne, elle a dessus la place
Las, las, ses beautez laissé cheoir!
O vrayment marastre nature,
Puis qu'une telle fleur ne dure
Que du matin jusques au soir!

Donc, si vous me croyez, mignonne,
Tandis que vostre age fleuronne
En sa plus verte nouveauté,
Cueillez, cueillez vostre jeunesse :
Comme à ceste fleur, la vieillesse
Fera ternir vostre beauté. [1]

Est-il besoin de faire remarquer le vif et naturel mouvement de ce début : *Mignonne, allons voir?* Et pour le style,

---

1. Éd. P. Bl., t. II, p. 117.

quel progrès depuis Marot! que d'images, *la robe de pourpre, laissé cheoir ses beautés,* cet âge qui *fleuronne en sa verte nouveauté, cueillir sa jeunesse !* Malherbe a-t-il bien osé biffer de tels vers, et Despréaux les avait-il lus?

Némésien a dit :

> Non hoc semper eris, perdunt et gramina flores;
> Perdit spina rosas, nec semper lilia candent;
> Nec longum tenet uva comas, nec populus umbras.
> Donum forma breve est.

A SA LYRE.

Lyre dorée où Phebus seulement
Et les neuf Sœurs ont part également,
Le seul confort qui mes tristesses tue,
Que la danse oit, et toute s'evertue
De t'obeyr et mesurer ses pas
Sous tes fredons accordez par compas,
Lorsqu'en sonnant tu marques la cadance
De l'avant-jeu le guide de la danse.

Le traict flambant de Jupiter s'esteint
Sous ta chanson, si ta chanson l'atteint;
Et au caquet de tes cordes bien jointes,
Son aigle dort sur la foudre à trois pointes,
Abaissant l'aile : adonc tu vas charmant
Ses yeux aigus, et luy en les fermant
Son dos herisse et ses plumes repousse,
Flatté du son de ta corde si douce.

Celuy ne vit le cher mignon des dieux,
A qui desplaist ton chant melodieux,
Heureuse lyre, honneur de mon enfance :
Je te sonnay devant tous en la France
De peu à peu : car quand premierement
Je te trouvay, tu sonnois durement;

Tu n'avois fust ny cordes qui valussent,
Ne qui respondre aux loix de mon doigt peussent.

Moisi du temps ton bois ne sonnoit point;
Lors j'eu pitié de te voir mal en-point,
Toy qui jadis des grands roys les viandes
Faisois trouver plus douces et friandes.

Pour te monter de cordes et d'un fust,
Voire d'un son qui naturel te fust,
Je pillay Thebe, et saccageay la Pouille,
T'enrichissant de leur belle despouille.
Lors par la France avec toy je chantay,
Et jeune d'ans sur le Loir inventay
De marier aux cordes les victoires,
Et des grands roys les honneurs et leurs gloires.

Jamais celuy que les belles chansons
Paissent, ravy de l'accord de tes sons,
Ne se doit voir en estime pour estre
Ou à l'escrime ou à la luitte adestre;
Ny marinier fortuneux ne sera,
Ny grand guerrier jamais n'abaissera
Par le harnois l'ambition des princes,
Portant vainqueur la foudre en leurs provinces.

Mais ma Gastine, et le haut crin des bois
Qui vont bornant mon fleuve Vendomois,
Le dieu bouquin qui la Neufaune entourne,
Et le saint chœur qui en Braye sejourne,
Le feront tel, que par tout l'univers
Se cognoistra renommé par ses vers,

Tant il aura de graces en son pouce,
Et de fredons fils de sa lyre douce.

Déja, mon luth, ton loyer tu reçois,
Et ja deja la race des François
Me veut nombrer entre ceux qu'elle loue,
Et pour son chantre heureusement m'avoue.
O Calliope, ô Cloton, ô les Sœurs,
Qui de ma muse animez les douceurs,
Je vous salue, et resalue encore,
Par qui mon prince et mon pays j'honore!

Par toy je plais, et par toy je suis leu :
C'est toy qui fais que RONSARD soit esleu
Harpeur François, et quand on le rencontre,
Qu'avec le doigt par la rue on le monstre.
Si je plais donc, si je sçay contenter,
Si mon renom la France veut chanter,
Si de mon front les estoiles je passe,
Certes, mon luth, cela vient de ta grace. [1]

Son aigle dort, imité de Pindare. — *Tu n'avois fust,* bois de la lyre. — *Je pillay Thebe et saccageay la Pouille,* je pillai Pindare et Horace. — *Jamais celuy que les belles chansons,* tout le reste de l'ode est imité de la 3ᵉ du liv. IV d'Horace : *Quem tu Melpomene semel,* etc. — *La Neufaune, Braye,* dépendances de sa demeure.

1. Éd. P. Bl., t. II, p. 127.

A SA MAITRESSE.

La lune est coustumiere
De nestre tous les mois :
Mais quand nostre lumiere
Est esteinte une fois,
Sans nos yeux reveiller
Faut long temps sommeiller.

Tandis que vivons ores,
Un baiser donnez-moy,
Donnez-m'en mille encores,
Amour n'a point de loy :
A sa divinité
Convient l'infinité.

En vous baisant, Maistresse,
Vous m'avez entamé
La langue chanteresse
De vostre nom aimé.
Quoy? est-ce là le prix
Du travail qu'elle a pris?

Elle par qui vous estes
Déesse entre les dieux,
Qui vos beautez parfaites

Celebroit jusqu'aux cieux,
Ne faisant l'air sinon
Bruire de vostre nom?

De vostre belle face,
Le beau logis d'Amour,
Où Venus et la Grace
Ont choisi leur sejour,
Et de vostre œil qui fait
Le soleil moins parfait;

De votre sein d'yvoire
Par deux ondes secous
Elle chantoit la gloire,
Ne chantant rien que vous :
Maintenant en saignant,
De vous se va plaignant.

Las! de petite chose
Je me plains sans raison,
Non de la playe enclose
Au cœur sans guarison,
Que l'Archer ocieux
M'y tira de vos yeux. [1]

La lune est coustumiere, ainsi Catulle :

Soles occidere et reddire possunt;
Nobis quum semel occidit brevis lux,
Nox est perpetua una dormienda.
Da mi basia mille, deinde centum, etc.

1. Éd. P. Bl., t. II, p. 141.

Amour n'a point de loy, ainsi Jean Second :

> Explesti numerum, fateor, jucunda Neæra,
> Expleri numero sed nequit ullus amor.

Le même Jean Second a dit en son 8ᵉ Baiser :

> Quis te furor, Neæra
> Inepta, quis jubebat
> Sic involare nostram,
> Sic vellicare linguam
> Ferociente morsu?

Par deux ondes secous, secoué, agité.

A LA MÊME.

Ma dame ne donne pas
Des baisers, mais des appas
Qui seuls nourrissent mon ame,
Les biens dont les dieux sont sous,
Du nectar, du sucre dous,
De la cannelle et du bame,

Du thym, du lis, de la rose
Entre les levres esclose,
Fleurante en toutes saisons,
Et du miel tel qu'en Hymette
La desrobe-fleur avette
Remplit ses douces maisons.

O dieux, que j'ay de plaisir
Quand je sens mon col saisir
De ses bras en mainte sorte !
Sur moy se laissant courber,
D'yeux clos je la voy tomber
Sur mon sein à demi-morte.

Puis mettant la bouche sienne
Tout à plat dessus la mienne,
Me mord et je la remors :
Je luy darde, elle me darde

Sa languette fretillarde,
Puis en ses bras je m'endors.

D'un baiser mignard et long
Me ressuce l'ame adonc,
Puis en souflant la repousse,
La ressuce encore un coup,
La ressoufle tout à coup
Avec son haleine douce.

Tout ainsi les colombelles
Tremoussant un peu des ailes
Havement se vont baisant,
Après que l'oiseuse glace
A quitté la froide place
Au printemps doux et plaisant.

Helas! mais tempere un peu
Les biens dont je suis repeu,
Tempere un peu ma liesse :
Tu me ferois immortel.
Hé! je ne veux estre tel
Si tu n'es aussi déesse.

Ma dame ne donne pas. Imité encore de Jean Second, ce grand-maître des baisers, comme l'appelle Nicolas Richelet (4ᵉ Baiser) :

> Non dat basia, dat Neæra nectar,
> Dat rores animæ suave olentes,
> Dat nardumque, thymumque, cinnamumque,
> Et mel, quale jugis legunt Hymetti.

1. Éd. P. Bl., t. II, p. 14

> Aut in cecropiis apes rosetis,
> Atque hinc virgineis et indè ceris
> Septum vimineo tegunt quasillo.

O dieux, que j'ay de plaisir, etc. Pris du 5ᵉ Baiser :

> Dum me mollibus hinc et hinc lacertis
> Astrictum premis, imminensque toto
> Collo, pectore lubricoque vultu
> Dependes humeris, Neæra, nostris,
> Componensque meis labella labris,
> Et morsu petis et gemis remorsa,
> Et linguam tremulam hinc inde vibras,
> Aspirans animæ suavis auram,
> Hauriensque animam meam caducam,
> . . . .
> O jucunda mei caloris aura !

Havement se vont baisant, avidement, ardemment. — *Helas ! mais tempere un peu*, il revient au Baiser 4ᵉ :

> Sed tu, munere parce, parce tali,
> Aut mecum dea fac, Neæra, fias;
> Non mensas sine te volo deorum :
> Non, si me rutilis præesse regnis,
> Excluso Jove, di deæque cogant.

Tibulle a dit aussi :

> Est mihi paupertas tecum jucunda, Neæra :
> At sine te regum munera nulla volo.

A UNE JEUNE FILLE.

Ma petite nymphe Macée,
Plus blanche qu'yvoire taillé,
Plus blanche que neige amassée,
Plus blanche que le laict caillé,
Ton beau teint ressemble les liz
Avecque les roses cueillis.

Descœuvre-moy ton beau chef-d'œuvre,
Tes cheveux où le ciel, donneur
Des graces, richement descœuvre
Tous ses biens pour leur faire honneur;
Descœuvre ton beau front aussi,
Heureux object de mon souci.

Comme une Diane tu marches,
Ton front est beau, tes yeux sont beaux,
Qui flambent sous deux noires arches,
Comme deux celestes flambeaux,
D'où le brandon fut allumé,
Qui tout le cœur m'a consumé.

Ce fut ton œil, douce mignonne,
Qui d'un fol regard escarté
Les miens encores emprisonne,

Peu soucieux de liberté,
Tous deux au retour du printemps,
Et sur l'avril de nos beaux ans.

Te voyant jeune, simple et belle,
Tu me suces l'ame et le sang :
Monstre-moi ta rose nouvelle,
Je dy ton sein d'yvoire blanc,
Et tes deux rondelets tetons,
Qui s'enflent comme deux boutons.

Las! puis que ta beauté premiere
Ne me daigne faire merci,
Et me privant de ta lumiere,
Prend son plaisir de mon souci,
Au moins regarde sur mon front
Les maux que tes beaux yeux me font.[1]

Toutes ces comparaisons du commencement sont prises de Catulle, Marulle, et des poëtes érotiques de l'antiquité et de la Renaissance.

1. Éd. P. Bl., t. II, p. 147.

A LA FONTAINE BELLERIE.

O fontaine Bellerie,
Belle fontaine cherie
De nos nymphes, quand ton eau
Les cache au creux de ta source
Fuyantes le satyreau,
Qui les pourchasse à la course
Jusqu'au bord de ton ruisseau.

Tu es la Nymphe eternelle
De ma terre paternelle :
Pour ce en ce pré verdelet
Voy ton poete qui t'orne
D'un petit chevreau de lait,
A qui l'une et l'autre corne
Sortent du front nouvelet.

L'esté je dors ou repose
Sus ton herbe, ou je compose,
Caché sous tes saules vers,
Je ne sçay quoi, qui ta gloire
Envoira par l'univers,
Commandant à la Memoire
Que tu vives par mes vers.

L'ardeur de la canicule
Ton verd rivage ne brule,
Tellement qu'en toutes pars
Ton ombre est espaisse et drue
Aux pasteurs venans des parcs,
Aux bœufs las de la charrue,
Et au bestial espars.

Io! tu seras sans cesse
Des fontaines la princesse,
Moy celebrant le conduit
Du rocher percé, qui darde,
Avec un enroué bruit,
L'eau de ta source jazarde
Qui trepillante se suit. [1]

Imité d'Horace, liv. III : *O fons Blandusiæ, splendidior vitro*. On remarquera le rhythme, qui est de l'invention du poëte; il a quelque chose de courant et de *jazard*. Cette troisième rime masculine du dernier vers de chaque stance surprend agréablement l'oreille, qui ne s'y attend plus : c'est comme un murmure redoublé ou un rejaillissement de l'eau.

1. Éd. P. Bl., t. II, p. 148.

A SON PAGE.

Fay refraischir mon vin de sorte
Qu'il passe en froideur un glaçon :
Fay venir Jeanne, qu'elle apporte
Son luth pour dire une chanson :
Nous ballerons tous trois au son ;
Et dy à Barbe qu'elle vienne,
Les cheveux tors à la façon
D'une folatre Italienne.

Ne vois-tu que le jour se passe?
Je ne vy point au lendemain :
Page, reverse dans ma tasse,
Que ce grand verre soit tout plein :
Maudit soit qui languit en vain :
Ces vieux medecins je n'appreuve :
Mon cerveau n'est jamais bien sain,
Si beaucoup de vin ne l'abreuve.[1]

Imité de la fin de l'ode xie d'Horace, liv. II, à Quinctius Hirpinus :

> . . . . . . Quis puer ociùs
> Restinguet ardentis falerni

[1]. Éd. P. Bl., t. II, p. 149.

Pocula prætereunte lympha?
Quis devium scortum eliciet domo
Lyden? Eburna, dic age, cum lyra
Maturet, incomptam, Lacænæ
More, comam religata nodo,

Le rhythme est encore de l'invention de Ronsard.

A LA FORÊT DE GASTINE.

Couché sous tes ombrages vers,
    Gastine, je te chante,
Autant que les Grecs par leurs vers
    La forest d'Erymanthe.
Car, malin, celer je ne puis
    A la race future,
De combien obligé je suis
    A ta belle verdure :
Toy qui sous l'abry de tes bois
    Ravy d'esprit m'amuses :
Toy qui fais qu'à toutes les fois
    Me respondent les Muses :
Toi par qui de l'importun soin
    Tout franc je me delivre,
Lorsqu'en toy je me pers bien loin,
    Parlant avec un livre.
Tes boccages soient tousjours pleins
    D'amoureuses brigades,
De Satyres et de Sylvains,
    La crainte des Naiades!
En toy habite desormais
    Des Muses le college,

> Et ton bois ne sente jamais
> La flame sacrilege ![1]

C'est un bijou que cette petite pièce : tout y appartient à Ronsard, l'idée et le rhythme.

1. Éd. P. Bl., t. II, p. 159.

A CASSANDRE.

Ma petite colombelle,
Ma mignonne toute belle,
Mon petit œil, baisez-moy :
D'une bouche toute pleine
De musq, chassez-moy la peine
De mon amoureux esmoy.

Quand je vous diray : Mignonne,
Approchez-vous, qu'on me donne
Neuf baisers tout à la fois ;
Donnez-m'en seulement trois :

Tels que Diane guerriere
Les donne à Phebus son frere,
Et l'Aurore à son vieillard :
Puis reculez vostre bouche,
Et bien loin toute farouche
Fuyez d'un pied fretillard.

Comme un taureau par la prée
Court après son amourée,
Ainsi tout chaud de courroux
Je courray fol après vous ;

Et prise d'une main forte
Vous tiendray de telle sorte
Qu'un aigle un cygne tremblant.
Lors faisant de la modeste,
De me redonner le reste
Des baisers ferez semblant.

Mais en vain serez pendante
Toute à mon col, attendante
(Tenant un peu l'œil baissé)
Pardon de m'avoir laissé.

Car en lieu de six, adonques
J'en demanderay plus qu'onques
Tout le ciel d'estoiles n'eut,
Plus que d'arene poussée
Aux bords, quand l'eau courroussée
Contre les rives s'esmeut.

Quand je vous diray: Mignonne, imité du 9ᵉ Baiser de Jean Second :

> Cùm te rogabo ter tria basia,
> Tum deme septem, nec nisi da duo,
>   Utrumque nec longum nec udum
>   Qualia teligero Diana
> Dat casta fratri, qualia dat patri
> Experta nullos nata cupidines :
>   Mox è meis lasciva ocellis
>   Curre procul natitante plantâ, etc.

1. Éd. P. Bl. t. II, p. 160.

J'en demanderay plus qu'onques. Ainsi Catulle :

> Si quis me sinat usque basiare,
> Usque ad millia basiem trecenta,
> Nec unquam saturum inde cor futurum est,
> Non si densior aridis aristis
> Sit nostræ seges osculationis.

Mais ni Catulle ni Jean Second ne sont ici supérieurs à Ronsard. En fondant l'un dans l'autre les tableaux de ses deux modèles, il a composé un petit chef-d'œuvre, où tout se rencontre, passion, badinage et poésie; il y a ajouté d'admirables traits, tels que celui de *l'aigle* qui tient *un cygne tremblant.*

Pour boire dessus l'herbe tendre
Je veux sous un laurier m'estendre,
Et veux qu'Amour d'un petit brin
Ou de lin ou de cheneviere
Trousse au flanc sa robe legere,
Et my-nud me verse du vin.

L'incertaine vie de l'homme
De jour en jour se roule comme
Aux rives se roulent les flots :
Puis après notre heure derniere
Rien de nous ne reste en la biere
Qu'une vieille carcasse d'os.

Je ne veux, selon la coustume,
Que d'encens ma tombe on parfume,
Ny qu'on y verse des odeurs :
Mais tandis que je suis en vie,
J'ai de me parfumer envie,
Et de me couronner de fleurs.

De moy-mesme je me veux faire
L'heritier pour me satisfaire :

Je ne veux vivre pour autruy.
Fol le pelican qui se blesse
Pour les siens, et fol qui se laisse
Pour les siens travailler d'ennuy.[1]

Imité d'Anacréon.

1. Éd. P. Bl., t. II, p 161.

A SON LAQUAIS.

J'ay l'esprit tout ennuyé
D'avoir trop estudié
Les Phenomenes d'Arate :
Il est temps que je m'esbate,
Et que j'aille aux champs jouer.
Bons dieux ! qui voudroit louer
Ceux qui collez sur un livre
N'ont jamais soucy de vivre?

Que nous sert l'estudier,
Sinon de nous ennuyer,
Et soin dessus soin accrestre,
A nous qui serons peut-estre,
Ou ce matin, ou ce soir
Victime de l'Orque noir?
De l'Orque qui ne pardonne,
Tant il est fier, à personne?

Corydon, marche devant,
Sçache où le bon vin se vend :
Fay refreschir ma bouteille,
Cherche une fueilleuse treille
Et des fleurs pour me coucher :

Ne m'achete point de chair,
Car tant soit-elle friande,
L'esté je hay la viande.

Achete des abricos,
Des pompons, des artichos,
Des fraises, et de la creme :
C'est en esté ce que j'aime,
Quand sur le bord d'un ruisseau
Je la mange au bruit de l'eau,
Estendu sur le rivage,
Ou dans un antre sauvage.

Ores que je suis dispos
Je veux rire sans repos,
De peur que la maladie
Un de ces jours ne me die :
Je t'ay maintenant veincu,
Meurs, galland, c'est trop vescu.[1]

Les Phenomenes d'Arate. Aratus, poëte grec, composa un livre sur les phénomènes célestes, qui fut traduit par Remi Belleau. — *De peur que la maladie,* imité d'Anacréon.

1. Éd. P. Bl., t. II, p. 102.

AU SIEUR ROBERTET.

Du malheur de recevoir
Un estranger sans avoir
De luy quelque cognoissance,
Tu as fait experiance,
Menelas, ayant receu
Paris dont tu fus deceu :
Et moy je la viens de faire,
Qui ore ay voulu retraire
Sottement un estranger
Dans ma chambre et le loger.

Il estoit minuict et l'Ourse
De son char tournoit la course
Entre les mains du Bouvier,
Quand le Somme vint lier
D'une chaine sommeillere
Mes yeux clos sous la paupiere.

Jà je dormois en mon lit,
Lors que j'entr'ouy le bruit
D'un qui frapoit à ma porte,
Et heurtoit de telle sorte
Que mon dormir s'en alla :

Je demanday : Qu'est-ce là
Qui fait à mon huis sa plainte?
Je suis enfant, n'aye crainte,
Ce me dit-il : et adonc
Je luy desserre le gond
De ma porte verrouillée.

J'ay la chemise mouillée,
Qui me trempe jusqu'aux oz,
Ce disoit; dessus le doz
Toute nuict j'ay eu la pluie :
Et pour ce je te sup. lie
De me conduire à ton feu
Pour m'aller seicher un peu.

Lors je prins sa main humide,
Et plein de pitié le guide
En ma chambre et le fis seoir
Au feu qui restoit du soir :
Puis allumant des chandelles,
Je vy qu'il portoit des ailes,
Dans la main un arc Turquois,
Et sous l'aisselle un carquois.

Adonc en mon cœur je pense
Qu'il avoit quelque puissance,
Et qu'il falloit m'apprester
Pour le faire banqueter.

Ce pendant il me regarde
D'un œil, de l'autre il prend garde
Si son arc estoit seché :

Puis me voyant empesché
A luy faire bonne chere,
Me tire une fleche amere
Droict en l'œil : le coup de là
Plus bas au cœur devala,
Et m'y fit telle ouverture,
Qu'herbe, drogue ny murmure
N'y serviroient plus de rien.

Voila Robertet, le bien,
(Mon Robertet qui embrasses
Les neuf Muses et les Graces),
Le bien qui m'est advenu
Pour loger un inconnu.[1]

C'est l'*Amour mouillé* d'Anacréon et de La Fontaine. Remi Belleau l'a aussi traduit avec toutes les odes d'Anacréon ; mais sa traduction est sèche et sans grâce. L'imitation de Ronsard est délicieuse, et le paraîtrait davantage encore si la pièce de La Fontaine n'était dans toutes les mémoires. La Fontaine pourtant n'a pas toujours la supériorité sur le vieux poëte. Le petit prologue et le petit épilogue à Robertet ont un grand charme de pensée et de tournure. Cet enfant qui demande asile *pour s'aller seicher un peu*, l'hôte débonnaire qui le guide en sa chambre et le *fait seoir au feu qui restoit du soir*, puis qui, voyant les ailes et le carquois, s'imagine que c'est quelque puissant personnage, et s'apprête à *le faire banqueter;* ce sont là des traits qui, pour ne pas se trouver dans Anacréon, ne dépareraient pas La Fontaine.[2]

1. Éd. P. Bl., t. II, p. 164.
2. Voy. dans cette collection *OEuvres complètes de La Fontaine*, t. IV, p. 105.

Si j'aime depuis naguiere
Une belle chambriere,
Hé! qui m'oseroit blasmer
De si bassement aimer?

Non, l'amour n'est point vilaine,
Que maint brave capitaine,
Maint philosophe et maint roy
A trouvé digne de soy.

Hercule, dont l'honneur vole
Au ciel, aima bien Iole,
Qui prisonniere doutoit
Celuy qui son maistre estoit.

Achille, l'effroy de Troye,
De Briseïs fut la proye,
Dont si bien il s'échaufa
Que serve elle en trionfa.

Ajax eut pour sa maistresse
Sa prisonniere Tecmesse,
Bien qu'il secouast au bras
Un bouclier à sept rebras.

Agamemnon se vit prendre
De sa captive Cassandre,
Qui sentit plus d'aise au cœur
D'estre veincu que veinqueur.

Le petit Amour veut estre
Tousjours des plus grands le maistre
Et jamais il n'a esté
Compagnon de majesté.

A quoy diroy-je l'histoire
De Jupiter qui fait gloire
De se vestir d'un oyseau,
D'un satyre et d'un taureau,

Pour abuser nos femelles?
Et bien que les Immortelles
Soient à son commandement,
Il veut aimer bassement.

L'amour des riches princesses
Est un masque de tristesses :
Qui veut avoir ses esbas,
Il faut aimer en lieu bas.

Quant à moy je laisse dire
Ceux qui sont prompts à mesdire,
Je ne veux laisser pour eux
En bas lieu d'estre amoureux.[1]

---

1. Éd. P. Bl., t. II, p. 166.

Un bouclier à sept rebras, à sept replis. *Bouclier* se comptait seulement pour deux syllabes. Ronsard a imité dans cette pièce l'ode d'Horace à Xanthias Proceus : *Ne sit ancillæ tibi amor pudori ;* mais cette imitation n'a d'autre mérite que sa naïveté, et à la rigueur elle pourrait être de Marot.

A JOACHIM DU BELLAY.

Escoute, Du Bellay, ou les Muses ont peur
De l'enfant de Venus, ou l'aiment de bon cœur,
Et tousjours pas à pas accompagnent sa trace :
Car celui qui ne veut les Amours desdaigner,
Toutes à qui mieux-mieux le viennent enseigner,
Et sa bouche mielleuse emplissent de leur grace.

Mais au brave qui met les Amours à desdain,
Toutes le desdaignant l'abandonnent soudain,
Et plus ne luy font part de leur gentille veine :
Ains Clion luy defend de ne se plus trouver
En leur danse, et jamais ne venir abreuver
Sa bouche non amante en leur belle fontaine.

Certes j'en suis tesmoin : car quand je veux louer
Quelque homme ou quelque dieu, soudain je sens nouer
La langue à mon palais, et ma gorge se bouche :
Mais quand je veux d'Amour ou escrire ou parler,
Ma langue se desnoue, et lors je sens couler
Ma chanson d'elle-mesme aisement en la bouche.[1]

1. Éd. P. Bl., t. II, p. 170.

Imité de Bion. Cette pièce se distingue par une grande douceur et une molle fluidité.

Et sa bouche mielleuse emplissent de leur grace

est un vers ravissant, qui a lui-même toute la saveur et l'onctuosité du miel.

A LA FONTAINE BELLERIE.

Escoute-moy, Fontaine vive,
En qui j'ay rebeu si souvent,
Couché tout plat dessus ta rive,
Oisif, à la fraischeur du vent

Quand l'Esté mesnager moissonne
Le sein de Cerès devestu,
Et l'aire par compas ressonne,
Gemissant sous le blé battu.

Ainsi tousjours puisses-tu estre
En religion à tous ceux
Qui te boiront, ou feront paistre
Tes verds rivages à leurs bœvfs!

Ainsi tousjours la lune claire
Voye à mi-nuict au fond d'un val
Les nymphes près de ton repaire
A mille bonds mener le bal;

Comme je desire, fontaine,
De plus ne songer boire en toy

L'esté, lorsque la fievre ameine
La mort despite contre moy.[1]

Ronsard, malade de la fièvre, pense à la fontaine Bellerie, et comme ce frais souvenir le brûle et l'altère, il souhaite n'y penser jamais tant que la fièvre le tiendra.

1. Éd. P. Bl., t. II, p. 208.

A MESDAMES

FILLES DU ROY HENRY II.

Ma nourrice Calliope,
Qui, du luth musicien,
Dessus la jumelle crope
D'Helicon, guide la trope
Du sainct chœur Parnassien;

Et vous ses sœurs, qui, recreues
D'avoir trop mené le bal,
Toute nuict vous baignez nues
Dessous les rives herbues
De la fontaine au cheval;

Puis tressans dans quelque prée
Vos cheveux delicieux,
Chantez d'une voix sacrée
Une chanson qui recrée
Et les hommes et les dieux;

Laissez vos antres sauvages
(Doux sejour de vos esbas)
Vos forests, et vos rivages,

Vos rochers et vos bocages,
Et venez suivre mes pas.

Vous sçavez, pucelles cheres
Que libre onques je n'appris
De vous faire mercenaires,
Ny chetives prisonnieres,
Vous vendant pour quelque pris :

Mais sans estre marchandées,
Vous sçavez que librement
Je vous ay tousjours guidées
Aux maisons recommandées
Pour leurs vertus seulement :

Comme ores, nymphes très-belles,
Je vous meine avecques moy
En ces maisons immortelles,
Pour celebrer trois pucelles
Comme vous filles de roy ;

Qui dessous leur mere croissent
Ainsi que trois arbrisseaux,
Et ja grandes apparoissent
Comme trois beaux lis qui naissent
A la fraischeur des ruisseaux,

Quand quelque future espouse,
Aimant leur chef nouvelet,
Soir et matin les arrouse,
Et à ses nopces propouse
De s'en faire un chapelet.

Mais de quel vers plein de grace
Vous iray-je decorant?
Chanteray-je vostre race,
Ou l'honneur de vostre face
D'un teint brun se colorant?

Divin est vostre lignage,
Et le brun, que vous voyez
Rougir en vostre visage,
En rien ne vous endommage
Que trois Graces ne soyez.

Les Charites sont brunettes,
Bruns les Muses ont les yeux,
Toutefois belles et nettes
Reluisent comme planettes
Parmy la troupe des dieux.

Mais que sert d'estre les filles
D'un grand roy, si vous tenez
Les Muses comme inutiles,
Et leurs sciences gentiles
Dès le berceau n'apprenez?

Ne craignez, pour mieux revivre,
D'assembler d'egal compas
Les aiguilles et le livre,
Et de doublement ensuivre
Les deux mestiers de Pallas.

Peu de temps la beauté dure,
Et le sang qui des roys sort,

Si de l'esprit on n'a cure,
Autant vaut quelque peinture
Qui n'est vive qu'en son mort.

Ces richesses orgueilleuses,
Ces gros diamants luisans,
Ces robes voluptueuses,
Ces dorures somptueuses
Periront avec les ans.

Mais le sçavoir de la Muse
Plus que la richesse est fort :
Car jamais rouillé ne s'use,
Et maugré les ans refuse
De donner place à la Mort.

Si tost que serez apprises
A la danse des neuf Sœurs,
Et que vous aurez comprises
Les doctrines plus exquises
A former vos jeunes mœurs ;

Tout aussi tost la Deesse
Qui trompette les renoms,
De sa bouche parleresse
Par tout espandra sans cesse
Les louanges de vos noms.

Lors s'un roy pour sa defence
A vos freres repoussez
De sa terre avec sa lance ;

Refroidissant la vaillance
De ses peuples courroucez,

Au bruit de la renommée
Espris de vostre sçavoir,
Aura son ame enflammée,
Et en quittant son armée
Pour mary vous viendra voir.

Voyla comment en deux sortes
Tous roys seront combatus,
Soit qu'ils sentent les mains fortes
De nos Françoises cohortes,
Soit qu'ils aiment vos vertus.

Là donq, PRINCESSES divines,
Race ancienne des dieux,
Ne souffrez que vos poitrines
Des vertus soient orfelines ;
C'est le vray chemin des cieux.

Par tel chemin Polyxene
D'un beau renom a jouy :
Par tel mestier la Romaine,
De chasteté toute pleine,
Vit encores aujourd'huy ;

Qui de sa trenchante espée
Sa vie aux ombres jetta,
Et par soi-mesme frappée,

Ayant la honte trompée,
Un beau renom s'acheta.[1]

A mes dames, filles du roy Henry II, Élisabeth, depuis mariée à Philippe II, Claude au duc de Lorraine, et Marguerite à Henri IV.— *Dessus la jumelle crope,* croupe; comme *trope* pour *troupe*. — *De la fontaine au cheval,* la fontaine d'Hippocrène, que Pégase fit jaillir d'un coup de pied. — *Et vous ses sœurs qui recreues,* fatiguées. — *De s'en faire un chapelet,* une guirlande. Cette ode, brillante de poésie et d'images, renferme des louanges fines et d'ingénieux conseils. Le rhythme, que Lamartine a ressuscité de nos jours avec tant de bonheur, est de l'invention de Ronsard, et ce vieux poëte le manie merveilleusement. La comparaison des *trois beaux lys* réunit la grâce à la justesse, et les deux strophes *Lors s'un Roy pour sa defence,* etc., offrent un tableau aussi vrai que délicat.

1. Éd. P. Bl., t. II, p. 203.

Jeune beauté, mais trop outrecuidée
   Des presens de Venus,
Quand tu voirras ta peau toute ridée
   Et tes cheveux chenus,
Contre le temps et contre toy rebelle,
   Diras en te tançant :
Que ne pensois-je alors que j'estois belle
   Ce que je vay pensant?
Ou bien pourquoy à mon desir pareille
   Ne suis-je maintenant?
La beauté semble à la rose vermeille
   Qui meurt incontinent.
Voila les vers tragiques, et la plainte
   Qu'au ciel tu envoyras,
Tout aussi tost que ta face depainte
   Par le temps tu voirras.
Tu sçais combien ardemment je t'adore,
   Indocile à pitié,
Et tu me fuis et tu ne veux encore
   Te joindre à ta moitié.
O de Paphos et de Cypre regente,
   Deesse aux noirs sourcis,
Plutost encor que le temps sois vengeante
   Mes desdaignez soucis!
Et du brandon dont les cœurs tu enflames

> Des jumens tout autour,
> Brusle-la moy, afin que de ses flames
> Je me rie à mon tour.[1]

Jeune beauté, imité d'Horace, liv. IV des *Odes* :[2]

> O crudelis adhuc, et Veneris muneribus potens,
> Insperata tuæ cùm veniet pluma superbiæ,
> Et quæ nunc humeris involitant deciderint comæ, etc., etc.
> . . . .
> Dices heu! etc., etc.

O de Paphos et de Cypre Regente, encore d'Horace, liv. III de ses *Odes* :

> O quæ beatam, Diva, tenes Cyprum et
> Memphim carentem Sithonia nive,
>   Regina, sublimi flagello
>   Tange Chloen, semel, arrogantem.

1. Éd. P. Bl., t. II, p. 213.
2. X. *Ad. Ligurinum.*

A CHARLES DE PISSELEU[1]

D'où vient cela (PISSELEU), que les hommes
De leur nature aiment le changement,
Et qu'on ne void en ce monde où nous sommes
Un seul qui n'ait un divers jugement?

L'un, esloigné des foudres de la guerre,
Veut par les champs son age consumer
A bien poitrir les mottes de sa terre,
Pour de Cerès les presens y semer :

L'autre au contraire, ardant, aime les armes,
Si qu'en sa peau ne sçaurait sejourner
Sans bravement attaquer les allarmes,
Et tout sanglant au logis retourner.

Qui le Palais de langue mise en vente
Fait esclater devant un president,
Et qui, piqué d'avarice suivante,
Franchit la mer de l'Inde à l'Occident.

L'un de l'amour adore l'inconstance,
L'autre, plus sain, ne met l'esprit sinon

---

1. Évêque de Condom.

Au bien public, aux choses d'importance,
Cherchant par peine un perdurable nom.

L'un suit la cour et les faveurs ensemble,
Si que sa teste au ciel semble toucher :
L'autre les fuit et est mort, ce luy semble,
S'il void le roy de son toict approcher.

Le pelerin à l'ombre se delasse,
Ou d'un sommeil le travail adoucit,
Ou reveillé, avec la pleine tasse
Des jours d'esté la longueur accourcit.

Qui devant l'aube accourt triste à la porte
Du conseiller, et là faisant maint tour
Le sac au poing, attend que Monsieur sorte
Pour luy donner humblement le bon jour.

Icy cestuy de la sage Nature
Les faits divers remasche en y pensant,
Et cestuy-là, par la lineature
Des mains, predit le malheur menaçant.

L'un allumant ses vains fourneaux, se fonde
Dessus la pierre incertaine, et combien
Que l'invoqué Mercure ne responde,
Soufle en deux mois le meilleur de son bien.

L'un grave en bronze, et dans le marbre à force
Veut le naïf de Nature imiter :
Des corps errans l'astrologue s'efforce
Oser par art le chemin limiter.

Mais tels estats, les piliers de la vie,
Ne m'ont point pleu, et me suis tellement
Esloigné d'eux, que je n'eus onc envie
D'abaisser l'œil pour les voir seulement.

L'honneur sans plus du verd laurier m'agrée,
Par luy je hay le vulgaire odieux :
Voilà pourquoy Euterpe la sacrée
M'a de mortel fait compagnon des dieux.

La belle m'aime et par ses bois m'amuse,
Me tient, m'embrasse, et quand je veux sonner,
De m'accorder ses flutes ne refuse,
Ne de m'apprendre à bien les entonner.

Dès mon enfance en l'eau de ses fonteines
Pour prestre sien me plongea de sa main,
Me faisant part du haut honneur d'Athenes
Et du sçavoir de l'antique Romain.[1]

Voilà la première fois qu'on rencontre cette espèce de stances régulières en poésie. Honneur encore à Ronsard ! il n'était donc pas besoin que *Malherbe vînt* pour que *les stances avec art apprissent à tomber*. Cette pièce, qui est une épître morale et satirique, a les beautés du genre ; on aura surtout remarqué la huitième stance, *Qui devant l'aube*, etc.

1. Éd. P. Bl. t. II, p. 223.

A ODET DE COLLIGNY

CARDINAL DE CHASTILLON.

Mais d'où vient cela, mon ODET?
Si de fortune par la rue
Quelque courtisan je salue
Ou de la voix, ou du bonnet,

Ou d'un clin d'œil tant seulement,
De la teste, ou d'un autre geste,
Soudain par serment il proteste
Qu'il est à mon commandement :

Soit qu'il me treuve chez le roy,
Soit que j'en sorte, ou qu'il y vienne,
Il met sa main dedans la mienne,
Et jure qu'il est tout à moy :

Mais quand un affaire de soin
Me presse à luy faire requeste,
Tout soudain il tourne la teste,
Et devient sourd à mon besoin :

Et si je veux ou l'aborder,
Ou l'accoster en quelque sorte,

Mon courtisan passe une porte,
Et ne daigne me regarder,

Et plus je ne luy suis cognu,
Ny mes vers ny ma poesie,
Non plus qu'un estranger d'Asie,
Ou quelqu'un d'Afrique venu.

Mais vous, Prelat officieux,
Mon appuy, mon ODET, que j'aime
Mille fois plus ny que moy-mesme,
Ny que mon cœur, ny que mes yeux,

Vous ne me faictes pas ainsi :
Car si quelque affaire me presse,
Librement à vous je m'adresse,
Et soudain en avez souci.

Vous avez soin de mon honneur,
Et voulez que mon bien prospere,
M'aimant tout ainsi qu'un bon pere,
Et non comme un rude seigneur ;

Sans me promettre à tous les coups
Ces monts, ces mers d'or ondoyantes :
Telles bourdes trop impudantes
Sont, ODET, indignes de vous.

La raison (Prelat) je l'entens :
C'est que vous estes veritable,

Et non courtisan variable,
Qui sert aux faveurs et au temps.[1]

A Odet de Colligny, c'est le même cardinal à qui Rabelais a dédié le IVe livre de son roman.

1. Éd. P. Bl., t. II, p. 238.

DE L'ELECTION DE SON SEPULCHRE.

Antres, et vous, fontaines,
De ces roches hautaines
Qui tombez contre-bas
   D'un glissant pas ;

Et vous, forests et ondes
Par ces prez vagabondes,
Et vous, rives et bois,
   Oyez ma vois.

Quand le ciel et mon heure
Jugeront que je meure,
Ravi du beau sejour
   Du commun jour ;

Je defens qu'on ne rompe
Le marbre, pour la pompe
De vouloir mon tombeau
   Bastir plus beau.

Mais bien je veux qu'un arbre
M'ombrage en lieu d'un marbre,
Arbre qui soit couvert
   Tousjours de verd.

De moy puisse la terre
Engendrer un lierre
M'embrassant en main tour
   Tout à l'entour :

Et la vigne tortisse
Mon sepulchre embellisse,
Faisant de toutes pars
   Un ombre espars !

Là viendront chaque année
A ma feste ordonnée
Avecques leurs taureaux
   Les pastoureaux :

Puis ayans fait l'office
Du devot sacrifice,
Parlans à l'isle ainsi,
   Diront ceci :

Que tu es renommée
D'estre tombe nommée
D'un, de qui l'univers
   Chante les vers !

Qui oncques en sa vie
Ne fut brulé d'envie
D'acquerir les honneurs
   Des grands seigneurs ;

Ny n'enseigna l'usage
De l'amoureux breuvage,

Ny l'art des anciens
   Magiciens;

Mais bien à nos campagnes
Fit voir les Sœurs compagnes
Foulantes l'herbe aux sons
   De ses chansons.

Car il fit à sa lyre
Si bons accords eslire,
Qu'il orna de ses chants
   Nous et nos champs.

La douce manne tombe
A jamais sur sa tombe,
Et l'humeur que produit
   En may la nuit!

Tout à l'entour l'emmure
L'herbe et l'eau qui murmure,
L'un tousjours verdoyant,
   L'autre ondoyant.

Et nous, ayans memoire
De sa fameuse gloire,
Luy ferons comme à Pan
   Honneur chaque an.

Ainsi dira la troupe,
Versant de mainte coupe
Le sang d'un agnelet
   Avec du lait

Dessus moy, qui à l'heure
Seray par la demeure
Où les heureux esprits
 Ont leur pourpris.

La gresle ne la nege
N'ont tels lieux pour leur siege,
Ne la foudre oncques là
 Ne devala.

Mais bien constante y dure
L'immortelle verdure,
Et constant en tout temps
 Le beau printemps.

Et Zephyre y alaine
Les myrtes de la plaine
Qui porte les couleurs
 De mille fleurs.

Le soin, qui sollicite
Les rois, ne les incite
Leurs voisins ruiner
 Pour dominer;

Ains comme freres vivent,
Et morts encore suivent
Les mestiers qu'ils avoient
 Quand ils vivoient.

Là là j'oirray d'Alcée
La lyre courroucée,

Et Sapphon qui sur tous
Sonne plus dous.

Combien ceux qui entendent
Les chansons qu'ils respandent,
Se doivent rejouir
De les ouir ;

Quand la peine receue
Du rocher est deceue,
Et quand le vieil Tantal
N'endure mal !

La seule lyre douce
L'ennuy des cœurs repousse,
Et va l'esprit flatant
De l'escoutant.[1]

Et la vigne tortisse, flexueuse. — *Quand la peine receue,* puisque Sysiphe lui-même en oublie son rocher et Tantale sa soif. Cette pièce délicieuse réunit tous les mérites. Les idées en sont simples, douces et tristes ; la couleur pastorale n'y a rien de fade ; l'exécution surtout y est parfaite. Ce petit vers masculin de quatre syllabes qui tombe à la fin de chaque stance produit à la longue une impression mélancolique : c'est comme un son de cloche funèbre. On sait avec quel bonheur madame Tastu a employé ce même vers de quatre syllabes dans sa touchante pièce des *Feuilles du saule :*

L'air était pur ; un dernier jour d'automne
En nous quittant arrachait la couronne
Au front des bois ;

---

1. Éd. P. Bl., t. II, p. 249.

> Et je voyais, d'une marche suivie,
> Fuir le soleil, la saison et ma vie
> Tout à la fois.

En rapprochant le petit vers de celui de six syllabes avec lequel il rime, Ronsard a été plus simple encore. Au reste, il a très-bien compris qu'à une si courte distance une grande richesse de rime était indispensable, et il s'est montré ici plus rigoureux sur ce point qu'à son ordinaire. C'est en effet une loi de notre versification, que plus les rimes correspondantes se rapprochent, plus elles doivent être riches et complètes; de sorte qu'on pourrait dire de la rime comme de l'aimant, que son attraction est en raison inverse de la distance.

Quand je suis vingt ou trente mois
Sans retourner en Vendomois,
Plein de pensées vagabondes,
Plein d'un remors et d'un souci,
Aux rochers je me plains ainsi,
Aux bois, aux antres et aux ondes :

Rochers, bien que soyez agez
De trois mil ans, vous ne changez
Jamais ny d'estat ny de forme :
Mais tousjours ma jeunesse fuit,
Et la vieillesse qui me suit,
De jeune en vieillard me transforme.

Bois, bien que perdiez tous les ans
En hyver vos cheveux mouvans,
L'an d'après qui se renouvelle
Renouvelle aussi vostre chef :
Mais le mien ne peut derechef
Ravoir sa perruque nouvelle.

Antres, je me suis veu chez vous
Avoir jadis verds les genous,

Le corps habile et la main bonne :
Mais ores j'ay le corps plus dur
Et les genous, que n'est le mur
Qui froidement vous environne.

Ondes, sans fin vous promenez,
Et vous menez et ramenez
Vos flots d'un cours qui ne sejourne :
Et moy sans faire long sejour,
Je m'en vais de nuict et de jour,
Au lieu d'où plus on ne retourne.

Si est-ce que je ne voudrois
Avoir esté rocher ou bois,
Pour avoir la peau plus espesse,
Et vaincre le temps emplumé :
Car ainsi dur je n'eusse aimé
Toy qui m'as fait vieillir, Maistresse.[1]

1. Éd. P. Bl., t. II, p. 259.

Ma douce jouvence est passée,
Ma premiere force est cassée,
J'ay la dent noire et le chef blanc,
Mes nerfs sont dissous, et mes veines,
Tant j'ay le corps froid, ne sont pleines
Que d'une eau rousse en lieu de sang.

Adieu, ma lyre, adieu, fillettes,
Jadis mes douces amourettes,
Adieu, je sens venir ma fin :
Nul passetemps de ma jeunesse
Ne m'accompagne en la vieillesse,
Que le feu, le lict et le vin.

J'ay la teste toute estourdie
De trop d'ans et de maladie;
De tous costez le soin me mord;
Et soit que j'aille ou que je tarde,
Tousjours après moy je regarde
Si je verray venir la Mort;

Qui doit, ce me semble, à toute heure
Me mener là bas, où demeure

Je ne sçay quel Pluton, qui tient
Ouvert à tous venans un antre,
Où bien facilement on entre,
Mais d'où jamais on ne revient.[1]

Imité d'Anacréon.

Les espics sont à Cerès,
Aux dieux bouquins les forets,
A Chlore l'herbe nouvelle,
A Phebus le verd laurier,
A Minerve l'olivier,
Et le beau pin à Cybelle :

Aux Zephyres le doux bruit ;
A Pomone le doux fruit,
L'onde aux Nymphes est sacrée,
A Flore les belles fleurs :
Mais les soucis et les pleurs
Sont sacrez à Cytherée.[2]

---

1. Éd. P. Bl., t. II, p. 268.
2. 73., *Id. id.*, p. 270.

Le petit enfant Amour
Cueilloit des fleurs à l'entour
D'une ruche, où les avettes
Font leurs petites logettes.

Comme il les alloit cueillant,
Une avette sommeillant
Dans le fond d'une fleurette
Luy piqua la main douillette.

Si tost que piqué se vit :
Ah! je suis perdu (ce dit);
Et s'en-courant vers sa mere
Luy montra sa playe amere :

Ma mere, voyez ma main,
Ce disoit Amour tout plein
De pleurs, voyez quelle enflure
M'a fait une esgratignure !

Alors Venus se sou-rit,
Et en le baisant le prit,
Puis sa main luy a souflée
Pour guarir sa playe enflée.

Qui t'a, dy-moy, faux garçon,
Blessé de telle façon?
Sont-ce mes Graces riantes
De leurs aiguilles poignantes?

Nenny, c'est un serpenteau,
Qui vole au printemps nouveau
Avecque deux ailerettes
Çà et là sur les fleurettes.

Ah! vrayment je le cognois
(Dit Venus); les villageois
De la montagne d'Hymette
Le surnomment Melissette.

Si donques un animal
Si petit fait tant de mal,
Quand son halesne espoinçonne
La main de quelque personne;

Combien fais-tu de douleur
Au prix de luy, dans le cœur
De celuy en qui tu jettes
Tes venimeuses sagettes?[1]

Imité d'Anacréon, mais à la manière de La Fontaine, c'est-à-dire avec liberté et originalité. Par exemple, si Vénus *souffle* sur la main de son fils pour le guérir, si elle lui dit : Qui t'a blessé de telle façon?

---

1. Éd. P. Bl., t. II, p. 270.

Sont-ce mes Grâces riantes
De leurs aiguilles poignantes?

c'est à Ronsard qu'il faut en savoir gré, car ni Anacréon ni Théocrite n'en disent mot.

Nagueres chanter je voulois
Comme Francus au bord Gaulois
Avec sa troupe vint descendre :
Mais mon luth pincé de mon doy
Ne vouloit en despit de moy
Que chanter Amour et Cassandre.

Je pensois (d'autant que tousjours
J'avois dit sur luy mes amours)
Que ses cordes par long usage
Chantoient d'Amour, et qu'il falloit
En mettre d'autres, s'on vouloit
Luy apprendre un autre langage.

Dès la mesme heure il n'y eut fust,
Ny archet qui changé ne fust,
Ny chevilles, ny chanterelles :
Mais après qu'il fut remonté,
Plus fort que devant a chanté
D'autres amours toutes nouvelles.

Or adieu donc, prince Francus,
Ta gloire sous tes murs vaincus
Se cachera tousjours pressée,

Si à ton neveu, nostre roy,
Tu ne dis qu'en l'honneur de toy
Il face ma lyre crossée.[1]

Imité de la première ode d'Anacréon. Seulement, à la différence d'Anacréon, Ronsard finit par demander assez plaisamment au roi qu'il le fasse évêque.[2]

1. Éd. P. Bl., t. II, p. 273.
2. Ou plutôt abbé. Il pouvait bien aspirer à la crosse abbatiale, mais non à la crosse épiscopale. (L. M.)

Dieu vous gard, messagers fidelles
Du printemps, vistes arondelles,
Huppes, cocus,[1] rossignolets,
Tourtres,[2] et vous oiseaux sauvages
Qui de cent sortes de ramages
Animez les bois verdelets !

Dieu vous gard, belles pâquerettes,
Belles roses, belles fleurettes,
Et vous, boutons jadis cognus
Du sang d'Ajax et de Narcisse :
Et vous, thym, anis et melisse,
Vous soyez les bien revenus.

Dieu vous gard, troupe diaprée
De papillons, qui par la prée
Les douces herbes suçotez :
Et vous, nouvel essain d'abeilles
Qui les fleurs jaunes et vermeilles
De vostre bouche baisotez !

1. Coucous.
2. Tourterelles.

Cent mille fois je resalue
Vostre belle et douce venue :
O que j'aime ceste saison
Et ce doux caquet des rivages,
Au prix des vents et des orages
Qui m'enfermoient en la maison.[1]

1. Éd. P. Bl., t. II, p. 274.

A UN AUBESPIN.

Bel aubespin verdissant,
  Fleurissant
Le long de ce beau rivage,
Tu es vestu jusqu'au bas
  Des longs bras
D'une lambrunche sauvage.

Deux camps de rouges fourmis
  Se sont mis
En garnison sous ta souche :
Dans les pertuis de ton tronc
  Tout du long
Les avettes ont leur couche.

Le chantre rossignolet
  Nouvelet,
Courtisant sa bien-aimée,
Pour ses amours alleger,
  Vient loger
Tous les ans en ta ramée.

Sur ta cyme il fait son ny
  Tout uny

De mousse et de fine soye,
Où ses petits esclorront,
Qui seront
De mes mains la douce proye.

Or vy, gentil aubespin,
Vy sans fin,
Vy sans que jamais tonnerre,
Ou la coignée, ou les vents,
Ou les temps
Te puissent ruer par terre.[1]

Chef-d'œuvre de gentillesse et de fraîcheur. — *D'une lambrunche sauvage,* vigne sauvage, *labrussa.*

1. Éd. P. Bl., t. II, p. 275.

A REMY BELLEAU.

Du grand Turc je n'ay soucy
Ny du grand Tartare aussi :
L'or ne maistrise ma vie :
Aux roys je ne porte envie :
Je n'ay soucy que d'aimer
Moy-mesme et me parfumer
D'odeurs, et qu'une couronne
De fleurs le chef m'environne.
Je suis, mon BELLEAU, celuy
Qui veux vivre ce jourd'huy :
L'homme ne sçauroit cognoistre
Si un lendemain doit estre.

Vulcan, en faveur de moy
Je te pri', despesche-toy
De me tourner une tasse,
Qui de profondeur surpasse
Celle du vieillard Nestor :
Je ne veux qu'elle soit d'or;
Sans plus fay-la-moy de chesne,
Ou de lierre, ou de fresne.

Ne m'engrave point dedans
Ces grands panaches pendans,

Plastrons, morions, ni armes :
Qu'ay-je soucy des allarmes,
Des assaux et des combas?

Aussi ne m'y grave pas
Ny le soleil ny la lune,
Ny le jour, ny la nuict brune,
Ny les astres, ny les Ours :[1]
Je n'ay souci de leurs cours,
Encore moins de leur Charrette,
D'Orion, ny de Boëte.

Mais pein-moy, je te suppli,
D'une treille le repli
Non encore vendangée :
Peins une vigne chargée
De grapes et de raisins;
Peins-y des fouleurs de vins,
Le nez et la rouge trongne
D'un Silene et d'un yvrongne.[2]

Imité de deux odes d'Anacréon réunies en une seule.

1. Les Ourses, constellations.
2. Éd. P. Bl., t. II, p. 276.

Les Muses lierent un jour
De chaisnes de roses Amour,
Et pour le garder, le donnerent
Aux Graces et à la Beauté,
Qui voyant sa desloyauté
Sur Parnasse l'emprisonnerent.

Si tost que Venus l'entendit,
Son beau ceston elle vendit
A Vulcan, pour la delivrance
De son enfant, et tout soudain,
Ayant l'argent dedans la main,
Fit aux Muses la reverence.

Muses, deesses des chansons,
Quand il faudroit quatre rançons
Pour mon enfant, je les apporte;
Delivrez mon fils prisonnier :
Mais les Muses l'ont fait lier
D'une chaisne encore plus forte.

Courage donques, Amoureux,
Vous ne serez plus langoureux;

Amour est au bout de ses ruses ;
Plus n'oseroit ce faux garçon
Vous refuser quelque chanson,
Puisqu'il est prisonnier des Muses.[1]

Imité d'Anacréon, mais avec supériorité. L'idée de faire vendre à Vénus sa ceinture est de Ronsard ; la conclusion de la pièce, *Courage donques, Amoureux,* lui appartient encore.

1. Éd, P. Bl., t. II, p. 285.

Pourtant si j'ay le chef plus blanc
Que n'est d'un lys la fleur esclose,
Et toy le visage plus franc
Que n'est le bouton d'une rose,

Pour cela moquer il ne faut
Ma teste de neige couverte :
Si j'ai la teste blanche en haut,
L'autre partie est assez verte.

Ne sçais-tu pas, toy qui me fuis,
Que pour bien faire une couronne
Ou quelque beau bouquet, d'un lis
Tousjours la rose on environne?[1]

Toujours d'Anacréon.

1. Éd. P. Bl., t. II, p. 286.

Plusieurs de leurs corps desnuez
Se sont veus en diverse terre,
Miraculeusement muez,
L'un en serpent et l'autre en pierre ;

L'un en fleur, l'autre en arbrisseau,
L'un en loup, l'autre en colombelle :
L'un se vid changer en ruisseau,
Et l'autre devint arondelle.

Mais je voudrois estre miroir
Afin que tousjours tu me visses :
Chemise je voudrois me voir,
Afin que souvent tu me prisses.

Volontiers eau je deviendrois,
Afin que ton corps je lavasse :
Estre du parfum je voudrois,
Afin que je te parfumasse.

Je voudrois estre le riban
Qui serre ta belle poitrine :
Je voudrois estre le carquan
Qui orne ta gorge yvoirine.

Je voudrois estre tout autour
Le coral que tes levres touche,
Afin de baiser nuict et jour
Tes belles levres et ta bouche. [1]

D'Anacréon.

1. Éd. P. Bl., t. II, p. 287.

Pourquoy, comme une jeune poutre [1]
De travers guignes-tu vers moy?
Pourquoy farouche, fuis-tu outre
Quand je veux approcher de toy?

Tu ne veux souffrir qu'on te touche,
Et ne veux souffrir que la main
D'un escuyer, ouvrant ta bouche,
T'apprivoise dessous le frein ;

Puis te voltant à toute bride,
Ton corps addresseroit au cours,
Et, te piquant, seroit ton guide
Par la carriere des amours.

Mais bondissant tu ne fais ores
Que suivre des prez la fraicheur,
Pource que tu n'as point encores
Trouvé quelque bon chevaucheur. [2]

D'Anacréon.

1. Poutre, jument.
2. Éd. P. Bl., t. II, p. 288.

ODELETTE.

Janne, en te baisant tu me dis
Que j'ay le chef à demy gris,
Et tousjours me baisant tu veux
De l'ongle oster mes blancs cheveux,
Comme si le poil blanc ou noir
Sur le baiser avoit pouvoir.

Mais, Janne, tu te trompes fort,
Un cheveul blanc est assez fort
Pour te baiser, pourveu que point
Tu ne vueilles de l'autre poinct. [1]

Ceci rappelle l'épigramme de Martial :

Quid me, Thaï, senem subindè dicis?
Nemo est, Thaï, senex ad irrumandum.

1. Éd. P. Bl., t. II, p. 291.

LOUANGES DE LA ROSE.

Verson ces roses en ce vin,
En ce bon vin verson ces roses,
Et boivon l'un à l'autre afin
Qu'au cœur nos tristesses encloses
Prennent, en boivant, quelque fin.

La belle rose du printemps,
AUBERT, admoneste les hommes
Passer joyeusement le temps,
Et, pendant que jeunes nous sommes,
Esbatre la fleur de nos ans.

Tout ainsi qu'elle defleurit
Fanie en une matinée,
Ainsi nostre age se flestrit,
Las! et en moins d'une journée
Le printemps d'un homme perit.

Ne veis-tu pas hier BRINON
Parlant et faisant bonne chere,
Qui, las! aujourd'huy n'est sinon
Qu'un peu de poudre en une biere,
Qui de luy n'a rien que le nom?

Nul ne desrobe son trespas ;
Charon serre tout en sa nasse ;
Roys et pauvres tombent là bas :
Mais cependant le temps se passe,
Rose, et je ne te chante pas.

La rose est l'honneur d'un pourpris,
La rose est des fleurs la plus belle,
Et dessus toutes a le pris :
C'est pour cela que je l'appelle
La violette de Cypris.

La rose est le bouquet d'Amour,
La rose est le jeu des Charites ;
La rose blanchit tout autour
Au matin de perles petites,
Qu'elle emprunte du poinct du jour.

La rose est le parfum des dieux,
La rose est l'honneur des pucelles,
Qui leur sein beaucoup aiment mieux
Enrichir de roses nouvelles,
Que d'un or tant soit precieux.

Est-il rien sans elle de beau?
La rose embellit toutes choses :
Venus de roses a la peau,
Et l'Aurore a les doigts de roses,
Et le front le Soleil nouveau.

Les Nymphes de rose ont le sein,
Les coudes, les flancs et les hanches :

Hebé de roses a la main,
Et les Charites, tant soient blanches,
Ont le front de roses tout plein.

Que le mien en soit couronné,
Ce m'est un laurier de victoire :
Sus, appelon le deux-fois-né,
Le bon Pere, et le faison boire,
De cent roses environné.

Bacchus, espris de la beauté
Des roses aux feuilles vermeilles,
Sans elle n'a jamais esté,
Quand en chemise sous les treilles
Il boit au plus chaud de l'esté [1].

Verson ces roses en ce vin. Ce commencement est imité d'Anacréon *passim*, et de l'épigramme de Martial :

> Sextantes, Calliste, duos infunde falerni,
>   Et super æstivas, Alcine, funde nives.
> Pinguescat nimio madidus mihi crinis amomo,
>   Lassenturque rosis tempora sutilibus.
> Jam vicina jubent nos vivere mausolæa,
>   Cum doceant ipsos posse perire deos.

La rose est l'honneur d'un pourpris. Tout le reste est une imitation de l'ode d'Anacréon où le poète amoureux et buveur célèbre la rose. Ronsard a lié cette seconde imitation à la précédente par une transition pleine de naturel et d'à-propos :

> Mais cependant le temps se passe,
> Rose, et je ne te chante pas.

Ici le rhythme est encore inventé.

LOUANGES

DE LA ROSE ET DE LA VIOLETTE.

Sur tous parfums j'aime la rose
Dessur l'espine en may declose,
Et l'odeur de la belle fleur
Qui de sa premiere couleur
Pare la terre, quand la glace
Et l'hyver au soleil font place.

Les autres boutons vermeillets,
La giroflée et les œillets,
Et le bel esmail qui varie
L'honneur gemmé d'une prairie
En mille lustres s'esclatant,
Ensemble ne me plaisent tant
Que fait la rose pourperette,
Et de mars la blanche fleurette.

Que sçauroy-je, pour le doux flair
Que je sens au moyen de l'air,
Prier pour vous deux, autre chose,
Sinon que, toy, bouton de rose,
Du teint de honte accompagné,
Sois tousjours en may rebaigné

De la rosée qui doux glisse,
Et jamais juin ne te fanisse?
Ny à toy, fleurette de mars,
Jamais l'hyver, lors que tu pars
Hors de la terre, ne te face
Pancher morte dessus la place?

Ains tousjours, maugré la froideur,
Puisses-tu de ta soefve odeur
Nous annoncer que l'an se vire
Plus doux vers nous, et que Zephyre
Après le tour du fascheux temps
Nous ramene le beau printemps![1]

1. Éd. P. Bl., t. II, p. 342.

Nous ne tenons en nostre main
Le jour qui suit le lendemain :
La vie n'a point d'asseurance,
Et pendant que nous desirons
La faveur des roys, nous mourons
Au milieu de nostre esperance.

L'homme après son dernier trespas
Plus ne boit ne mange là bas,
Et sa grange qu'il a laissée
Pleine de blé devant sa fin
Et sa cave pleine de vin
Ne luy viennent plus en pensée.

Hé! quel gain apporte l'esmoy?
Va, Corydon, appreste-moy
Un lict de roses espanchées :
Il me plaist, pour me defascher,
A la renverse me coucher
Entre les pots et les jonchées.

Fay-moy venir Daurat icy,
Fais-y venir Jodelle aussi,
Et toute la Musine troupe :

Depuis le soir jusqu'au matin
Je veux leur donner un festin,
Et cent fois leur tendre la coupe.

Verse donc et reverse encor
Dedans cette grand coupe d'or :
Je vay boire à HENRY ESTIENNE,
Qui des enfers nous a rendu
Du vieil Anacreon perdu
La douce lyre Teïenne.

A toi, gentil Anacreon,
Doit son plaisir le biberon,
Et Bacchus te doit ses bouteilles ;
Amour son compagnon te doit,
Venus et Silene qui boit
L'esté dessous l'ombre des treilles.[1]

Je vay boire à Henry Estienne. L'illustre, le savant, le spirituel et malheureux Henry Estienne, fut, comme on sait, le premier éditeur et imprimeur d'Anacréon. — *Amour son compagnon te doit.* L'inversion rend ces trois derniers vers amphibologiques ; voici comme je les entends : *Bacchus te doit ses bouteilles, son compagnon Amour, ainsi que Vénus et Silène.*

1. Éd. P. Bl., t. II, p. 352

Mon Choiseul, leve tes yeux,
Ces mesmes flambeaux des cieux,
Ce soleil et ceste lune,
C'estoit la mesme commune
Qui luisoit à nos ayeux.

Mais rien ne se perd là haut,
Et le genre humain defaut
Comme une rose pourprine,
Qui languit dessus l'espine
Si tost qu'elle sent le chaud.

Nous ne devons esperer
De tousjours vifs demeurer,
Nous, le songe d'une vie :
Qui, bons dieux, auroit envie
De vouloir tousjours durer?

Non, ce n'est moy qui veux or
Vivre autant que fit Nestor :
Quel plaisir, quelle liesse
Reçoit l'homme en sa vieillesse,
Eust-il mille talens d'or?

L'homme vieil ne peut marcher,
N'ouyr, ne voir, ni mascher :
C'est une idole enfumée
Au coin d'une cheminée,
Qui ne fait rien que cracher.

Il est tousjours en courroux.
Bacchus ne luy est plus doux,
Ny de Venus l'accointance :
En lieu de mener la dance,
Il tremblotte des genoux.

Si quelque force ont mes vœux,
Escoutez, dieux ! je ne veux
Attendre qu'une mort lente
Me conduise à Rhadamante
Avecques des blancs cheveux.

[Aussi je ne veux mourir
Ores que je puis courir,
Ouir, parler, boire et rire,
Danser, jouer de la lyre,
Et de plaisirs me nourrir.]

Ah ! qu'on me feroit grand tort
De me trainer voir le bord,
Ce jourd'huy, du fleuve courbe,
Qui là bas reçoit la tourbe
Qui tend les bras vers le port !

Car je vis : et c'est grand bien
De vivre, et de vivre bien,

Faire envers Dieu son office,
Faire à son prince service,
Et se contenter du sien.

Celuy qui vit en ce poinct,
Heureux ne convoite point
Du peuple estre nommé Sire,
D'adjoindre au sien un empire,
De trop d'avarice espoinct.

Celuy n'a soucy quel roy
Tyrannise sous sa loy
Ou la Perse ou la Syrie,
Ou l'Inde ou la Tartarie :
Car celuy vit sans esmoy :

Ou bien s'il a quelque soin,
C'est de s'endormir au coin
De quelque grotte sauvage,
Ou le long d'un beau rivage,
Tout seul, se perdre bien loin ;

Et soit à l'aube du jour,
Ou quand la nuict fait son tour
En sa charrette endormie,
Se souvenant de s'amie,
Tousjours chanter de l'amour.[1]

Rhythme inventé.

1. Éd. P. Bl., t. II, p. 353.

Quand je veux en amour prendre mes passe-temps,
M'amie, en se moquant, laid et vieillard me nomme :
Quoy, dit-elle, reveur, tu as plus de cent ans,
Et tu veux contrefaire encore le jeune homme?
Tu ne fais que hennir, tu n'as plus de vigueur,
Ta couleur est d'un mort qu'on devale en la fosse :
Vraye est, quand tu me vois, tu prens un peu de cœur :
Un cheval genereux ne devient jamais rosse.
Si tu le veux savoir prens ce miroir, et voy
Ta barbe en tous endroits de neige parsemée,
Ton œil qui fait la cire espesse comme un doy,
Et ta face qui semble une idole enfumée.
Alors je lui respons : Quant à moy je ne sçay
Si j'ai l'œil chassieux, si j'ai perdu courage,
Si mes cheveux sont noirs ou si blancs je les ay;
Il n'est plus temps d'apprendre à mirer mon visage.
Mais puis que mon corps doit sous la terre moisir
Bien tost, et que Pluton victime le veut prendre,
Plus il me faut haster de ravir le plaisir,
D'autant plus que ma vie est proche de sa cendre.[1]

D'Anacréon.

1. Éd. P. Bl., t. II, p. 357.

Si tost que tu sens arriver
La froide saison de l'hyver,
En octobre, douce arondelle,
Tu t'en voles bien loin d'icy ;
Puis quand l'hyver est adoucy,
Tu retournes toute nouvelle.

Mais Amour, oyseau comme toy,
Ne s'enfuit jamais de chez moy :
Tousjours mon hoste je le trouve :
Il se niche en mon cœur tousjours,
Et pond mille petits Amours,
Qu'au fond de ma poitrine il couve.

L'un a des ailerons au flanc,
L'autre de duvet est tout blanc,
Et l'autre dans le nid s'essore :
L'un de la coque à demy sort,
Et l'autre en becquette le bort,
Et l'autre est dans la glaire encore.

J'entens, soit de jour, soit de nuit,
De ces petits Amours le bruit,
Béans pour avoir la bechée,
Qui sont nouris par les plus grans,

Et grands devenus tous les ans
Font une nouvelle nichée.

Quel remede auroy-je, Brinon,
Encontre tant d'Amours, sinon
(Puis que d'eux je me desespere)
Pour soudain guarir ma langueur,
D'une dague m'ouvrant le cœur,
Tuer les petits et la mere?[1]

D'Anacréon.

1. Éd. P. Bl., t. II, p. 357.

La belle Venus un jour
M'amena son fils Amour;
Et l'amenant me vint dire :
Escoute, mon cher RONSARD,
Enseigne à mon enfant l'art
De bien jouer de la lyre.

Incontinent je le pris,
Et soigneux je luy appris
Comme Mercure eut la peine
De premier la façonner,
Et de premier en sonner
Dessus le mont de Cyllene :

Comme Minerve inventa
Le hautbois, qu'elle jetta
Dedans l'eau toute marrie :
Comme Pan le chalumeau,
Qu'il pertuisa du roseau
Formé du corps de s'amie.

Ainsi, pauvre que j'estois,
Tout mon art je recordois
A cét enfant pour l'apprendre :
Mais luy, comme un faux garson,
Se moquoit de ma chanson,
Et ne la vouloit entendre.

Pauvre sot, ce me dit-il,
Tu te penses bien subtil !
Mais tu as la teste fole
D'oser t'egaler à moy,
Qui jeune en sçay plus que toy,
Ny que ceux de ton escole.

Et alors il me sourit,
Et en me flattant m'apprit
Tous les œuvres de sa mere,
Et comme, pour trop aimer,
Il avoit fait transformer
En cent figures son pere.

Il me dit tous ses attraits,
Tous ses jeux, et de quels traits
Il blesse les fantaisies
Et des hommes et des dieux,
Tous ses tourmens gracieux,
Et toutes ses jalousies.

Et me les disant alors
J'oubliai tous les accors
De ma lyre desdaignée,
Pour retenir en leur lieu
L'autre chanson que ce dieu
M'avoit par cœur enseignée[1].

Imité de Bion. Rien de plus simple, de plus pur et de mieux senti que cette jolie pièce.

1. Éd. P. Bl., t. II, p. 360.

ODELETTE.

Cependant que ce beau mois dure,
Mignonne, allon sur la verdure,
Ne laisson perdre en vain le temps :
L'age glissant qui ne s'arreste,
Meslant le poil de nostre teste,
S'enfuit ainsi que le printemps.

Donq cependant que nostre vie
Et le temps d'aimer nous convie,
Aimon, moissonnon nos desirs,
Passon l'amour de veine en veine :
Incontinent la mort prochaine
Viendra desrober nos plaisirs.[1]

Moissonner ses désirs, passer l'amour de veine en veine, expressions neuves et créées.

1. Éd. P. Bl., t. II, p. 365.

Le boiteux Mary de Venus,
Le maistre des Cyclopes nus
Rallumoit un jour les flameches
De sa forge, afin d'eschauffer
Une grande masse de fer
Pour en faire à l'Amour des fleches.

Venus les trempoit dans du miel,
Amour les trempoit dans du fiel,
Quand Mars, retourné des alarmes,
En se moquant les mesprisoit,
Et branlant sa hache, disoit :
Voicy bien de plus fortes armes.

Tu t'en ris donq, luy dit Amour,
Vrayment tu sentiras un jour
Combien leur poincture est amere,
Quand d'elles blessé dans le cœur,
(Toy qui fais tant du belliqueur)
Languiras au sein de ma mere[1].

Imité d'Anacréon.

1. Ed. P. Bl., t. II, p. 368.

MAGIE

OU DELIVRANCE D'AMOUR.

Sans avoir lien qui m'estraigne,
Sans cordons, ceintures ni nouds,
Et sans jartiere à mes genous
Je viens dessus ceste montaigne;

Afin qu'autant soit relasché
Mon cœur d'amoureuses tortures,
Comme de nœuds et de ceintures
Mon corps est franc et detaché.

Venez tost, aërins gendarmes;
Demons, volez à mon secours;
Je quitte, apostat des amours,
La solde, le camp et les armes.

Vents qui meuvez l'air vostre amy,
Enfans engendrez de la Seine,
En l'Ocean noyez ma peine :
Noyez Amour mon ennemy.

Va-t'en habiter tes Cytheres,
Ton Paphos, prince Idalien :

ODES.

Icy pour rompre ton lien
Je n'ay besoin de tes mysteres.

Anterot, preste-moy la main,
Enfonce tes fleches diverses;
Il faut que pour moy tu renverses
Ce boute-feu du genre humain.

Je te pry, grand dieu, ne m'oublie :
Sus, page, verse à mon costé
Le sac que tu as apporté,
Pour me guarir de ma folie.

Brusle ce soufre et cet encens :
Comme en l'air je voy consommée
Leur vapeur, se puisse en fumée
Consommer le mal que je sens.

Verse-moy l'eau de ceste esguiere;
Et comme à bas tu la respans,
Qu'ainsi coule en ceste riviere
L'amour, duquel je me repens.

Ne tourne plus ce devideau :
Comme soudain son cours s'arreste,
Ainsi la fureur de ma teste
Ne tourne plus en mon cerveau.

Laisse dans ce genievre prendre
Un feu s'enfumant peu à peu :
Amour! je ne veux plus de feu,
Je ne veux plus que de la cendre.

Vien viste, enlasse-moy le flanc,
Non de thym, ny de marjolaine,
Mais bien d'armoise et de vervaine,
Pour mieux me rafraischir le sang.

Verse du sel en ceste place :
Comme il est infertile, ainsi
L'engeance du cruel soucy
Ne couve en mon cœur plus de race.

Romps devant moy tous ses presens,
Cheveux, gands, chifres, escriture,
Romps ses lettres et sa peinture,
Et souffle les morceaux aux vens.

Vien donc, ouvre-moy ceste casge,
Et laisse vivre en libertez
Ces pauvres oiseaux arrestez,
Ainsi que j'estois, en servage.

Passereaux, volez à plaisir,
De ma cage je vous delivre,
Comme desormais je veux vivre
Au gré de mon premier desir.

Vole, ma douce tourterelle,
Le vray symbole d'amitié ;
Je ne veux plus d'une moitié
Me feindre une plainte nouvelle.

Pigeon, comme tout à l'entour
Ton corps emplumé je desplume,

ODES.

Puissé-je, en ce feu que j'allume,
Deplumer les ailes d'Amour.

Je veux à la façon antique
Bastir un temple de cyprès,
Où d'Amour je rompray les traits
Dessus l'autel Anterotique.

Vivant il ne faut plus mourir,
Il faut du cœur s'oster la playe :
Dix lustres veulent que j'essaye
Le remede de me guarir.

Adieu, Amour, adieu tes flames,
Adieu ta douceur, ta rigueur,
Et bref, adieu toutes les dames
Qui m'ont jadis bruslé le cœur.

Adieu le mont Valerien
Montagne par Venus nommée,
Quand Francus conduit son armée
Dessus le bord Parisien.[1]

Anterot, preste-moy la main. Anterot est pris pour une divinité contraire à l'Amour. — *Adieu le mont Valerien.* On ne voit pas trop par quelle transformation *Valerien* vient de *Vénus ;* mais il n'y faut pas regarder de si près en cette sorte de ballade fantastique, où Ronsard a mis en œuvre toute la liturgie de l'antiquité, en y ajoutant quelques cérémonies de sa propre invention.

1. Éd. P. Bl., t. II, p. 372.

LA FRANCIADE.

Ce serait ici le lieu de donner des extraits du célèbre poëme de *la Franciade*, s'il valait la peine qu'on s'y arrêtât. Ronsard l'entreprit encore jeune, sous le règne de Henri II, afin qu'on ne pût reprocher à la France de manquer d'un poëme épique. Charles IX le soutint vivement dans cette résolution; mais après la mort de ce prince, comme l'état des finances ne permettait plus les gratifications, le poëme en souffrit beaucoup et demeura inachevé. Il devait avoir vingt-quatre chants, comme l'*Iliade,* et tel qu'il nous reste, il n'en a que quatre. Ronsard n'eut jamais le courage d'aller au delà, et, quand on en a essayé la lecture, on conçoit aisément son dégoût. C'est une suite mal tissue, une mosaïque laborieuse de tous les lieux communs épiques de l'antiquité.

Francus ou Francion, fils d'Hector et d'Andromaque, a échappé au sac de Troie par la protection de Jupiter, et a été élevé à Buthrote, en Épire, près de sa mère et sous la surveillance de son oncle Hélénin. Son éducation terminée, Jupiter envoie Mercure annoncer aux parents les hautes destinées du jeune héros, qui ne tarde pas à s'embarquer avec une belle armée de Troyens. Mais l'éternelle colère de Junon et de Neptune soulève les flots, et Francion, ayant perdu tous ses vaisseaux, échoue en Crète, où il est courtoisement reçu par le roi Dicée. Ce Dicée a un fils, Orée, qui vient de tomber aux mains du géant Phovère, et que Francion délivre. Il a aussi deux filles, Clymène et Hyante, qui deviennent l'une et l'autre amoureuses du noble étranger. Hyante est préférée, et sa sœur, de désespoir, se jette à la mer, où elle se change en déesse marine. Au reste, ce n'est guère par amour que Francus a donné la préférence à Hyante ; mais Cybèle, transformée en Turnien, compagnon de Francus, lui a conseillé de s'attacher à cette jeune princesse, qui connaît les augures et pourra lui révéler l'avenir de sa race. Au quatrième livre, en effet, Hyante consent à évoquer les ombres infernales ; elle prophétise à Francus son voyage en Gaule, la fondation du royaume très-chrétien, et trace en détail le résumé historique du règne des Mérovingiens et des Carlovingiens.

C'est là que s'arrête ce poëme peu regrettable. Les envieux de Ronsard firent des épigrammes contre lui et le raillèrent de tant de promesses fastueuses qui n'avaient abouti à rien. Ses amis le vengèrent en louant outre mesure ces quatre premiers livres si froids et si ennuyeux. Chose assez remarquable, ils sont écrits en vers de dix syllabes, et non pas en alexandrins. Ronsard va même dans sa préface jusqu'à refuser aux alexandrins le caractère héroïque qu'il leur avait autrefois attribué. « Depuis ce temps, dit-il, j'ay veu, cogneu et pratiqué par longue experience que je m'estois abusé ; car ils sentent trop la prose très-facile et sont trop enervés et flasques, si ce n'est pour les traductions, auxquelles, à cause de leur longueur, ils servent de beaucoup pour interpreter les sens de l'autheur qu'on entreprend. Au reste, ils ont trop de caquet, s'ils ne sont bastis de la main d'un bon artisan qui les face, autant qu'il luy sera possible, hausser, comme les peintures relevées, et quasi separer du langage commun, les ornant et les enrichissant de figures, etc., etc. »

Il y a dans tout ceci une singulière confusion, et cette querelle suscitée à l'alexandrin témoigne chez Ronsard plus de bonne foi que de saine critique. Il lui convenait moins qu'à personne de médire de l'alexandrin, qu'il avait tiré de l'oubli et dont il faisait d'ordinaire un usage si bien entendu. Quand ce vers se serait par instant rapproché de la prose, le malheur n'était pas grand, et il fallait plutôt y voir un avantage. Certes, s'il n'avait eu que ce défaut, il n'aurait pas mérité la guerre piquante que lui ont déclarée de spirituels écrivains de nos jours, M. de Stendhal dans ses divers ouvrages, et M. Prosper Duvergier dans *le Globe*. Sur cet alexandrin officiel et solennel, sur cette espèce de perruque à la Louis XIV, symétriquement partagée en deux moitiés égales, toute plaisanterie est légitime, et nous sommes le premier à y applaudir. Mais l'autre alexandrin, celui de Ronsard, de Baïf et de Régnier, celui des Victor Hugo, des Lebrun, des Barthélemy et Méry, celui-là nous semble un instrument puissant et souple, élastique et résistant, un ressort en un mot qui, tout en cédant à la pensée, la condense et l'enserre. A moins d'en vouloir mortellement au vers, on doit être satisfait d'une forme si heureuse. Cette petite digression nous a un peu éloigné de Ronsard et de sa *Franciade*. Nous n'en extrairons aucun morceau ; nous nous bornerons à citer plusieurs passages curieux de sa préface, qui donneront une idée indirecte, mais suffisante, de l'œuvre : car ici l'œuvre a été rigoureusement déduite des principes de la préface.

PRÉFACE DE LA FRANCIADE

...Les excellens poëtes nomment peu souvent les choses par leur nom propre. Virgile, voulant descrire le jour ou la nuict, ne dit point simplement et en paroles nues : Il estoit jour, il estoit nuict ; mais par belles circonlocutions,

> Postera Phæbea lustrabat lampade terras,
> Humentemque Aurora polo dimoverat umbram.

...Labourer, *vertere terram*. Filer, *tolerare vitam colo, tenuique Minerva*. Le pain, *dona laboratæ Cereris*. Le vin, *pocula Bacchi*. Telles semblables choses sont plus belles par circonlocutions que par leurs propres noms : mais il en faut sagement user : car autrement tu rendrois ton ouvrage plus enflé et boufi que plein de majesté. Tu n'oublieras les descriptions du lever et coucher du soleil, les Signes qui se levent et couchent avec luy, ny les serenitez, orages et tempestes...

...Tu enrichiras ton poëme par varietez prises de la nature, sans extravaguer comme un frenetiq. Car pour vouloir trop eviter, et du tout te bannir du parler vulgaire, si tu veux voler sans consideration par le travers des nues et faire des grotesques, Chimeres et monstres, et non une naïfve et naturelle poësie, tu seras imitateur d'Ixion, qui engendra des phantosmes au lieu de legitimes et naturels enfans. Tu dois d'avantage, lecteur, illustrer ton œuvre de paroles recherchées et choisies et d'argumens renforcez, tantost par fables, tantost par quelques vieilles histoires, pourveu qu'elles soient briefvement escrites et de peu de discours, l'enrichissant d'epithetes significatifs et non oisifs, c'est à dire qui servent à la substance des vers, et par excellentes, et toutefois rares, sentences : car si les sentences sont trop frequentes en ton œuvre heroïque, tu le rendras monstrueux, comme si tout ton corps n'estoit composé que d'yeux et non d'autres membres, qui servent beaucoup au commerce de nostre vie : si ce n'estoit en la tragedie et comedie, lesquelles sont du tout didascaliques et enseignantes, et qu'il faut qu'en peu de paroles elles enseignent beaucoup, comme mirouers de la vie humaine, d'autant qu'elles sont bornées et limitées de peu d'espace, c'est à dire d'un jour entier.

Les plus excellens maistres de ce mestier les commencent d'une minuict à l'autre, et non du poinct du jour au soleil couchant, pour avoir plus d'estendue et de longueur de temps.

Le poëme heroïque, qui est tout guerrier, comprend seulement les actions d'une année entiere, et semble que Virgile y ait failly, selon que luy-mesme l'escrit :

> Annuus exactis completur mensibus orbis,
> Ex quo reliquias diviniquc ossa parentis
> Condidimus terra.

Il y avoit desja un an passé quand il fit les jeux funebres de son pere en Sicile, et toutefois il n'aborda de long tems après en Italie.

Tous ceux qui escrivent en carmes, tant doctes puissent-ils estre, ne sont pas poëtes. Il y a autant de difference entre un poëte et un versificateur, qu'entre un bidet et un genereux coursier de Naples, et, pour mieux les accomparer, entre un venerable prophete et un charlatan vendeur de triacles.[1] Il me semble, quand je les voy armez de mesmes bastons que les bons maistres, c'est à dire des mesmes vers, des mesmes couleurs, des mesmes nombres et pieds, dont se servent les bons autheurs, qu'ils ressemblent à ces Hercules desguisez ès tragedies, lesquels acheptent la peau d'un lion chez un peletier, une grosse massue chez un charpentier, et une fausse perruque chez un attiffeur : mais quand ce vient à combattre quelque monstre, la massue leur tombe de la main, et s'enfuyent du combat comme couards et poltrons. Ces versificateurs se contentent de faire des vers sans ornement, sans grace et sans art, et leur semble avoir beaucoup fait pour la republique, quand ils ont composé de la prose rimée. Au contraire, le poëte heroïque invente et forge argumens tous nouveaux, fait entreparler les dieux aux hommes et les hommes aux dieux, fait haranguer les capitaines comme il faut, descrit les batailles et assauts, factions et entreprises de guerre : se mesle de conjecturer les augures, et interpreter les songes : n'oublie les expiations et les sacrifices que l'on doit à la divinité : tantost il est philosophe, tantost medecin, arboriste,[2] anatomiste et jurisconsulte, se servant de l'opinion de toutes sectes, selon que son argument

---

1. *Triacle*, thériaque, drogue.
2. La Fontaine a dit encore :

> Tu veux faire ici l'arboriste
> Et ne fus jamais que boucher.
>
> Liv. V, f. 8.

Depuis, l'usage a prévalu de dire : *herboriste*. Mais : *arboriste*, avait un sens plus étendu. (L. M.)

PRÉFACE DE LA FRANCIADE.

le demande : bref, c'est un homme, lequel comme une mouche à miel delibe et succe toutes fleurs, puis en fait du miel et son profit selon qu'il vient à propos. Il a pour maxime très-necessaire en son art, de ne suivre jamais pas à pas la verité, mais la vraysemblance et le possible ; et sur le possible, et sur ce qui se peut faire, il bastit son ouvrage, laissant la veritable narration aux historiographes, qui poursuivent de fil en esguille, comme on dit en proverbe, leur subject entrepris du premier commencement jusques à la fin. Au contraire, le poëte bien advisé, plein de laborieuse industrie, commence son œuvre par le milieu de l'argument, et quelquefois par la fin : puis il deduit, et poursuit si bien son argument par le particulier accident et evenement de la matiere qu'il s'est proposé d'escrire, tantost par personnages parlans les uns aux autres, tantost par songes, propheties et peintures inserées contre le dos d'une muraille et des harnois, et principalement des boucliers, ou par les dernieres paroles des hommes qui meurent, ou par augures et vol d'oiseaux et phantastiques visions de dieux et de demons, ou monstrueux langages des chevaux navrez à mort : tellement que le dernier acte de l'ouvrage se cole, se lie et s'enchaisne si bien et si à propos l'un dedans l'autre, que la fin se rapporte dextrement et artificiellement au premier poinçt de l'argument. Telles façons d'escrire, et tel art plus divin que humain est particulier aux poëtes, lequel de prime face est caché au lecteur, s'il n'a l'esprit bien rusé pour comprendre un tel artifice. Plusieurs croyent que le poëte et l'historien soient d'un mesme mestier : mais ils se trompent beaucoup, car ce sont divers artisans, qui n'ont rien de commun l'un avecques l'autre, sinon les descriptions des choses, comme batailles, assauts, montaignes, forests et rivieres, villes, assietes de camp, stratagemes, nombre des morts, conseils et pratiques de guerre : en cela, il ne faut point que le poëte faille non plus que l'historien. Au reste, ils n'ont rien de commun (comme j'ay dit) sinon que l'un ni l'autre ne doit jamais mentir contre la verité de la chose, comme a failli Virgile au temps, c'est à dire en la chronique[1], lequel a faict Didon, fille de Belus, estre du temps d'Ænée, encore qu'elle fust cent ans devant pour le moins : mais il inventa telle ruse pour gratifier Auguste et le peuple Romain vainqueur de Carthage, donnant par les imprecations de Didon commencement de haine et de discorde mortelle entre ces deux florissantes nations. La plus grande partie de ceux qui escrivent de nostre temps se trainent enervez à fleur de terre, comme foibles chenilles qui n'ont encor la force de grimper aux faistes des arbres, lesquelles se contentent seulement de paistre la basse humeur de la terre, sans affecter la nourriture des hautes cymes, auxquelles elles ne peuvent atteindre à cause de leur imbecillité. Les autres sont trop empoulez, et presque crevez d'enflures comme hydropiques, lesquels pensent n'avoir rien fait d'excellent, s'il n'est extravagant, creux et bouffy, plein de songes monstrueux et de paroles piafées, qui resemblent plustost à un jargon de gueux, ou de Boëmiens qu'aux paroles d'un citoyen honneste et bien appris. Si tu veux demembrer leurs carmes, tu n'en feras sortir que du vent, non plus que d'une vessie de pourceau pleine de pois, que les petits enfans crevent pour leur servir de jouët.

Les autres plus rusez tiennent le milieu des deux, ny rampans trop bas, ny s'eslevans trop haut au travers des nues, mais qui d'artifice et d'un esprit naturel, elabouré par longues estudes, et principalement par la lecture des bons vieux poëtes grecs et latins, descrivent leurs conceptions

---

1. Chronologie. (L. M.)

PRÉFACE DE LA FRANCIADE.

d'un style nombreux, plein d'une venerable majesté, comme a faict Virgile en sa divine Æneïde. Et n'en cherche plus d'autres, lecteur, en la langue romaine, si ce n'estoit de fortune Lucrece ; mais par ce qu'il a escrit ses frenaisies, lesquelles il pensoit estre vrayes selon sa secte, et qu'il n'a pas basti son œuvre sur la vraysemblance et sur le possible, je lui oste du tout le nom de poëte, encore que quelques vers soient non seulement excellens, mais divins. Au reste, les autres poëtes latins ne sont que naquets[1] de ce brave Virgile, premier capitaine des Muses, non pas Horace mesmes, si ce n'est en quelques-unes de ses odes ; ny Catulle, Tibulle, et Properce, encore qu'ils soient très excellens en leur mestier : si ce n'est Catulle en son Atys, et aux Nopces de Peleus : le reste ne vaut la chandelle. Stace a suivi la vraysemblance en sa Thebaïde. De nostre temps Fracastor s'est monstré très excellent en sa Syphillis, bien que ses vers soient un peu rudes. Les autres vieils poëtes romains, comme Lucain et Silius Italicus, ont couvert l'histoire du manteau de poësie : ils eussent mieux fait, à mon advis, en quelques endroits d'escrire en prose. Claudian est poëte en quelques endroits, comme au Ravissement de Proserpine : le reste de ses œuvres ne sont qu'histoires de son temps, lequel comme les autres s'est plus estudié à l'enflure qu'à la gravité. Car voyans qu'ils ne pouvoient egaler la majesté de Virgile, se sont tournez à l'enflure et à je ne sçais quelle poincte et argutie monstrueuse, estimans les vers estre les plus beaux, ceux qui avoient le visage plus fardé de telle curiosité. Il ne faut s'esmerveiller, si j'estime Virgile plus excellent et plus rond, plus serré et plus parfait que tous les autres, soit que, dès ma jeunesse, mon regent me le lisoit

1. *Naquet*, laquais, valet.

à l'escole, soit que depuis je me sois fait une idée de ses conceptions en mon esprit (portant tousjours son livre à la main), ou soit que l'ayant appris par cœur dès mon enfance, je ne le puisse oublier.

Au reste, lecteur, je te veux bien advertir que le bon poëte jette tousjours le fondement de son ouvrage sur quelques vieilles annales du temps passé, ou renommée inveterée, laquelle a gagné credit au cerveau des hommes. Comme Virgile sur la commune renommée, qu'un certain Troyen nommé Ænée, chanté par Homere, est venu aux bords Laviniens, luy, ses navires et son fils, où depuis Rome fut bastie, encores que ledit Ænée ne vinst jamais en Italie : mais il n'estoit pas impossible qu'il n'y peust venir. Sur telle opinion desja reçue du peuple il bastit son livre de l'Eneide. Homere, auparavant luy, en avoit fait de mesme, lequel, fondé sur quelque vieil conte de son temps de la belle Heleine et de l'armée des Grecs à Troye, comme nous faisons des contes de Lancelot, de Tristan, de Gauvain et d'Artus, fonda là dessus son Iliade. Car les propres noms des capitaines et soldats troyens, qui parloient phrygien et non grec, et avoient les noms de leur nation, monstrent bien comme evidemment ce n'est qu'une fiction de toute l'Iliade, et non verité : comme de Hector, Priam, Polydamas, Antenor, Deïphobus, Cassandre, Helenus, et presque tous les autres, forgez au plaisir d'Homere.

Or imitant ces deux lumieres de poësie, fondé et appuyé sur nos vieilles annales, j'ay basty ma Franciade, sans me soucier si cela est vray ou non, ou si nos roys sont Troyens ou Germains, Scytes ou Arabes ; si Francus est venu en France ou non, car il y pouvoit venir ; me servant du possible, cet non de la verité. C'est le fait d'un historiographe d'esplucher toutes ces considerations, et non aux poëtes, qui ne cherchent que le possible, puis d'une petite scintille font naistre un grand brazier, et d'une petite cassine font un magnifique palais, qu'ils enrichissent, dorent et embellissent par le dehors de marbre, jaspe et porphyre, de guillochis, ovalles, frontispices et pieds-destals, frises et chapiteaux, et par dedans de tableaux, tapisseries eslevées et bossées d'or et d'argent, et le dedans des tableaux ciselez et burinez, raboteux et difficiles à tenir ès mains, à cause de la rude engraveure des personnages qui semblent vivre dedans. Après ils adjoustent vergers et jardins, compartimens et larges allées, selon que les poëtes ont un bon esprit naturel et bien versé en toutes sciences, et digne de leur mestier : car la plupart ne fait rien qui vaille, semblables à ces apprentifs qui ne sçavent que broyer les couleurs, et non pas peindre. Souvienne-toy, lecteur, de ne laisser passer sous silence l'histoire ny la fable appartenant à la matiere, et la nature, force et proprietez des arbres, fleurs, plantes et racines, principalement si elles sont anoblies de quelques vertus non vulgaires, et si elles servent à la medecine, aux incantations et magies, et en dire un mot en passant par quelque demi vers, ou pour le moins par un epithete. Nicandre[1], autheur grec, t'en monstrera le chemin, et Columelle en son Jardin,[2] ouvrage autant excellent que tu le sçaurois desirer. Tu n'oubliras aussi ny les montaignes, forests, rivieres, villes, republiques, havres et ports, cavernes et rochers, tant pour embellir ton œuvre par là, et le faire grossir en un juste volume, que pour te donner reputation et servir de marque à la postérité. Quant aux capitaines et conducteurs d'armées et soldats, tu en

1. *Theriaca et Alexipharmaca,* publiés pour la première fois à Venise, 1499. (L. M.)

2. Le dixième livre de l'ouvrage de Columelle *De re rustica*, consacré à la culture des jardins, est seul versifié. (L. M.)

diras les peres et les meres, ayeux, villes, et habillemens, et leurs naissances, et feras une fable là dessus, s'il en est besoin, comme,

>Hic Ammone satus rapta Garamantide nympha.

Puis, en un autre lieu, parlant d'Hippolyte :

>... Insignem quem mater Aricia misit
>Eductum Egeriæ lucis Hymettia circum
>Littora.

Puis autre part, parlant d'Helenor qui estoit tombé de la tour demy-bruslé :

>......... Quorum primævus Helenor,
>Mæonio regi quem serva Licymnia furtim
>Sustulerat, vetitisque ad Trojam miserat armis.

Quant aux habillemens, tu les vestiras tantost de la peau d'un lion, tantost d'un ours, tantost

>Demissa ab læva pantheræ terga retorquens.

Tu n'oubliras à fortifier et asseurer ton esprit (s'il est en doute) ou par un augure, ou par un oracle, comme,

>At rex sollicitus monstris oracula Fauni
>Fatidici genitoris adit.

Puis,

>Aspice bis senos lætantes agmine cycnos.

Et en une autre part,

>Ecce levis summo de vertice visus Iuli
>Fundere lumen apex.

PRÉFACE DE LA FRANCIADE.

Il ne faut aussi oublier les admonestemens des dieux transformez en vulgaires :

> .... Forma tum vertitur oris
> Antiquum in Buten : hic Dardanio Anchisæ
> Armiger ante fuit.

Tu ne transposeras jamais les paroles ny de ta prose ny de tes vers : car nostre langue ne le peut porter, non plus que le latin un solecisme. Il faut dire : Le roy alla coucher de Paris à Orleans ; et non pas : A Orleans de Paris le roy coucher alla.

J'ai esté d'opinion en ma jeunesse, que les vers qui enjambent l'un sur l'autre n'estoient pas bons en nostre poësie ; toutesfois j'ay cognu depuis le contraire par la lecture des autheurs grecs et romains, comme,

> .... Lavinia venit
> Littora.

J'avois aussi pensé, que les mots finissans par voyelles et diphthongues, et rencontrans après un autre vocable commençant par une voyelle ou diphthongue, rendoient le vers rude : j'ay appris d'Homere et de Virgile, que cela n'estoit point mal-seant, comme *sub Ilio alto, Ionio in magno*. Homere en est tout plein. Je m'asseure que les envieux caqueteront, de quoy j'allegue Virgile plus souvent qu'Homere qui estoit son maistre et son patron : mais je l'ay fait tout exprès, sçachant bien que nos François ont plus de cognoissance de Virgile que d'Homere et d'autres autheurs grecs. Je suis d'advis de permettre quelque licence à nos poëtes françois, pourveu qu'elle soit rarement prise. De là sont venues tant de belles figures que les poëtes en leur fureur ont trouvées, franchissant la loy de grammaire, que depuis les orateurs de sens rassis ont illustrées, et leur ont quasi baillé cours et credit, faisans leur profit de la folie d'autruy.

Quant aux comparaisons dont j'ay parlé au commencement assez briefvement, tu les chercheras des artisans de fer et des veneurs, comme Homere, pescheurs, architectes, massons, et, brief, de tous mestiers dont la nature honore les hommes. Il faut les bien mettre et les bien arranger aux lieux propres de ta poësie : car ce sont les nerfs et tendons des Muses, quand elles sont placées bien à propos, et servantes à la matiere : sinon, elles sont du tout ridicules et dignes du fouët. Ne sois jamais long en tes discours, si ce n'est que tu vueilles faire un livre tout entier de ce mesme subjet. Car la poësie heroïque qui est dramatique, et qui ne consiste qu'en action, ne peut longuement traicter un mesme sujet, mais passer de l'un à l'autre en cent sortes de varietez. Il ne faut oublier de faire, à la mode des anciens, des courtoisies aux estrangers, des magnifiques presens de capitaine à capitaine, de soldat à soldat, tant pour commencer amitié, que pour renouveler l'ancienne, et pour avoir de pere en fils logé les uns chez les autres. Tu embelliras de braves circonstances tes dons, et ne les presenteras tous nuds ny sans ornement, comme le present du roi Latin à Ænée :

Stabant ter centum nitidi in præsepibus altis, etc.

Tu n'oubliras à faire armer les capitaines comme il faut, de toutes les pieces de leurs harnois, soit que tu les appelles par leur nom propre, ou par periphrases : car cela apporte grand ornement à la poësie heroïque.

Tu n'oubliras aussi la piste et battement de pied des chevaux, et representer en tes vers la lueur et la splendeur des armes frappées de la clarté du soleil, et à faire voler les tourbillons de poudre soubs le pied des soldats et des chevaux courants à la guerre, le cry des soldats, froissis de picques, brisement de lances, accrochement de haches, et le son diabolique des canons et harquebuses, qui font trembler la terre, et froisser l'air d'alentour. Si tu veux faire mourir sur le champ quelque capitaine ou soldat, il le faut navrer au plus mortel lieu du corps, comme le cerveau, le cœur, la gorge, les aines, le diaphragme; et les autres que tu veux seulement blesser, ès parties qui sont les moins mortelles : et en cela tu dois estre bon anatomiste. Si quelque excellent homme meurt, tu n'oubliras son epitaphe en une demie ligne, ou une au plus, engravant dans tes vers les principaux outils de son mestier, comme de Misene qui avoit esté trompette d'Hector, puis avoit tiré la rame de bonne volonté soubs Ænée : car c'estoit anciennement l'exercice de grands heros et capitaines, et mesme de ces quarante chevaliers qui allerent avec Jason en Colchos. Tu seras industrieux à esmouvoir les passions et affections de l'ame, car c'est la meilleure partie de ton mestier, par des carmes qui t'esmouvront le premier, soit à rire ou à pleurer, afin que les lecteurs en facent autant après toy.[1]

Tu n'oubliras jamais de rendre le devoir qu'on doit à la Divinité, oraisons, prieres et sacrifices, commençant et finissant toutes tes actions par Dieu, auquel les hommes attribuent autant de noms qu'il a de puissances et de vertus, imitateur d'Homere et de Virgile qui n'y ont jamais failli.

Tu noteras encores, lecteur, ce poinct qui te menera tout droict au vray chemin des Muses : c'est que le poëte ne doit jamais prendre l'argument de son œuvre, que trois ou

---

1. . . . . . Si vis me flere, dolendum est
Primum ipsi tibi.
Hor., *Art poétique.*

quatre cens ans ne soient passez pour le moins, afin que personne ne vive plus de son temps, qui le puisse de ses fictions et vraysemblances convaincre, invoquant les Muses qui se souviennent du passé et prophetisent l'advenir, pour l'inspirer et conduire plus par fureur divine que par invention humaine. Tu imiteras les effects de la nature en toutes tes descriptions, suivant Homere. Car s'il fait bouillir de l'eau en un chauderon, tu le verras premier fendre son bois, puis l'allumer et le soufler, puis la flame environner la panse du chauderon tout à l'entour, et l'escume de l'eau se blanchir et s'enfler à gros bouillons avec un grand bruit : et ainsi de toutes les autres choses. Car en telle peinture, ou plustot imitation de la nature, consiste toute l'ame de la poësie heroïque, laquelle n'est qu'un enthousiasme et fureur d'un jeune cerveau. Celuy qui devient vieil, matté d'un sang refroidy, peut bien dire adieu aux Graces et aux Muses.

Donc, lecteur, celuy qui pourra faire un tel ouvrage, et qui aura une bouche sonnant plus hautement que les autres, et toutefois sans se perdre dans les nues, qui aura l'esprit plus plein de prudence et d'advis, et les conceptions plus divines, et les paroles plus rehaussées et recherchées, bien assises en leur lieu par art et non à la volée, donne-luy nom de poëte, et non au versificateur, composeur d'epigrammes, sonnets, satyres, elegies, et autres tels menus fatras, où l'artifice ne se peut estendre : la simple narration enrichie d'un beau langage est la seule perfection de telles compositions.

Veux-tu sçavoir, lecteur, quand les vers sont bons et dignes de la réputation d'un excellent ouvrier? Suy le conseil d'Horace :[1] il faut que tu les desmembres et desassembles

---

1. C'est aussi le conseil de Voltaire.

de leur nombre, mesure et pieds, que tu les transportes, faisant les derniers mots les premiers, et ceux du milieu les derniers. Si tu trouves, après tel desassemblement, de la ruine du bastiment, de belles et excellentes paroles, et phrases non vulgaires, qui te contraignent d'enlever ton esprit outre le parler commun, pense que tels vers sont bons et dignes d'un excellent poëte. Exemple des mauvais vers :

> Madame, en bonne foy je vous donne mon cœur,
> N'usez point envers moi, s'il vous plaist, de rigueur.

Efface *cœur*, et *rigueur*, tu n'y trouveras un seul mot qui ne soit vulgaire ou trivial. Ou si tu lis ceux-cy :

> Son harnois il endosse, et furieux, aux armes,
> Profendit par le fer un scadron de gensd'armes.

tu trouveras au desmembrement et desliaison de ces deux carmes, qui te servent d'exemple pour les autres, toutes belles et magnifiques paroles, *harnois, endosse, furieux, armes, profendit, fer, scadron, gensd'armes*. Cela se doit faire tant que l'humain artifice le pourra : car bien souvent la matiere ni le sens ne desirent pas telle hausseure de voix, et principalement les narrations et pourparlers des capitaines, conseils et deliberations ès grandes affaires, lesquelles ne demandent que parole nue et simple, et l'exposition du faict : car tantost il doit estre orné, et tantost non : car c'est un extreme vice à un orfevre de plomber de l'or.[1] Il faut imiter les bons mesnagers, qui tapissent bien leurs sales, chambres et cabinets, et non les galetas, où couchent les valets. Tu auras les conceptions grandes et hautes,

---

1. Il faudrait plutôt *de dorer du plomb*.

comme je t'ay plusieurs fois adverti, et non monstrueuses ny quintessencieuses comme sont celles des Espagnols. Il faudroit un Apollon pour les interpreter, encore il y seroit bien empesché avec tous ses oracles et trepieds.

Tu n'oubliras les noms propres des outils de tous mestiers, et prendras plaisir à t'en enquerre le plus que tu pourras, et principalement de la chasse. Homere a tiré toutes ses plus belles comparaisons de là. Je veux bien t'advertir, lecteur, de prendre garde aux lettres, et feras jugement de celles qui ont plus de son, et de celles qui en ont le moins. Car A, O, U, et les consonnes M, B, et les SS, finissants les mots, et sur toutes les RR, qui sont les vrayes lettres heroïques, font une grande sonnerie et batterie aux vers. Suy Virgile qui est maistre passé en la composition et structure des carmes : regarde un peu quel bruit font ces deux icy sur la fin du huictiesme de l'*Æneide :*

> Una omnes ruere, ac totum spumare reductis
> Convulsum remis, rostris stridentibus, æquor.

Tu en pourras faire en ta langue autant que tu pourras. Tu n'oubliras aussi d'inserer en tes vers ces lumieres, ou plustost petites ames de la poësie, comme,

> Italiam metire jacens,

qui est proprement un sarcasme, c'est à dire, une mocquerie, que le vainqueur fait sur le corps navré à mort de son ennemy.

> .... Et fratrem ne desere frater.
> .... Et dulces moriens reminiscitur Argos.
> Seminecesque micant digiti, ferrumque retractant.

PRÉFACE DE LA FRANCIADE.

Au reste, lecteur, si je te voulois instruire et t'informer de tous les preceptes qui appartiennent à la poësie heroïque, il me faudroit une rame de papier : mais les principaux que tu as leu auparavant te conduiront facilement à la cognoissance des autres. Or venons à nos vers communs de dix à onze syllabes, lesquels, pour estre plus courts et pressez, contraignent les poëtes de remascher et ruminer plus longuement : et telle contrainte en meditant et repensant fait le plus souvent inventer d'excellentes conceptions, riches paroles et phrases elabourées : tant vaut la meditation, qui par longueur de temps les engendre en un esprit melancholique, quand la bride de la contrainte arreste et refraint la premiere course impetueuse des fureurs et monstrueuses imaginations de l'esprit, à l'exemple des grandes rivieres qui bouillonnent, escument et fremissent à l'entour de leurs remparts, où quand elles courent la plaine sans contrainte, elles marchent lentement et paresseusement, sans frapper le rivage ny d'escumes ny de bruit. Tu n'ignores pas, lecteur, qu'un poëte ne doit jamais estre mediocre en son mestier, ni sçavoir sa leçon à demy, mais tout bon, tout excellent et tout parfait : la mediocrité est un extreme vice en la poësie, il vaudroit mieux ne s'en mesler jamais et apprendre un autre mestier.

D'avantage je te veux bien encourager de prendre la sage hardiesse d'inventer des vocables nouveaux, pourveu qu'ils soient moulez et façonnez sus un patron desja receu du peuple. Il est fort difficile d'escrire bien en nostre langue, si elle n'est enrichie, autrement qu'elle n'est pour le present, de mots et de diverses manieres de parler. Ceux qui escrivent journellement en elle sçavent bien à quoy leur en tenir : car c'est une extreme geine de se servir tousjours d'un mot.

Outre je t'adverti de ne faire conscience de remettre en usage les antiques vocables, et principalement ceux du langage wallon et picard, lequel nous reste par tant de siecles l'exemple naïf de la langue françoise, j'enten de celle qui eut cours après que la latine n'eut plus d'usage en nostre Gaule, et choisir les mots les plus pregnants et significatifs, non seulement dudit langage, mais de toutes les provinces de France, pour servir à la poësie lorsque tu en auras besoin.

Malheureux est le debteur, lequel n'a qu'une seule espece de monnoye pour payer son creancier. Outre plus, si les vieux mots abolis par l'usage ont laissé quelque rejetton, comme les branches des arbres couppez se rajeunissent de nouveaux drageons,[1] tu le pourras provigner, amender et cultiver, afin qu'il se repeuple de nouveau : exemple de *lobbe*, qui est un vieil mot françois qui signifie mocquerie et raillerie. Tu pourras faire sur ce nom le verbe *lobber*, qui signifiera mocquer et gaudir, et mille autres de telle façon. Tu te donneras de garde, si ce n'est par grande contrainte, de te servir des mots terminez en ion, qui passent plus de trois ou quatre syllabes, comme abomination, testification : car tels mots sont languissants, et ont une trainante voix, et qui plus est, occupent languidement la moitié d'un vers. C'est autre chose d'escrire en une langue florissante qui est pour le present receue du peuple, villes, bourgades et citez, comme vive et naturelle, approuvée des rois, des princes, des senateurs, marchands et trafiqueurs, et de composer en une langue morte, muette et ensevelie sous le silence de tant d'espaces d'ans, laquelle ne s'apprend plus qu'à l'escole par le fouët et par la lecture des livres, ausquelles langues

---

1. *Drageon*, bourgeon.

mortes il n'est licite de rien innover, disgraciées du temps, sans appuy d'empereurs, ny de rois, de magistrats ny de villes, comme chose morte, laquelle s'est perdue par le fil des ans, ainsi que font toutes choses humaines, qui perissent vieilles, pour faire place aux autres suivantes et nouvelles : car ce n'est la raison que la nature soit tousjours si prodigue de ses biens à deux ou trois nations, qu'elle ne vueille conserver ses richesses aussi bien pour les dernieres comme les premieres. En telles langues passées et defunctes (comme j'ay dit) il ne faut rien innover, comme ensevelies, ayant resigné leur droict aux vivantes qui florissent en empereurs, princes et magistrats, qui parlent naturellement, sans maistre d'escole, l'usage le permettant ainsi : lequel usage le permet en la mesme façon que le commerce et trafic des monnoyes pour quelque espace de temps ; ledit usage les descrie quand il veut. Pource il ne se faut estonner d'ouir un mot nouveau, non plus que de voir quelque nouvelle jocondalle, nouveaux tallars, royales, ducats de sainct Estienne, et pistolets.[1] Telle monnoye, soit d'or ou d'argent, semble estrange au commencement : puis l'usage l'adoucit et domestique, la faisant recevoir, luy donnant authorité, cours et credit, et devient aussi commune que nos testons et nos escus au soleil.

Tu seras très advisé en la composition des vocables, et ne les feras prodigieux, mais par bon jugement, lequel est la meilleure partie de l'homme, quand il est clair et net, et non embabouiné ny corrompu de monstrueuses imaginations de ces robins de cour qui veulent tout corriger.

Je te conseille d'user indifferemment de tous dialectes, comme j'ay desja dit : entre lesquels le courtisan est tous-

---

1. Noms de monnaies.

jours le plus beau, à cause de la majesté du prince : mais il ne peut estre parfait sans l'aide des autres : car chacun jardin a sa particuliere fleur, et toutes nations ont affaire les unes des autres : comme en nos havres et ports, la marchandise, bien loin cherchée en l'Amerique, se debite par tout. Toutes provinces, tant soient-elles maigres, servent aux plus fertiles de quelque chose, comme les plus foibles membres et les plus petits de l'homme servent aux plus nobles du corps. Je te conseille d'apprendre diligemment la langue grecque et latine, voir italienne et espagnole, puis quand tu les sçauras parfaitement, te retirer en ton enseigne comme un bon soldat, et composer en ta langue maternelle, comme a fait Homere, Hesiode, Platon, Aristote, et Theophraste, Virgile, Tite-Live, Salluste, Lucrece, et mille autres qui parloient mesme langage que les laboureurs, valets et chambrieres. Car c'est un crime de leze majesté d'abandonner le langage de son pays, vivant et florissant, pour vouloir deterrer je ne sçay quelle cendre des anciens, et abbayer[1] les verves des trespassez, et encore opiniastrement se braver là dessus, et dire : J'atteste les Muses que je ne suis point ignorant, et ne crie point en langage vulgaire, comme ces nouveaux venus, qui veulent corriger le *Magnificat*, encore que leurs escrits estrangers, tant soient-ils parfaits, ne sçauroient trouver lieu aux boutiques des apoticaires pour faire des cornets.

Comment veux-tu qu'on te lise, latineur, quand à peine lit-on Stace, Lucain, Seneque, Silius et Claudian, qui ne servent que d'ombre muette en une estude; ausquels on ne parle jamais que deux ou trois fois en sa vie, encore qu'ils fussent grands maistres en leur langue maternelle? Et tu

---

1. *Abbayer*, aboyer.

veux qu'on te lise, qui as appris en l'escole à coups de verges le langage estranger, que sans peine et naturellement ces grands personnages parloient à leurs valets, nourrices et chambrieres.[1] O quantesfois ay-je souhaité que les divines testes et sacrées aux Muses de Josephe Scaliger, Daurat, Pimpont, d'Emery, Florent Chrestien, Passerat, voulussent employer quelques heures à si honorable labeur !

    Gallica se quantis attollet gloria verbis !

Je supplie très-humblement ceux ausquels les Muses ont inspiré leur faveur, de n'estre plus latineurs ni grecaniseurs, comme ils sont plus par ostentation que par devoir, et prendre pitié, comme bons enfans, de leur pauvre mere naturelle : ils en rapporteront plus d'honneur et de reputation à l'advenir, que s'ils avoient, à l'imitation de Longueil, Sadolet, ou Bembe, recousu ou rabobiné je ne sçay quelles vieilles rapetasseries de Virgile et de Ciceron, sans tant se tourmenter : car quelque chose qu'ils puissent escrire, tant soit-elle excellente, ne semblera que le cry d'une oye, au prix du chant de ces vieils cygnes, oiseaux dediez à Phebus Apollon. Après la premiere lecture de leurs escrits, on n'en tient non plus de conte que de sentir un bouquet fani. Encore vaudroit-il mieux, comme un bon bourgeois ou citoyen, rechercher et faire un Lexicon des vieils mots d'Artus, Lancelot, et Gauvain, ou commenter le *Romant de la Rose*, que s'amuser à je ne sçay quelle grammaire latine qui a passé son temps. D'avantage qu'ils considerent comme le Turc, en gaignant la Grece, en a perdu la langue du tout. Le mesme Seigneur, occupant par armes la

---

1. Ceci rappelle quelques idées de Montaigne.

meilleure partie de toute l'Europe où on souloit parler la langue latine, l'a totalement abolie, reduisant la chrestienté, de si vaste et grande qu'elle estoit, au petit pied, ne luy laissant presque que le nom, comme celle qui n'a plus que cinq ou six nations où la langue romaine se debite : et n'eust esté le chant de nos eglises, et psalmes chantez au lutrin, long temps y a que la langue romaine se fust esvanouye, comme toutes choses humaines ont leur cours; et pour le jourd'huy vaut autant parler un bon gros latin, pourveu que l'on soit entendu, qu'un affetté langage de Ciceron. Car on ne harangue plus devant empereurs, ne senateurs romains; et la langue latine ne sert plus de rien que pour nous truchementer en Allemaigne, Pologne, Angleterre, et autres lieux de ce pays là. D'une langue morte l'autre prend vie, ainsi qu'il plaist à l'arrest du destin et à Dieu qui commande, lequel ne veut souffrir que les choses mortelles soient eternelles comme luy, lequel je supplie très humblement, lecteur, te vouloir donner sa grace, et le desir d'augmenter le langage de ta nation.

A Dieu, candide lecteur.[1]

Cette préface de Ronsard est caractéristique; elle peint au naturel l'homme et l'époque, et nous apprend beaucoup plus sur ce sujet que ne feraient de longues dissertations. Et d'abord, comment s'empêcher de sourire en entendant le poëte détailler point à point l'infaillible recette d'un poëme épique?

Ici, c'est un coucher de soleil qu'il faut; là, c'est une aurore. Veut-on prophétiser l'avenir, on a la ressource d'un songe, ou celle d'un bouclier divin. Ce guerrier était vêtu d'une peau de lion; cet autre aura une peau d'ours, ou, de

---

[1]. Éd. P. Bl., t. III, p. 17.

rechange, une peau de panthère. Pour la généalogie d'un dieu ou d'un héros, voyez Hésiode; pour les propriétés médicinales ou magiques d'une plante, voyez Nicandre ou Columelle. Quand un escadron est en marche, règle générale : décrire le battement de pieds des chevaux, et si le soleil luit, la réverbération des armes. A la bataille, subordonner les coups d'épée à l'anatomie ; frapper son homme au cœur, au cerveau, à la gorge, si l'on veut l'expédier, aux membres seulement s'il doit en revenir. En un mot, dans ce petit traité du *poëme épique,* bien digne de faire envie au père Le Bossu, rien n'est omis, pas même *l'épitaphe* du mort qui doit se rédiger en *une demi-ligne, ou une ligne au plus sans oublier les principaux outils de son métier.* Qu'on juge par là de *la Franciade,* et l'on en prendra une idée juste. Un tel début dans la carrière épique était d'un fâcheux augure, et l'augure s'est complétement réalisé. Tous nos poëmes épiques, depuis *la Franciade* jusqu'à *la Henriade* inclusivement, et en passant par les *Alaric,* les *Pucelle,* les *Moïse,* les *saint Louis,* ont cela de commun entre eux, qu'ils sont faux, froids et ennuyeux à la mort; c'est toujours une tâche imposée, une œuvre de commande; toujours on a dit au poëte, ou il s'est dit à lui-même : Il est temps d'enrichir la France d'une épopée ; et là-dessus il s'est mis à la besogne, rencontrant parfois de beaux vers, comme on en cite quelques-uns dans *la Henriade,* comme on en trouverait à la rigueur dans *la Franciade,* comme il est impossible au poëte de n'en pas rencontrer à la longue. Mais qu'est-ce que cela prouve? et quelle triste compensation que ce qu'on est convenu d'appeler de *beaux vers* pour de mauvais poëmes?

La préface de Ronsard est curieuse encore à d'autres égards. On y voit dans quel sens il entendait l'innovation et la rénovation des mots, et comme il était plus Gaulois et moins Grec qu'on ne l'a voulu dire. On y lit une désapprobation formelle, une raillerie amère de ces *robins de cour,* tout entichés d'*italianisme,* et dont Henri Estienne s'est tant moqué.

Ce qui frappe enfin dans cette prose de Ronsard, c'est la verve et l'éclat du style. Je rappellerai surtout le beau passage où il s'attache à distinguer le poëte du versificateur. Quant à la péroraison même, à cette éloquente invective contre les *latineurs et grécaniseurs,* à ces élans d'une noble et tendre affection pour la langue maternelle, rien n'est mieux pensé ni mieux dit dans *l'Illustration* de Joachim Dubellay; et quand on considère que de telles pages ont été écrites avant le livre des *Essais,* on se sent plus vivement disposé encore à en estimer, à en aimer les auteurs, et à les venger enfin d'un injurieux oubli.

LE BOCAGE ROYAL.

Sous ce titre, qui répond à celui de *Sylvæ,* donné par Stace à un recueil de divers poëmes, Ronsard a réuni un certain nombre d'épîtres adressées aux rois Charles IX, Henri III, aux reines Catherine de Médicis, Élisabeth d'Angleterre, etc. La louange n'y est pas ménagée, et elle a pour objet le plus ordinaire d'obtenir au poëte quelque faveur ou récompense. Dans nos idées actuelles de dignité morale, et surtout quand on réfléchit à quels odieux personnages était vouée une si humble adulation, on a peine d'abord à ne pas s'indigner. Pourtant, à une seconde lecture, on découvre parmi ces flatteries d'étiquette plus d'un sage conseil, plus d'une leçon courageuse, et le poëte est pardonné. Ce que veut et que réclame avant tout Ronsard, c'est la paix, l'union dans le royaume, et à la cour un loisir studieux et la protection des muses

Nous donnerons quelques extraits de ces épîtres.

AU ROY HENRY III

. . . .
Quand le jeune phenix sur son espaule tendre
Porte le lict funebre et l'odoreuse cendre,
Relique de son pere, et plante en appareil
Le tombeau paternel au Temple du Soleil,
Les oyseaux esbahis en quelque part qu'il nage
De ses ailes ramant, admirent son image,
Non pour luy voir le corps de mille couleurs peint,
Non pour le voir si beau, mais pource qu'il est saint,
Oyseau religieux aux manes de son pere,
Tant de la pieté Nature, bonne mere,
A planté, dès le naistre, en l'air et dans les eaux
La vivace semence ès cœurs des animaux !
Donques le peuple suit les traces de son maistre :
Il pend de ses façons, il l'imite, et veut estre
Son disciple, et tousjours pour exemple l'avoir,
Et se former en luy ainsi qu'en un miroir.
Cela que le soudart aux espaules ferrées,
Que le cheval flanqué de bardes acerées,
Ne peut faire par force, amour le fait seulet,
Sans assembler ny camp ny vestir corcelet.
Les vassaux et les rois de mutuels offices

Se combattent entr'eux, les vassaux par services,
Les roys par la bonté : le peuple desarmé
Aime toujours son roy quand il s'en voit aimé.
Il sert d'un franc vouloir, quand il est necessaire
Qu'on le fasse servir : plus un roy debonnaire
Luy veut lascher la bride, et moins il est outré,
Plus luy-mesmes la serre, et sert de son bon gré,
Se met la teste au joug sous lequel il s'efforce,
Qu'il secou'roit du col s'on luy mettoit par force.

C'est alors que le prince en vertus va devant,
Qu'il monstre le chemin au peuple le suivant,
Qu'il faict ce qu'il commande, et de la loy supreme
Rend la rigueur plus douce obeïssant luy-mesme,
Et tant il est d'honneur et de louange espoint,
Que pardonnant à tous ne se pardonne point.

Quel sujet ne seroit devot et charitable
Sous un roy piéteux?[1] quel sujet miserable
Voudroit de ses ayeux consommer les thresors,
Pour, homme, effeminer par delices son corps
D'habits pompeux de soye elabourez à peine,
Quand le prince n'auroit qu'un vestement de laine,
Et qu'il retrancheroit par edicts redoutez
Les fertiles moissons des ordes voluptez,
Couppant, comme Herculès, l'hydre infame des vices
Par l'honneste sueur des poudreux exercices?

A forcer par les bois un cerf au front ramé,
Enferrer un sanglier de defenses armé,

---

1. *Piéteux* pour *pieux*.

Voir levreter le lievre à la jambe pelue,
Voir pendre les faucons au milieu de la nue,
Faire d'un pied leger poudroyer les sablons,
Voir bondir par les prez l'enflure des ballons,
A porter le harnois, à courir la campagne,
A donter sous le frein un beau genet d'Espaigne,
A sauter, à lutter d'un bras fort et vouté :
Voilà les ferrements tranchans l'oisiveté.

Mais porter en son ame une humble modestie,
C'est à mon gré des roys la meilleure partie.
Le prince guerroyant doit partout foudroyer :
Celuy qui se maintient doit bien souvent ployer.
L'un tient la rame au poing, l'autre espie à la hune :
En l'un est la prudence, en l'autre est la fortune.
Toujours l'humilité gaigne le cœur de tous :
Au contraire l'orgueil attize le courrous.

Ne vois-tu ces rochers rempars de la marine ?
Grondant contre leurs pieds toujours le flot les mine,
Et d'un bruit escumeux à l'entour aboyant,
Fourcenant de courroux, en vagues tournoyant,
Ne cesse de les battre, et d'obstinez murmures
S'opposer à l'effort de leurs plantes[1] si dures,
S'irritant de les voir ne ceder à son eau.

Mais quand un mol sablon par un petit monceau
Se couche entre les deux, il flechit la rudesse
De la mer, et l'invite, ainsi que son hostesse,
A loger en son sein : alors le flot qui voit

1. *Plantes*, pieds, *planta*.

Que le bord lui fait place, en glissant se reçoit
Au giron de la terre, appaise son courage,
Et la lichant se joue à l'entour du rivage.

La vigne lentement de ses tendres rameaux
Grimpe s'insinuant aux faistes des ormeaux,
Et se plie à l'entour de l'estrangere escorce
Par amour seulement, et non pas par la force ;
Puis mariez ensemble, et les deux n'estant qu'un,
Font à l'herbe voisine un ombrage commun. [1]

. . . .

1. Éd. P. Bl., t. III, p. 280.

AU MÊME,

APRÈS SON RETOUR DE POLOGNE.

. . . .
Vous ne venez en France à passer une mer
Qui soit tranquille et calme et bonasse à ramer :
Elle est du haut en bas de faction enflée,
Et de religion diversement souflée :
Elle a le cœur mutin, toustefois il ne faut
D'un baston[1] violant corriger son defaut ;
Il faut avec le temps en son sens la reduire :
D'un chastiment forcé le meschant devient pire.
Il faut un bon timon pour se sçavoir guider,
Bien calfeutrer sa nef, sa voile bien guinder.
La certaine boussole est d'adoucir les tailles,
Estre amateur de paix, et non pas de batailles,
Avoir un bon conseil, sa justice ordonner,
Payer ses creanciers, jamais ne maçonner,
Estre sobre en habits, estre prince accointable,
Et n'ouyr ny flatteurs ny menteurs à la table.

On espere de vous comme d'un bon marchand,

---

1. *Baston* est probablement ici pour *rame*, car Ronsard se montre toujours fort conséquent dans les images qu'il emploie. Peut-être encore est-ce une allusion au trait de Xerxès qui fit fouetter ou *bastonner* la mer.

Qui un riche butin aux Indes va cherchant,
Et retourne chargé d'une opulente proye,
Heureux par le travail d'une si longue voye :
Il rapporte de l'or, et non pas de l'airain.
Aussi vous auriez fait si long voyage en vain,
Veu le Rhin, le Danube, et la grande Allemaigne,
La Pologne que Mars et l'hyver accompaigne,
Vienne, qui au ciel se brave de l'honneur
D'avoir sceu repousser le camp du Grand-Seigneur,
Venise mariniere, et Ferrare la forte,
Thurin qui fut françois, et Savoye qui porte,
Ainsi que fait Atlas, sur sa teste les cieux :
En vain vous auriez veu tant d'hommes, tant de lieux,
Si vuide de profit en une barque vaine
Vous retourniez en France après si longue peine.
Il faut faire, mon prince, ainsi qu'Ulysse fit,
Qui des peuples cogneus sceut faire son profit.[1]

. . . .

1. Éd. P. Bl., t. III, p. 283.

AU MÊME.

A vous, race de roys, prince de tant de princes,
Qui tenez dessous vous deux si grandes provinces,
Qui par toute l'Europe esclairez tout ainsi
Qu'un beau soleil d'esté de flammes esclairci,
Que l'estranger admire et le sujet honore,
Et dont la majesté nostre siecle redore ;
A vous qui avez tout, je ne sçaurois donner
Present, tant soit-il grand, qui vous puisse estrener.
La terre est presque vostre, et dans le ciel vous mettre,
Je ne suis pas un dieu, je ne puis le promettre,
C'est affaire au flatteur : je vous puis mon mestier
Promettre seulement, de l'encre et du papier.

Je ne suis courtizan ny vendeur de fumées,
Je n'ay d'ambition les veines allumées,
Je ne sçaurois mentir, je ne puis embrasser
Genoux, ni baiser mains, ny suivre, ny presser,
Adorer, bonneter, je suis trop fantastique :
Mon humeur d'escolier, ma liberté rustique
Me devroit excuser, si la simplicité
Trouvoit aujourd'huy place entre la vanité.
C'est à vous, mon grand prince, à supporter ma faute
Et me louer d'avoir l'ame superbe et haute,

Et l'esprit non servil, comme ayant de Henry
Vostre pere et de vous trente ans estoit nourry.

Un gentil chevalier qui aime de nature
A nourrir des haras, s'il treuve d'avanture
Un coursier genereux, qui courant des premiers
Couronne son seigneur de palme et de lauriers,
Et, couvert de sueur, d'escume et de poussiere,
Rapporte à la maison le prix de la carriere;
Quand ses membres sont froids, debiles et perclus,
Que vieillesse l'assaut, que vieil il ne court plus,
N'ayant rien du passé que la monstre honorable,
Son bon maistre le loge au plus haut de l'estable,
Luy donne avoine et foin, soigneux de le panser,
Et d'avoir bien servi le fait recompenser,
L'appelle par son nom, et, si quelqu'un arrive,
Dit : « Voyez ce cheval qui d'haleine poussive
Et d'ahan maintenant bat ses flancs à l'entour,
J'estois monté dessus au camp de Montcontour,
Je l'avois à Jarnac; mais tout enfin se change. »
Et lors le vieil coursier qui entend sa louange,
Hennissant et frappant la terre, se sourit,
Et benist son seigneur qui si bien le nourrit.

Vous aurez envers moy (s'il vous plaist) tel courage,
Sinon à vous le blasme, et à moy le dommage.[1]
. . . .

Qui tenez dessous vous deux si grandes provinces, la France
et la Pologne. — *Et d'ahan,* de fatigue. Il ne paraît pas que

1. Ed. P. Bl., t. III, p. 283.

Ronsard ait eu beaucoup à se louer de la libéralité de Henri III : celui-ci la réservait tout entière pour Philippe Desportes, qui avait été du voyage de Pologne. Il y a au reste dans cette manière de demander l'aumône quelque chose de fier et de digne qui put bien choquer le monarque. La comparaison du vieux coursier est admirable sous le rapport poétique, et, par une délicate flatterie, les victoires de Jarnac et de Montcontour y sont indirectement rappelées.

A LA REINE-MÈRE

CATHERINE DE MÉDICIS,

QUI VOYAGEAIT DANS LE ROYAUME AVEC SES FILS CHARLES IX
ET HENRI, DUC D'ANJOU, DEPUIS ROI.

Comme une belle et jeune fiancée,
De qui l'amour reveille la pensée,
Souspire en vain son amy nuict et jour,
Et triste attend l'heure de son retour,
Feignant tousjours, tant son esprit chancelle,
De son retard quelque cause nouvelle :

De tel desir toute France, qui pend
De vos vertus, vostre presence attend,
Et le retour de nos deux jeunes princes,
Qui dessous vous cognoissent leurs provinces.

Mais quand on dit que Phebus aux grands yeux
Aura couru tous les signes des cieux,
Et que la lune à la coche attelée
De noirs chevaux, sera renouvelée
Par douze fois sans retourner icy,
Paris lamente et languit en soucy,
Et ne sçauroit, quoy qu'il pense ou regarde,
Songer le poinct qui si loin vous retarde.

Seroit-ce point le Rhosne impetueux?
Le cours de Seine aux grands ports fructueux
Est plus plaisant. Seroit-ce point Marseille?
Non, car Paris est ville sans pareille :
Bien que Marseille en ses tiltres plus vieux
Vante bien haut ses Phocenses ayeux,
Qui d'Apollon fuyans l'oracle et l'ire,
A son rivage ancrerent leur navire.

L'air plus serein des peuples estrangers
Et le doux vent parfumé d'orangers
De leur douceur vous ont-ils point ravie?
La peste, helas! vous a tousjours suivie.

De Languedoc les palles oliviers
Sont-ils plus beaux que les arbres fruitiers
De vostre Anjou? ou les fruits que Touraine
Plantez de rang en ses jardins ameine?
Je croy que non. Y vit-on mieux d'accord?
Mars en tous lieux, de vostre grace, est mort.

Qui vous tient donq si loin de nous, Madame?
C'est le desir de consumer la flame
Qui peut rester des civiles fureurs,
Et nettoyer vos provinces d'erreurs.

Vostre vouloir soit fait à la bonne heure :
Mais retournez en la saison meilleure,
Et faites voir au retour du printemps
De vostre front tous vos peuples contents.

Votre Monceaux[1] tout gaillard vous appelle,
Sainct-Maur pour vous fait sa rive plus belle,
Et Chenonceau rend pour vous diaprez
De mille fleurs son rivage et ses prez :
La Tuillerie au bastiment superbe
Pour vous fait croistre et son bois et son herbe,
Et desormais ne desire sinon
Que d'enrichir son front de vostre nom.
Et toustefois par promesse asseurée
Ils ont ensemble alliance jurée
De leur vestir de noir habit de dueil
Jusques au jour que les raiz de votre œil
Leur donneront une couleur plus neuve,
Changeant en verd leur vieille robe veuve,
Et que jamais ils ne seront joyeux,
Beaux ny gaillards qu'au retour de vos yeux.

Si vous venez, vous verrez vos allées
Dessous vos pas d'herbes renouvellées,
Et vos jardins plus verds et plus plaisans
Se rajeunir en la fleur de leurs ans.

Ou bien, Madame, ils deviendront steriles,
Sans fleurs, sans fruits, mal-plaisans, inutiles,
Et peu vaudra de les bien disposer,
Les bien planter, et bien les arroser :
Le jardinier ne pourra faire craistre
Herbe ne fleur sans voir l'œil de leur maistre.

. . . .

1. *Monceaux*, lieu de plaisance en Brie. — *Chenonceau*, en Touraine. — *Saint-Maur*, à deux lieues de Paris.

Quand voirrons-nous quelque tournoy nouveau,
Quand voirrons-nous par tout Fontainebleau
De chambre en chambre aller les mascarades ?
Quand oirrons-nous au matin les aubades
De divers luths mariez à la vois ?
Et les cornets, les fifres, les haubois,
Les tabourins, violons, espinettes
Sonner ensemble avecque les trompettes ?

Quand voirrons-nous comme balles voler
Par artifice un grand feu dedans l'air ?

Quand voirrons-nous sur le haut d'une scene,
Quelque Janin [1] ayant la joue pleine
Ou de farine ou d'encre, qui dira
Quelque bon mot qui vous rejouira ?

Quand voirrons-nous une autre Polynesse
Tromper Dalinde [2], et une jeune presse
De tous costez sur les tapis tendus
Honnestement aux girons espandus
De leur maistresse, et de douces parolles
Flechir leurs cœurs et les rendre plus molles,
Pour sainctement un jour les espouser,
Et chastement près d'elles reposer ?

C'est en ce poinct, Madame, qu'il faut vivre,
Laissant l'ennuy à qui le voudra suivre.

---

1. *Janin*, farceur à la mode.
2. C'était une certaine pièce qui fut représentée de son temps.

De vostre grace un chacun vit en paix :
Pour le laurier l'olivier est espais
Par toute France, et d'une estroite corde
Avez serré les mains de la Discorde.

Morts sont ces mots, Papaux et Huguenots !
Le prestre vit en tranquille repos,
Le vieil soldat se tient à son mesnage,
L'artisan chante en faisant son ouvrage,
Les marchez sont frequentez des marchands,
Les laboureurs sans peur sement les champs,
Le pasteur saute auprès d'une fontaine,
Le marinier par la mer se promeine
Sans craindre rien : car par terre et par mer
Vous avez peu toute chose calmer.

En travaillant chacun fait sa journée :
Puis quand au ciel la lune est retournée,
Le laboureur delivré de tout soing
Se sied à table, et prend la tasse au poing :
Il vous invoque, et remply d'allegresse
Vous sacrifie ainsi qu'à la déesse,
Verse du vin sur la place; et aux cieux
Dressant les mains et soulevant les yeux,
Supplie à Dieu qu'en santé très-parfaite
Viviez cent ans en la paix qu'avez faite.[1]

C'est bien plutôt comme des vœux honorables et comme des conseils indirects qu'il faut prendre ces descriptions riantes de la félicité publique, que comme d'absurdes et plates flatteries.

1. Éd. P. Bl., t. III, p. 380.

A JEAN GALLAND,

PRINCIPAL DU COLLÉGE DE BONCOURT.

Mon Galland, tous les arts appris dès la jeunesse
Servent à l'artizan jusques à la vieillesse,
Et jamais le mestier en qui l'homme est expert,
Abandonnant l'ouvrier, par l'age ne se pert.

Bien que le philosophe ait la teste chenue,
Son esprit toutefois se pousse outre la nue :
Plus le corps est pesant, plus il est vif et pront,
Et forçant sa prison s'envole contre-mont.
L'orateur qui le peuple attire par l'aureille,
Celuy qui, disputant, la verité reveille,
Et le vieil medecin, plus il court en avant,
Plus il a de pratique, et plus devient sçavant.

Mais ce bonheur n'est propre à nostre poësie,
Qui ne se voit jamais d'une fureur saisie
Qu'au temps de la jeunesse, et n'a point de vigueur
Si le sang jeune et chaud n'escume dans le cœur,
Sang qui en bouillonnant agite la pensée
Par diverses fureurs brusquement eslancée,
Et pousse nostre esprit ore bas, ore haut,
Comme le sang de l'homme est genereux et chaut,

Et selon son ardeur nous trouvans d'aventure
Au mestier d'Apollon preparez de nature.

Comme on voit en septembre aux tonneaux angevins
Bouillir en escumant la jeunesse des vins,
Qui chaude en son berceau[1] à toute force gronde,
Et voudroit tout d'un coup sortir hors de sa bonde,
Ardante, impatiente, et n'a point de repos
De s'enfler, d'escumer, de jaillir à gros flots,
Tant que le froid hyver luy ait donné sa force,
Rembarrant sa puissance ès prisons d'une escorce :
Ainsi la poësie en la jeune saison
Bouillonne dans nos cœurs; qui[2] n'a soin de raison,
Serve de l'appetit, et brusquement anime
D'un poëte gaillard la fureur magnanime :
Il devient amoureux, il suit les grands seigneurs,
Il aime les faveurs, il cherche les honneurs,
Et plein de passions en l'esprit ne repose
Que de nuict et de jour ardent il ne compose ;
Soupçonneux, furieux, superbe et desdaigneux ;
Et de luy seulement curieux et songneux,
Se feignant quelque dieu : tant la rage felonne
De son jeune desir son courage aiguillonne.

Mais quand trente cinq ans ou quarante ont tiedy,
Ou plustost refroidy le sang acouardy,
Et que les cheveux blancs des catharres apportent,
Et que les genous froids leur bastiment ne portent,
Et que le front se ride en diverses façons ;
Lors la Muse s'enfuit et nos belles chansons,

1. Les anciens appeloient le poinçon où on mettoit le nouveau vin le berceau de Bacchus. (*Note de Ronsard*, 1560.)
2. Ce *qui* peut aussi bien se rapporter à *la poësie* qu'à *la jeune saison*.

Pegase se tarit, et n'y a plus de trace
Qui nous puisse conduire au sommet de Parnasse :
Nos lauriers sont sechez, et le train de nos vers
Se presente à nos yeux boiteux et de travers :
Tousjours quelque malheur en marchant les retarde,
Et comme par despit la Muse les regarde :
Car l'ame leur defaut, la force, et la grandeur
Que produisoit le sang en sa premiere ardeur.

Et pource si quelqu'un desire estre poëte,
Il faut que sans vieillir estre jeune il souhete,
Prompt, gaillard, amoureux : car depuis que le temps
Aura dessus sa teste amassé quarante ans,
Ainsi qu'un rossignol tiendra la bouche close,
Qui près de ses petits sans chanter se repose.

Au rossignol muet tout semblable je suis,
Qui maintenant un vers desgoiser je ne puis,
Et falloit que des roys la courtoise largesse,
Alors que tout mon sang bouillonnoit de jeunesse,
Par un riche bienfaict invitast mes escrits
Sans me laisser vieillir sans honneur et sans pris :
Mais Dieu ne l'a voulu, ne la dure Fortune
Qui les poltrons esleve, et les bons importune.

Entre tous les François j'ay seul le plus escrit,
Et jamais Calliope en un cœur ne se prit
Si ardent que le mien, pour celebrer les gestes
De nos roys, que j'ay mis au nombre des celestes.
Par mon noble travail ils sont devenus dieux,
J'ay remply de leurs noms les terres et les cieux,

Et si de mes labeurs qui honorent la France,
Je ne remporte rien qu'un rien pour recompense.[1]

Cette épître, d'un genre familier, renferme pourtant de vraies beautés; par exemple, la comparaison de la jeunesse des hommes avec la *jeunesse des vins d'Anjou*. Ronsard paraît croire que la poésie n'appartient qu'à la première moitié de la vie humaine, et que, passé quarante ans, il faut détendre la lyre. Sans doute cette époque moyenne de la vie, dont on fait l'âge de l'ambition, n'est pas aussi propre aux chants et à l'enthousiasme que l'âge des illusions premières; on est déjà bien loin du point de départ, et l'on n'aperçoit pas encore le terme; un tourbillon de poussière terrestre environne le char et dérobe à la fois le passé et l'avenir. Mais on avance, bientôt on est hors du tourbillon, et le but apparaît, lointain d'abord, mais toujours grandissant, et de plus en plus triste et sombre. Si l'on vient en même temps à regarder derrière soi, l'on retrouve à l'autre extrémité de l'arène, par delà les nuages de poussière et sous les rayons du soleil couchant, les souvenirs dorés et les scènes riantes d'autrefois : c'est alors qu'on reprend sa lyre, moins folâtre et moins brillante peut-être, mais plus grave, plus religieuse et plus tendre. Il semble que Lamartine ait voulu répondre à Ronsard quand il a dit :

> L'oiseau qui charme le bocage,
> Hélas! ne chante pas toujours :
> A midi caché sous l'ombrage,
> Il n'enchante de son ramage
> Que l'aube et le déclin des jours.
>
> . . . .
>
> Peut-être à moi, lyre chérie,

---

1. Éd. P. Bl., t. III, p. 398.

Tu reviendras dans l'avenir,
Quand de songes divins suivie
La mort approche, et que la vie
S'éloigne comme un souvenir.

Dans cette seconde jeunesse
Qu'un doux oubli rend aux humains,
Souvent l'homme dans sa tristesse
Sur toi se penche et te caresse,
Et tu résonnes sous ses mains.

Ce vent qui sur nos âmes passe
Souffle à l'aurore ou souffle tard ;
Il aime à jouer avec grâce
Dans les cheveux qu'un myrte enlace
Ou dans la barbe du vieillard...

LE VERRE.

A JEAN BRINON

(BRINON AVAIT FAIT PRÉSENT A RONSARD D'UN BEAU VERRE
AU PREMIER JOUR DE L'AN.)

Ceux que la Muse aimera mieux que moy
(Comme un DAURAT, qui la loge chez soy)
Dessus leur luth qui hautement resonne
Diront en vers de la race BRINONNE,
Comme à l'envy, les grades et l'honneur,
Digne sujet d'un excellent sonneur.
Moy d'esprit bas qui rampe contre terre
Diray sans plus les louanges d'un verre
Qu'un des BRINONS m'a présenté le jour
Que l'an commence à faire son retour.
O gentil verre! oseroy-je bien dire
Combien je t'aime, et combien je t'admire?
Tu es heureux, et plus heureux celuy
Qui t'inventa pour noyer nostre ennuy !

Ceux qui jadis les canons inventerent,
Et qui d'Enfer le fer nous apporterent,
Meritoient bien que là bas Rhadamant
Les tourmentast d'un juste chastiment :
Mais l'inventeur qui d'un esprit agile
Te façonna (fust-ce le grand Virgile,

Ou fust quelque autre, à qui Bacchus avoit
Monstré le sien, où gaillard il beuvoit)
Meritoient bien de bailler en la place
De Ganymede à Jupiter la tasse,
Et que leur verre aussi transparent qu'eau
Se fist au ciel un bel astre nouveau.

Non, ce n'est moy qui blasme Promethée
D'avoir la flame à Jupiter ostée :
Il fist très-bien : sans le larcin du feu,
Verre gentil, jamais on ne t'eust veu,
Et seulement les fougeres ailées
Eussent servy aux sorcieres pelées.
Aussi vrayment c'estoit bien la raison
Qu'un feu venant de si noble maison
Comme est le ciel, fust la cause premiere,
Verre gentil, de te mettre en lumiere,
Toy retenant comme celestiel
Le rond, le creux, et la couleur du ciel :

Toy, dis-je, toy, le joyau delectable
Qui sers les dieux et les rois à la table,
Qui aimes mieux en pieces t'en-aller
Qu'à ton seigneur la poison receler ;
Toy compagnon de Venus la joyeuse,
Toy qui guaris la tristesse espineuse,
Toy de Bacchus et des Graces le soin,
Toy qui l'amy ne laisses au besoin,
Toy qui dans l'œil nous fais couler le somme,
Toy qui fais naistre à la teste de l'homme
Un front cornu, toy qui nous changes, toy
Qui fais au soir d'un crocheteur un roy !

Aux cœurs chetifs tu remets l'esperance,
La verité tu mets en evidence ;
Le laboureur songe par toy de nuict
Que de ses champs de fin or est le fruict;
Et le pescheur, qui ne dort qu'à grand'peine,
Songe par toy que sa nacelle est pleine
De poissons d'or, et le dur bucheron
Ses fagots d'or, son plant le vigneron.

Mais contemplons de combien tu surpasses,
Verre gentil, ces monstrueuses tasses,
Et fust-ce celle horrible masse d'or
Que le vieillard Gerynean Nestor
Boivoit d'un trait, et que nul de la bande
N'eust sçeu lever, tant sa masse estoit grande.

Premierement devant que les tirer
Hors de la mine, il nous faut deschirer
La terre mere, et cent fois en une heure
Craindre le heurt d'une voute mal-seure :
Puis quand cet or par fonte et par marteaux
Laborieux s'arrondist en vaisseaux,
Tout cizelé de fables poëtiques,
Et buriné de medailles antiques,
Pere Bacchus! quel plaisir ou quel fruict
Peut-il donner? sinon faire de nuict
Couper la gorge à ceux qui le possedent,
Ou d'irriter, quand les peres decedent,
Les heritiers à cent mille procez,
Ou bien à table après dix mille excès,
Lors que le vin sans raison nous delaisse,
Faire casser par sa grosseur espaisse

Le chef de ceux qui nagueres amis
Entre les pots deviennent ennemis?
Comme jadis après trop boire firent
Les Lapithois, qui les monstres defirent
Demy-chevaux. Mais toy, verre joly,
Loin de tout meurtre, en te voyant poly,
Net, beau, luisant, tu es plus agreable
Qu'un vaisseau d'or, lourd fardeau de la table :
Si tu n'estois aux hommes si commun
Comme tu es, par miracle un chacun
T'estimeroit de plus grande value
Qu'un diamant ou qu'une perle eslue.

C'est un plaisir que de voir renfrongné,
Un grand Cyclope à l'œuvre embesongné,
Qui te parfait de cendres de fougere,
Et du seul vent de son haleine ouvriere.

Comme l'esprit enclos dans l'univers
Engendre seul mille genres divers,
Et seul en tout mille especes diverses,
Au ciel, en terre, et dans les ondes perses :[1]
Ainsi le vent de qui tu es formé,
De l'artizan en la bouche enfermé,
Large, petit, creux ou grand te façonne,
Selon l'esprit et le feu qu'il te donne.
Que diray plus? par espreuve je croy
Que Bacchus fut jadis lavé dans toy,
Lors que sa mere, attainte de la foudre,
En avorta plein de sang et de poudre ;

1. *Pers*, bleu foncé, *cœruleus*.

Et que dès lors quelque reste de feu
Te demeura : car quiconques a beu
Un coup dans toy, tout le temps de sa vie
Plus y reboit, plus a de boire envie,
Et de Bacchus tousjours le feu cruel
Ard son gosier d'un chaud continuel.

Je te salue, heureux verre, propice
Pour l'amitié et pour le sacrifice.
Quiconque soit l'heritier, qui t'aura
Quand je mourray, de long temps ne voirra
Son vin ne gras ne poussé dans sa tonne;
Et tous les ans il voirra sur l'autonne
Bacchus luy rire, et plus que ses voisins
Dans son pressouer gennera de raisins :
Car tu es seul le meilleur heritage
Qui puisse aux miens arriver en partage.[1]

1. Éd. P. Bl., t. III, p. 402.

ÉGLOGUES

Sous ce titre, Ronsard a composé un certain nombre de pièces destinées, la plupart, à célébrer des solennités de circonstance, des noces, des naissances, des funérailles. Toutefois on y rencontre çà et là, éparses, d'agréables descriptions de la vie champêtre ; nous en citerons quelques-unes. Les bergers Orléantin, Angelot, Navarrin, Guisin (ce sont les ducs d'Orléans, d'Anjou, le roi de Navarre, Henri de Guise) et la bergère Margot (c'est madame Marguerite, duchesse de Savoie) se disputent le prix de la chanson, et déposent chacun un gage qui sera la conquête du vainqueur. Orléantin met pour gage un cerf apprivoisé ; Angelot, un bouc conducteur du troupeau ; Navarrin, une coupe ciselée ; Guisin, une houlette, et Margot, un merle.

ORLEANTIN COMMENCE.

Puis que le lieu, le temps, la saison et l'envie,
Qui s'eschaufent d'amour, à chanter nous convie,
Chanton donques, bergers, et en mille façons
A ces vertes forests apprenon nos chansons.

Icy de cent couleurs s'esmaille la prairie,
Icy la tendre vigne aux ormeaux se marie,

Icy l'ombrage frais va les fueilles mouvant
Errantes çà et là sous l'haleine du vent :
Icy de pré en pré les soigneuses avettes
Vont baisant et sucçant les odeurs des fleurettes :
Icy le gazouillis enroué des ruisseaux
S'accorde doucement aux plaintes des oiseaux :
Icy entre les pins les Zephires s'entendent.

Nos flutes cependant trop paresseuses pendent
A nos cols endormis, et semble que ce temps
Soit à nous un hyver, aux autres un printemps.

Sus donques en cet antre ou dessous cet ombrage
Disons une chanson : quant à ma part je gage,
Pour le prix de celuy qui chantera le mieux,
Un cerf apprivoisé qui me suit en tous lieux.

Je le desrobay jeune au fond d'une vallée
A sa mere au dos peint d'une peau martelée,
Et le nourry si bien, que souvent le grattant,
Le chatouillant, touchant, le peignant et flatant,
Tantost auprès d'une eau, tantost sur la verdure,
En douce je tournay sa sauvage nature.

Je l'ay tousjours gardé pour ma belle Thoinon,
Laquelle en ma faveur l'appelle de mon nom :
Tantost elle le baise, et de fleurs odoreuses
Environne son front et ses cornes rameuses,
Et tantost son beau col elle vient enfermer
D'un carquan enrichy de coquilles de mer,
D'où pend la croche dent d'un sanglier,[1] qui ressemble

---

1. *Sanglier*, de deux syllabes.

En rondeur le Croissant qui se rejoint ensemble.
Il va seul et pensif où son pied le conduit :
Maintenant des forests les ombrages il suit,
Ou se mire dans l'eau d'une source moussue,
Ou s'endort sous le creux d'une roche bossue.
Puis il retourne au soir, et gaillard prend du pain
Tantost dessus la table et tantost en ma main,
Saute à l'entour de moy, et de sa corne essaye
De cosser[1] brusquement mon mastin qui l'abaye,
Fait bruire son cleron, puis il va se coucher
Au giron de Thoinon qui l'estime si cher.
Il souffre que sa main le chevestre[2] luy mette,
Faict à houpes de soie et à mainte sonnette :
Dessus son dos privé met[3] le bast embourré
De fougere et de mousse, et d'un cœur asseuré,
Sans crainte de tomber, le tient par une corne
D'une main, et de l'autre en cent façons elle orne
Sa croupe de bouquets et de petits rameaux ;
Puis le conduit au soir à la fraischeur des eaux,
Et de sa blanche main seule luy donne à boire.
Or quiconques aura l'honneur de la victoire,
Sera maistre du cerf, bien-heureux et contant
De donner à s'amie un present qui vaut tant.

ANGELOT.

Je gage mon grand bouc, qui par mont et par plaine
Conduit seul un troupeau comme un grand capitaine ;
Il est fort et hardy, corpulent et puissant,

---

1. *Cosser,* heurter.
2. *Chevestre,* licol, *capistrum.*
3. *Met,* sous-entendu *elle, Thoinon.*

Brusque, prompt, eveillé, sautant et bondissant,
Qui gratte, en se jouant, de l'ergot de derriere
(Regardant les passans) sa barbe mentonniere.
Il a le front severe et le pas mesuré,
La contenance fiere et l'œil bien asseuré :
Il ne doute les loups, tant soient-ils redoutables,
Ny les mastins armez de colliers effroyables,
Mais planté sur le haut d'un rocher espineux
Les regarde passer et si se mocque d'eux.

Son front est remparé de quatre grandes cornes;
Les deux proches des yeux sont droites comme bornes
Qu'un pere de famille esleve sur le bord
De son champ qui estoit nagueres en discord;
Les deux autres qui sont prochaines des aureilles,
En douze ou quinze plis se courbent à merveilles
D'une entorse ridée, et en tournant s'en vont
Cacher dessous le poil qui luy pend sur le front.

Dès la poincte du jour ce grand bouc qui sommeille
N'attend que le pasteur son troupelet reveille,
Mais il fait un grand bruit dedans l'estable, et puis
En poussant le crouillet, de sa corne ouvre l'huis,
Et guide les chevreaux qu'à grands pas il devance
Comme de la longueur d'une moyenne lance,
Puis les rameine au soir à pas contez et lons,
Faisant sous ses ergots poudroyer les sablons.

Jamais en nul combat n'a perdu la bataille,
Ruzé dès sa jeunesse, en quelque part qu'il aille,
D'emporter la victoire : aussi les autres boucs
Ont crainte de sa corne, et le reverent tous.

ÉGLOGUES.

Je le gage pourtant : voy comme il se regarde,
Il vaut mieux que le cerf que ta Thoinon te garde.

NAVARRIN.

J'ai dans ma gibbeciere un vaisseau fait au tour,
De racine de buis, dont les anses d'autour
D'artifice excellent de mesme bois sont faites,
Où maintes choses sont diversement portraites.

Presque tout au milieu du gobelet est peint
Un satyre cornu, qui de ses bras estreint
Tout au travers du corps une jeune bergere,
Et la veut faire choir dessous une fougere.
Son couvrechef luy tombe, et a de toutes pars
A l'abandon du vent ses beaux cheveux epars :
La nymphe courroucée, ardante en son courage,
Tourne loin du satyre arriere le visage,
Essayant d'eschapper, et de la dextre main
Luy arrache le poil du menton et du sein,
Et luy froisse le nez de l'autre main senestre,
Mais en vain ; car tousjours le satyre est le maistre.

Trois petits enfans nuds de jambes et de bras,
Taillez au naturel, tous potelez et gras
Sont gravez à l'entour : l'un par vive entreprise
Veut faire abandonner au satyre sa prise,
Et d'une infante main par deux et par trois fois
Prend celle du bouquin et lui ouvre les doits.

L'autre, enflé de courroux, d'une dent bien aigue
Mort ce dieu ravisseur par la cuisse pelue,

Se tient contre sa greve, et si fort l'a mordu
Que le sang sur la jambe est par tout descendu,
Faisant signe du pouce à l'autre enfant qu'il vienne,
Et que par l'autre cuisse à belles dents le tienne :
Mais luy tout refrongné, pour neant supplié,
Se tire à dos courbé une espine du pié,
Assis sur un gazon de verte pimpernelle,
Sans se donner soucy de l'autre qui l'appelle.

Une genisse auprès luy pend sur le talon,
Qui regarde tirer le poignant aiguillon
De l'espine cachée au fond de la chair vive,
Et toute est tellement à ce fait ententive,
Que beante elle oublie à boire et à manger :
Tant elle prend plaisir à ce petit berger,
Qui en grinçant des dents tire à la fin l'espine,
Et tombe de douleur renversé sur l'eschine.

Un houbelon[1] rampant à bras longs et retors
De ce creux gobelet passemente les bors,
Et court en se pliant à l'entour de l'ouvrage :
Tel qu'il est toutefois je le mets pour mon gage.

GUISIN.

Je mets une houlette en lieu de ton vaisseau.
L'autre jour que j'estois assis près d'un ruisseau,
Radoubant ma musette avecques mon alesne,
Je vy dessur le bord le tige d'un beau fresne
Droit, sans nœuds, et sans plis : lors me levant soudain

---

1. *Houbelon*, houblon.

J'empoignay d'allegresse un goy[1] dedans la main,
Puis coupant par le pied le tige armé d'escorce,
Je le fis chanceler et trebucher à force
Dessur le pré voisin estendu de son long :
En quatre gros quartiers j'en fis sier le tronc,
Au soleil je seichay sa verdeur consumée,
Puis j'endurcy le bois pendu à la fumée.

A la fin le baillant à Jean, ce bon ouvrier
M'en fist une houlette, et si n'y a chevrier
Ny berger en ce bois, qui ne donnast pour elle
La valeur d'un taureau, tant elle semble belle :
Elle a par artifice un million de nouds,
Pour mieux tenir la main, tous marquetez de clous;
Et afin que son pied ne se gaste à la terre,
Un cercle faict d'airain de tous costez le serre :
Une poincte de fer le bout du pied soustient,
Rempart de la houlette, où le pasteur se tient
Dessur la jambe gauche, et du haut il appuye
Sa main, quand d'entonner sa lourette[2] il s'ennuye :
L'anse est faite de cuivre, et le haut de fer blanc
Un peu long et courbé, où pourroient bien de rang
Deux mottes pour jetter au troupeau qui s'égare,
Tant le fer est creusé d'un artifice rare.

Une nymphe y est peinte, ouvrage nompareil,
Essuyant ses cheveux aux rayons du soleil,
Qui deçà qui delà dessur le col luy pendent,
Et dessur la houlette à petits flots descendent.

1. *Goy,* serpette.
2. *Lourette,* petite musette.

Elle fait d'une main semblant de ramasser
Ceux du costé senestre et de les retrousser
En frisons sur l'aureille, et de l'autre elle allonge
Ceux du dextre costé mignotez d'une esponge
Et tirez fil à fil, faisant entre ses doits
Sortir en pressurant l'escume sur le bois.

Aux pieds de ceste nymphe est un garçon qui semble
Cueillir des brins de jonc, et les lier ensemble
De long et de travers, courbé sur le genou :
Il les presse du pouce et les serre d'un noud,
Puis il fait entre-deux des espaces egales,
Façonnant une cage à mettre des cigales.
Loin derriere son dos est gisante à l'escart
Sa panetiere enflée, en laquelle un regnard
Met le nez finement, et d'une ruse estrange
Trouve le dejeuner du garçon et le mange,
Dont l'enfant s'apperçoit sans estre courroucé ;
Tant il est ententif à l'œuvre commencé.

Si mettray-je, pourtant une telle houlette,
Que j'estime en valeur autant qu'une musette.

MARGOT.

Je mettray, pour celuy qui gaignera le prix,
Un merle qu'à la glus en nos forests je pris :
Puis vous diray comment il fut serf de ma cage,
Et comme il oublia son naturel ramage.

Un jour en l'escoutant siffler dedans ce bois
J'eu plaisir de son vol et plaisir de sa vois,

Et de sa robbe noire, et de son bec qui semble
Estre plein de safran, tant jaune il lui ressemble :
Et pource j'espiay l'endroit où il buvoit,
Quand au plus chaud du jour ses plumes il lavoit.

Or en semant le bord de vergettes gluées,
Où les premieres caux du vent sont remuées,
Je me cachay sous l'herbe au pied d'un arbrisseau,
Attendant que la soif feroit venir l'oiseau.
Aussi tost que le chaud eut la terre enflammée,
Et que les bois fueilluz, herissez de ramée,
N'empeschoient que l'ardeur des rayons les plus chaux
Ne vinssent alterer le cœur des animaux,
Ce merle ouvrant la gorge, et laissant l'aile pendre,
Matté d'ardante soif, en volant vint descendre
Dessus le bord glué, et comme il allongeoit
Le col pour s'abreuver (pauvret qui ne songeoit
Qu'à prendre son plaisir!) se voit outre coustume
Engluer tout le col et puis toute la plume,
Si bien qu'il ne faisoit, en lieu de s'envoler,
Si non à petits bonds sur le bord sauteler.
Incontinent je cours, et prompte luy desrobbe
Sa douce liberté, le cachant sous ma robbe :
Puis repliant d'osier un petit labyrint,
Pour son buisson natal prisonnier il devint
De ma cage, et depuis, fust le soleil sous l'onde,
Fust qu'il monstrast au jour sa belle tresse blonde,
Fust au plus chaud midy, alors que nos troupeaux
Estoient en remaschant couchez sous les ormeaux,
Si bien je le veillai parlant à son aureille,
Qu'en moins de quinze jours il fut une merveille ;

Et luy fis oublier sa rustique chanson,
Pour retenir par cœur mainte belle leçon,
Toute pleine d'amour : j'ay souvenance d'une,
Bien que l'invention en soit assez commune,
Je la diray pourtant : car par là se verra
Si l'oiseau sera cher à celuy qui l'aura.

« Xandrin, mon doux soucy, mon œillet, et ma rose,
Qui peux de mes troupeaux et de moy disposer,
Le soleil tous les soirs dedans l'eau se repose !
Mais Margot pour t'amour ne sçauroit reposer. »

Il en sçait mille encore et mille de plus belles
Qu'il escoute en ces bois chanter aux pastourelles :
Car il apprend par cœur tout cela qu'il entend,
Et bien qu'il me soit cher, je le gage pourtant.[1]

Il est inutile, ce nous semble, de retracer aux amateurs de la vraie poésie tout ce qu'il y a de vivement descriptif et d'heureusement pittoresque dans les gracieux tableaux qu'ils viennent de parcourir. Cette coupe de buis, cette houlette de frêne, ce merle pris aux gluaux, sont retracés aux yeux avec un relief d'expressions et une vérité de couleurs dont notre poésie a trop vite désappris l'usage. La pruderie est venue avec le beau siècle, et l'on n'a plus osé nommer chaque chose par son nom. Il n'y a que Molière et La Fontaine qui aient gardé leur franc parler ; mais on a dit de Molière qu'il écrivait trop pour le peuple, ou même qu'*il écrivait mal !* et quant à l'*inimitable* bonhomme, on se serait fait scrupule de l'imiter en ce qu'on appelait *ses aimables négligences*. Le système de la périphrase a donc prévalu, et notre instrument poétique s'est

---

1. Éd. P. Bl., t. IV, p. 9.

perverti. Tous les efforts de l'école moderne tendent aujourd'hui à ramener l'art à la vérité. C'est plaisir et triomphe pour elle de retrouver chez les vieux des exemples naïfs de ses doctrines. Ronsard en abonde, et par ce côté, surtout, il mérite réparation auprès de la postérité. La permission de tout nommer en vers a plus d'importance que certaines personnes ne pourraient le croire au premier abord. Ainsi, pour ne prendre qu'un exemple évident, dans une langue poétique où il sera défendu de ciseler un gobelet et de tailler une houlette, comme l'a fait Ronsard, jamais un Schiller ne composera son admirable poëme de *la Cloche;* et si l'un des ornements de la jeune école, M. Émile Deschamps, a pu merveilleusement traduire un tel poëme, c'est qu'il ne s'est pas emprisonné dans cette langue d'exclusion et de convention.

LES PASTEURS ALUYOT ET FRESNET.[1]

ALUYOT.

Paissez, douces brebis, paissez ceste herbe tendre,
Ne pardonnez aux fleurs : vous n'en sçauriez tant prendre
Par l'espace d'un jour, que la nuit ensuyvant
Humide n'en produise autant qu'auparavant.
De là vous deviendrez plus grasses, et plus belles,
L'abondance de laict enflera vos mammelles,
Et suffirez assez pour nourrir vos aigneaux,
Et pour faire en tout temps des fromages nouveaux.

Et toy, mon chien Harpaut, seure et fidelle garde
De mon troupeau camus, leve l'œil et pren garde
Que je ne sois pillé par les loups d'alentour,
Cependant qu'en ce bois je me plaindray d'Amour.
Or sus, mon ALUYOT, allon, je te supplie,
Soulager en chantant le soin qui nous ennuye,
Allon chercher le frais de cet antre moussu,
Creusé dedans le flanc de ce tertre bossu :
Et là, nous souvenans de nos cheres amies,
Qui sont de nos langueurs doucement ennemies,

---

1. Ces pasteurs représentent MM. d'Alrye et de Fresne, conseillers d'État.

Tous deux en devisant par ordre nous dirons
Nos plaintes aux rochers qui sont aux environs,
Afin que quelque vent rapporte à leurs aureilles
Les soucis que nous font leurs beautez nompareilles.

Nous sommes arrivez dedans l'antre sacré :
Je m'en vay le premier (s'ainsi te vient à gré)
Te chanter ma complainte : ayant ouy la mienne,
Secondant ma douleur, tu me diras la tienne.

FRESNET.

. . . .
C'est grand cas que d'aimer ! une amoureuse playe
Ne se guarist jamais pour chose qu'on essaye :
Plus on la veut garir, et plus le souvenir
La fait tousjours plus vive en nos cœurs revenir.

J'ay beau me promener au travers d'un bocage,
J'ay beau paistre mes bœufs le long d'un beau rivage,
J'ay beau voir le printemps, ame des arbrisseaux,
Ouir les rossignols, gazouiller les ruisseaux,
Et voir entre les fleurs par les herbes menues
Sauter les aignelets sous leurs meres cornues,
Voir les boucs se choquer, et tout le long du jour
Voir les beliers jaloux se battre pour l'amour.

Ce plaisir toutefois, non plus ne me contente,
Que si du froid hiver la sifflante tourmente
Avoit terni les champs, et en mille façons
Rué dessus les fleurs la neige et les glaçons,

Et que le sainct troupeau de cent nymphes compaignes
Ne vinssent plus de nuict danser en nos montaignes.

Bien que mon parc foisonne en vaches et taureaux,
Et que sous ma faveur vivent cent pastoureaux
Qui sçavent tous jouer des douces cornemuses,
Les mignons d'Apollon, de Mercure et des Muses;
Bien que mon doux flageol, sur tous le mieux appris,
Quand il me plaist chanter, seul emporte le prix;
Bien qu'en nulle saison le doux laict ne me faille :
L'une part devient cresme et l'autre part se caille,
L'autre devient fromage, un mol, l'autre seiché,
Le mol est pour manger, le sec pour le marché;

Et bien que mes brebis ne soient jamais brehaignes,[1]
Bien que mille troupeaux beslent par mes campaignes,
Je voudrois n'avoir rien, Marion, sinon toy
Que je voudrois pour femme en mon antre chez moy,
Et parmi les forests, loin d'honneur et d'envie,
User en te baisant le reste de ma vie.

L'orage est dangereux aux herbes et aux fleurs,
La froideur de l'automne aux raisins qui sont meurs,
Les vents aux bleds de may : mais l'absence amoureuse
A l'amant qui espere est tousjours dangereuse.

J'ai pour maison un antre en un rocher ouvert,
De lambrunche sauvage et d'hierre[2] couvert,

---

1. *Brehaigne,* stérile.
2. *Hierre,* lierre.

ÉGLOGUES.

Qui deçà qui delà leurs grands branches espandent,
Et droit sur le milieu de la porte les pendent.

Un meslier nouailleux[1] ombrage le portail,
Où sans crainte du chaud remasche mon bestail :
Du pied naist un ruisseau dont le bruit delectable
S'enroue entre-cassé de cailloux et du sable,
Puis, au travers d'un pré serpentant de maint tour,
Arrouse doucement le lieu de mon sejour.
De là tu pourras voir Paris la grande ville,
Où de mes pastoureaux la brigade gentille
Porte vendre au marché ce dont je n'ay besoing,
Et tousjours argent frais leur sonne dans le poing.

Là s'il te plaist venir tu seras la maistresse ;
Tu me seras mon tout, ma nymphe et ma deesse ;
Nous vivrons et mourrons ensemble, et tous les jours,
Vieillissans nous verrons rajeunir nos amours.
Tous deux nous estendrons dessous un mesme ombrage,
Tous deux nous menerons nos bœufs en pasturage
Dès la poincte du jour, les ramenant au soir
Quand le soleil tombant en l'eau se laisse choir :
Tous deux les menerons quand le soleil se couche :
Et quand de bon matin il sort hors de sa couche,
A toute heure en tous lieux ensemble nous irons,
Et dessous mesme loge ensemble dormirons.
Puis au plus chaud du jour estans couchez à l'ombre,
Après avoir conté de nos troupeaux le nombre,
Pour chasser le sommeil je diray des chansons
Que pour toy je compose en diverses façons.

---

1. *Meslier*, arbre qui porte la nèfle. — *Nouailleux*, noueux.

Alors toy doucement sur mes genoux assise,
Maintenant tu ferois d'une douce feintise
Semblant de sommeiller, maintenant tu ferois
Semblant de t'eveiller, puis tu me baiserois,
Et presserois mon col de tes bras en la sorte
Qu'un orme est enlacé d'une vigne bien forte :
Maintenant tu romprois mon chant de ton baiser,
Maintenant tu voudrois ton ardeur appaiser
En m'ostant le flageol hors de la levre mienne,
Pour y mettre en son lieu le coural de la tienne;
Puis me rebaiserois, et me voulant flater,
Tu voudrois quelquefois avecque moy chanter.
Quelquefois toute seule et comme languissante
Je te verrois mourir en mes bras palissante,
Puis te resusciter, puis me faire mourir,
Puis d'un petit souris me venir secourir,
Puis en mille façons de tes levres vermeilles
Me resucer les yeux, la bouche, et les aureilles,
Et coup sur coup jetter des pommes sur mon sein,
Que j'aurois et d'œillets et de roses tout plein,
Pour rejetter au tien qui maintenant pommelle
Comme fait au printemps une pomme nouvelle ;
Sein où logeoit Amour, qui le trait me tira
Au cœur, qui autre nom depuis ne souspira
Que le tien, Marion : tesmoin en est ce chesne,
Où ces vers l'autre jour j'engravay d'une alesne :

« Les ondes refuiront contremont les ruisseaux,
Sans fueilles au printemps seront les arbrisseaux,
Venus sera sans torche, et Amour sans sagette,
Quand le pasteur Fresnet oubliera Mariette. »

Sus, troupeau, deslogeon, j'ay d'esclisse et d'osier,
Achevant ma chanson, achevé mon panier.
Voici la nuit qui vient, il me faut mener boire
Mon grand bouc escorné qui a la barbe noire.

Or adieu, Marion, ma chanson et le jour :
Le jour me laisse bien, mais non pas ton amour.

Ainsi disoit Fresnet : Aluyot, au contraire,
Pour l'amour de sa dame une chanson va faire.

ALUYOT.

Ma Janette, mon cœur, dont je n'ose approcher
Tant les yeux sont ardans, plus polie à toucher
Que la plume d'un cygne, et plus fresche et plus belle
Que n'est au mois d'avril une rose nouvelle ;
Plus douce que le miel, plus blanche que le lait,
Plus vermeille en couleur que le teint d'un œillet :
Voicy (il m'en souvient) le mois et la journée
(O douce souvenance, heureuse et fortunée!)
Où premier je te vey peigner tes beaux cheveux,
Ainçois filets dorez, mes liens et mes nœuds :
Je vy de sa main propre Amour les mettre en ordre,
Et filet à filet en deux tresses les tordre :
J'en coupay les plus blonds et les plus crespelets :
Les tournant en cordons j'en fy des brasselets
Que je porte à mes bras, signe que tu tiens prise
En tes crespes cheveux mon cœur et ma franchise :
Je les garde bien cher, car en nulle saison
Je ne veux eschapper de si belle prison.
Mainte fille en voyant ma face jeune et tendre,

Où la barbe commence encores à s'estendre,
M'a choisi pour amy : hier mesme Margot
Qui fait sauter ses bœufs au son du larigot,[1]
(Tu la cognois, Janette), envoya Jaqueline
Vers moy, pour me donner de sa part un beau cygne,
Et me dist : « Ceste-là qui te donne cecy,
Avecque son present à toy se donne aussi :
Pren son present et elle ; assez elle merite,
Ayant les yeux si beaux, d'estre ta favorite. »

Mais je la refusay : car plustost que d'aimer
Autre que toy, mon cœur, douce sera la mer,
Le doux miel coulera de l'escorce d'un fresne,
Et les roses croistront sur les branches d'un chesne,
Les buissons porteront les œillets rougissans,
Et les halliers ronceux les beaux lis blanchissans.
D'autant que du printemps la plaisante verdure
Est plus douce aux troupeaux que la triste froidure,
D'autant qu'un arbre enté rend un jardin plus beau
Que le tige espineux d'un rude sauvageau,
D'autant qu'un olivier surpasse en la campagne
D'un saule pallissant la perruque brehagne,
Et d'autant qu'au matin la belle aube qui luit
Surmonte de clarté les ombres de la nuict ;
D'autant, ma Janeton, dessur toute pucelle
Tu sembles à mes yeux plus gentille et plus belle :
Ces houx m'en sont tesmoins, et ces pins que tu vois
Surmonter en hauteur la cyme de ces bois,
Où m'esbatant un jour j'engravay sur l'escorce
D'un chesne non ridé cest epigramme à force :

---

1. *Larigot*, fifre.

« Quand Aluyot vivra sans aimer Janeton,
« Le bouc se vestira de la peau d'un mouton,
« Et le mouton prendra la robbe d'une chevre,
« Et aura comme un bouc barbe dessous la levre. »

J'ai l'ame toute esmeue et le cœur tout ravi,
Quand je pense en ce jour, où premier je te vy
Porter un beau panier, ainsi qu'une bergere,
Allant cueillir des fleurs au jardin de ma mere :
Si tost que je te vy, si tost je fu deçeu,
Je me perdi moy-mesme, et depuis je n'ay sçeu
Soulager ma douleur; tant l'amoureuse flame
Descendant jusqu'au cœur m'avoit embrasé l'ame.
Tu avois tes cheveux sans ordre desliez,
Frisez, crespez, retors, primes[1] et deliez,
Comme filets de soye; et de houpes garnie
Te pendoit aux talons ta belle souquenie.[2]
Ta sœur alloit après, j'allois après aussi :
Et comme je voulois te conter mon souci,
Las! je m'esvanouy, et l'amoureux martyre
Qui me pressoit le cœur ne me laissa rien dire.
A la fin revenu de telle pasmoison,
Le bouillant appetit surmonta la raison,
Je te contay mon mal : mais toy sans estre attainte
De ma triste douleur te moquas de ma plainte.

Or comme tu cueillois une fleur de ta main,
Par feintise, un bouquet te tomba de ton sein
(Où mainte fleur estoit l'une à l'autre arrengée)

---

1. *Primes*, jeunes, nouveaux, comme plus loin p. 291 : C'est une *prime* fleur, etc. (L. M.)
2. *Souquenie*, espèce de jupe.

Lié de tes cheveux et de soye orengée :
Je l'amasse et l'attache au bord de mon chapeau,
Et bien qu'il soit fany, tousjours me semble beau,
Comme ayant la couleur de ma face blesmie,
Qui maugré mon printemps se flestrist pour m'amie.

Ainsi que je pleurois pour mon mal appaiser,
Tu sautes à mon col me donnant un baiser :
Ha je meurs quand j'y pense ! et de ta bouche pleine
De roses, me versas en l'ame ton haleine.
Ce doux baiser passa (dont j'ay vescu depuis)
Soudain de nerfs en nerfs, de conduis en conduis,
De veine en veine après, de mouelle en mouelle,
M'allumant tout le sang d'une chaleur nouvelle :
Si bien qu'en toutes pars, en toute place et lieux,
J'ai tousjours ton baiser au devant de mes yeux ;
J'en sens tousjours l'haleine, et, depuis, ma musette
N'a peu chanter sinon le baiser de Janette.

Douce est du rossignol la rustique chanson,
Et celle du linot et celle du pinçon ;
Doux est d'un clair ruisseau le sautelant murmure ;
Bien doux est le sommeil sur la jeune verdure ;
Mais plus douce est ma flute, et les vers que de toy
Je chante, dessous l'ombre assise auprès de moy.

J'oy tousjours dans mon antre une belle fontaine ;
De roses est mon lict ; ma place est toute pleine
De toisons de brebis, que le vent fit broncher
L'autre jour contre bas du faiste d'un rocher.

De l'ardeur du soleil autant je me soucie,

Qu'un amant enchanté des beautez de s'amie
Se soucie d'ouir son pere le tanser,
Car Amour ne le fait qu'en sa dame penser.
Autant qu'on peut songer en dormant de richesses,
Autant j'ay de troupeaux : sur leurs toisons espesses
En hyver je m'endors, sans me donner esmoy
Du froid, car la froideur ne vient pas jusqu'à moy.

Mais cependant qu'en vain je chante ma Janette,
Vesper reluit au ciel d'une clarté brunette ;
Le temps coule si tost que je ne le sens point ;
Le soleil est couché : mais l'ardeur qui me poingt
Ne se couche jamais, et jamais ne s'alente,
Donnant treve à mon cœur, tant elle est violente.

Remede contre Amour je ne sçaurois trouver,
Voire eussé-je avallé tous les torrens d'hyver,
Et beu tous les glaçons des montaignes Rifées,
Tant j'ay de sa chaleur les veines eschaufées.
Je ne puis qu'en chantant ma douleur contenter .
Par la langue mon cœur peut son mal enchanter.

La cigale se plaist du chant de la cigale,
Et pasteur j'aime bien la chanson pastorale :
L'aigneau suit l'herbe courte, et le doux chevrefeuil
Est suivi de la chevre, et le bois du chevreuil :
Chacun suit son desir, et j'aime ma musette
Pour y chanter dessus les amours de Janette.
Or adieu, Janeton, le jour et ma chanson :
D'un ruisseau murmurant si plaisant n'est le son,
Le sommeil n'est si doux, ny les tendres fleurettes
Du printemps ne sont point si douces aux avettes,

Que les vers me sont doux, voire autant que tes yeux
Qui font tousjours Amour de moy victorieux.[1]

Cette pièce est nourrie de réminiscences et d'imitations de Virgile ; nous ne rappellerons que la plus charmante de toutes :

> Sepibus in nostris parvam te roscida mala
> (Dux ego vester eram) vidi cum matre legentem ;
> Alter ab undecimo tum me jam ceperat annus,
> Et fragiles poteram terra contingere ramos ;
> Ut vidi, ut perii, ut me malus abstulit error !

Ronsard a développé cette scène de premier amour dans les vers, *J'ay l'ame toute esmeue,* etc.

Toutes les églogues de Ronsard se ressemblent, soit par le dessin général, soit par les images de détail. Ce sont presque toujours deux bergers qui, assis à l'entrée d'une grotte, se disputent le prix du chant ; ils commencent par décrire les gages qu'ils déposent ; puis vient le chant alternatif, qui d'ordinaire déplore quelque trépas illustre ou qui célèbre quelque royal hyménée : après quoi, le juge du combat laisse la victoire indécise et commande aux rivaux d'échanger leurs gages. Telle est en particulier l'églogue *sur les noces de monseigneur Charles duc de Lorraine et de madame Claude, fille du roi Henri II.* Les bergers *Bellot* et *Perrot* représentent Dubellay et Ronsard, et l'arbitre *Michau* n'est autre que Michel de l'Hospital. Nous donnerons presque entière cette églogue, qui ne cède en rien aux précédentes, mais qui leur ressemble un peu trop.

---

1. Éd. P Bl., t. IV, p. 45.

BELLOT.

Perrot, tous les pasteurs ne te font que louer,
Te vantent le premier, soit que vueilles jouer
Du cistre ou du rebec, et la musette tienne,
Tant ils sont abusez, comparent à la mienne :
Je voulois dès long temps seul à seul te trouver
Loin de nos compagnons à fin de t'esprouver,
Pour, maistre, te monstrer qu'autant je te surpasse
Qu'une haute montaigne une colline basse.

PERROT.

Mon Bellot, il est vray que les pasteurs d'ici
M'estiment bon poëte, et je le suis aussi;
Mais non tel qu'est Michau ou Lancelot[1] qui sonne
Si bien de la musette aux rives de Garonne;
Et mon chant au prix d'eux est pareil au pinçon,
Qui veut du rossignol imiter la chanson.
Toutefois, mon Bellot, je ne te veux desdire :
Si tu es bon Thyrsis, je seray bon Tityre.
Commence, je n'ay point le courage failli :
L'assailleur bien souvent vaut moins que l'assailli.

Il faut pour le vainqueur que nous mettions un gage :
Quant à moy, pour le prix je depose une cage
Que je fis l'autre jour voyant paistre mes bœufs,
Devisant à Thoinet[2] qui s'egalle à nous deux.
Les barreaux sont de til[3], et la perchette blanche
Qui traverse la cage est d'une coudre franche :

---

1. *Lancelot,* c'est Lancelot Carles, célèbre poëte latin du temps.
2. *Thoinet,* Jean-Antoine de Baïf.
3. *Til,* tilleul.

De pelure de jonc j'ay tissu tout le bas :
A l'un des quatre coings la coque d'un limas
Pend d'un crin de cheval, voire de telle sorte
Qu'on diroit à la voir qu'elle-mesme se porte.
J'ai creusé d'un sureau l'auge bien proprement,
Et les quatre pilliers du petit bastiment
Sont d'une grosse ronce en quatre parts fendue ;
Et le cordon tressé duquel elle est pendue,
Belin[1] me l'a donné, houpé tout à l'entour
Des couleurs qu'il gaigna de Catin l'autre jour.
J'ai dedans prisonniere une jeune alouette,
Qui desgoise si bien, qu'hier ma Cassandrette,
Que j'aime plus que moy, m'en offrit un veau gras
Au front dejà cornu, voire et si ne l'eut pas :
Toutefois tu l'auras si tu as la victoire :
Mais plustost que l'avoir, la nege sera noire.

BELLOT.

Pour la cage et l'oiseau je veux mettre un pannier
D'artifice enlacé de vergettes d'ozier,
Large et rond par le haut, qui tousjours diminue
En tirant vers le bas d'une poincte menue :
L'anse est faite d'un hous qu'à force j'ay courbé :
En voulant l'attenuir le doigt je me coupé
Avecque ma serpette : encores de la playe
Je me deuls, quand du doigt mon flageollet j'essaye.
Tout ce gentil pannier est portrait par-dessus
De Mercure et d'Io, et des cent yeux d'Argus :
Io est peinte en vache, et Argus en vacher :

---

1. *Belin*, Remy Belleau.

Mercure fait le guet, qui du haut d'un rocher
Roulle le corps d'Argus, après avoir coupée
Son col du fer courbé de sa trenchante espée :
Une nymphe est auprès en simple corset blanc,
Qui tremble de frayeur de voir jaillir le sang.
Il me sert à serrer des fraises et des roses,
Il me sert à porter au marché toutes choses :
Mon Olive,[1] mon cœur, desire de le voir,
Elle me veut donner son mastin pour l'avoir,
Et si ne l'aura pas : je te le mets en gage,
J'en refuse trois fois la vente de ta cage.

. . . .

O dieu qui prens le soin des nopces, Hymenée,
Laisse pendre à ton dos ta chape ensafranée :
Ton pied soit enlacé d'un beau brodequin bleu,
Et portes en ta main un clair flambeau de feu :
Esternue trois fois : ta teste chevelue
Esbranle par trois fois : trois fois à ta venue
Voy CLAUDINE et CHARLOT,[2] afin que desormais
Le mariage soit heureux pour tout jamais.
Ameine avecques toy la Cyprienne sainte
D'un demi-ceinct tissu dessus les hanches ceinte,
Et son enfant Amour tenant l'arc en ses mains,
Pour se cacher ès yeux[3] du prince des Lorrains.
Ce n'est pas un berger, qui vulgaire et champestre
Meine aux gages d'autruy un maigre troupeau paistre;
Mais qui a cent troupeaux de vaches et de bœufs,

---

1. *Viole,* ou *Viola,* maitresse de Du Bellay. (L. M.)
2. Claude, fille de Henri II, et Charles, duc de Lorraine. (L. M.)
3. *Es yeux,* dans les yeux. (L. M.)

De boucs et de beliers paissans les prez herbeus
De Meuse et de Moselle, et la fertile plaine
De Bar qui se confine aux terres de Lorraine.

Il s'éleve en beauté sur tous les pastoureaux
Comme un brave taureau sur les menus troupeaux,
Ou comme un pin gommeux au resonnant fueillage
Tient son chef pommelu par-dessus un bocage.
Qui plus est, son menton en sa jeune saison
Ne se fait que cresper d'une blonde toison.

Bergers, faites ombrage aux fontaines sacrées,
Semez tous les chemins de fleurettes pourprées,
Despendez la musette, et de bransles divers
Chantez à ce Charlot des chansons et des vers.

Qu'il te tarde beaucoup que Vesper ne t'ameine
Déja la nuict, pour mettre une fin à ta peine !
Soleil, haste ton char, accourci ton sejour ;
Charlot a plus besoin de la nuict que du jour.

L'Amitié, la Beauté, la Grace et la Jeunesse
Appresteront ton lict, et par grande largesse
Une pluye d'œillets dessus y semeront,
Et d'ambre bien sentant les draps parfumeront.
Mille Amours emplumez de leurs petites ailes
Voleteront dessus, comme ès branches nouvelles
Des arbres, au printemps, voletent les oiseaux
Qui se vont esgayant de rameaux en rameaux.
La vigne à son ormeau si fort ne soit liée,
Qu'alentour de ton col ta jeune mariée,
Qui d'un baiser permis ta bouche embasmera,

Et d'un autre plaisir ton cœur allumera.
C'est une prime fleur encore toute tendre :
Espoux, garde-toy bien de brusquement la prendre,
Il la faut laisser croistre, et ne faut simplement
Que tenter cette nuict le plaisir seulement.
Comme tes ans croistront, les siens prendront croissance :
Lors d'elle à plein souhait tu auras jouissance,
Et trouveras meilleur mille fois le plaisir :
Car l'attente d'un bien augmente le desir.

Or le soir est venu, entrez en vostre couche,
Dormez bras contre bras et bouche contre bouche :
La concorde à jamais habite vostre lit :
Chagrin, dissension, jalousie et despit
Ne vous troublent jamais, ains d'un tel mariage
Puisse naistre bien tost un genereux lignage
Meslé du sang LORRAIN et du sang de VALOIS,
Qui Parthenope un jour remette sous ses lois,
Et puisse couronner ses royales armées,
Sur le bord du Jourdain, de palmes Idumées.

Atant se teut Bellot, et Perrot tout gaillard,
Enflant son chalumeau, luy respond d'autre part.

PERROT.

O Lucine Junon, qui aux nopces presides,
Et de paons accouplez, où il te plaist, tu guides
Ta coche comme vent sur terre et sur les cieux,
Brave de majesté comme royne des dieux,
Amene Pasithée et la Muse divine
Qui preside aux banquets, aux nopces de CLAUDINE.

Comme une belle rose est l'honneur du jardin,
Qui aux rais du soleil est esclose au matin,
Claudine est tout l'honneur de toutes les bergeres,
Et les passe d'autant qu'un chesne les fougeres :
Nulle ne l'a gaignée à sçavoir façonner
Un chapelet de fleurs pour son chef couronner :
Nulle ne sçait mieux joindre au lis la fraische rose,
Nulle mieux sur la gaze un dessein ne compose
De fil d'or et de soye, et nulle ne sçait mieux
Conduire de Pallas les arts ingenieux.

Comme parmi ces bois volent deux tourterelles
Que je voy tous les jours se caresser des ailes,
Se baiser l'une et l'autre et ne s'entre-eslongner,
Mais constantes de foy tousjours s'accompagner,
Qui de leur naturel jusqu'à la mort n'oublient
Les premieres amours qui doucement les lient :
Ainsi puisses-tu vivre en amoureux repous
Jusqu'à la mort, Claudine, avecque ton espoux.

Je m'en vay sur le bord des rives plus secrettes
Cueillir en mon panier un monceau de fleurettes,
Afin de les semer sur ton lict genial,
Et chanter à l'entour ce beau chant nuptial.

D'une si belle fille est heureuse la mere,
Ton pere est bien-heureux, bien-heureux est ton frere,
Mais plus heureux cent fois et cent encor sera,
Qui d'un masle heritier enceinte te fera :
Heureux sera celuy qui aura toute pleine
Sa bouche de ton ris, et de ta douce haleine,
Et de tes doux baisers, qui passent en odeur

Des prez les mieux fleuris la plus souave fleur :
Heureux qui dans ses bras pressera toute nue
Toy, CLAUDINE aux beaux yeux, du sang des dieux venue;
Qui hardi tastera tes tetins verdelets
Qui semblent deux bouttons encore nouvelets ;
Et qui, licentié d'une liberté franche,
Rebaisera ton front, et ta belle main blanche,
Et qui demeslera fil à fil tes cheveux,
Follastrant toute nuict, et faisant mille jeux :
Celuy priera la nuit que cent nuits dure encore,
Ou bien que de cent jours ne s'eveille l'aurore,
Afin que paresseux long temps puisse couver
Ses amours en ton sein, et point ne se lever.

Mais le soir est venu, et Vesper, la fourriere
Des ombres, a versé par le ciel sa lumiere :
Il faut s'aller coucher. Quoy ! tu fremis du cœur,
Ainsi qu'un petit fan qui tremble tout de peur
Quand il a veu le loup, ou quand loing de sa mere
Il s'effroye du bruit d'une fueille legere.
Il ne sera cruel : car une cruauté
Ne sçauroit demeurer avec telle beauté.
Demain, après avoir son amitié cognue,
Tu voudrois mille fois que la nuict fust venue
Pour retourner encore aux amoureux combas,
Et pour te rendormir dans le pli de ses bras.

Sus, deshabille-toy, et comme une pucelle
Qui de bien loin sa mere à son secours appelle,
N'appelle point la tienne, et vien pour te coucher
Près du feu qui te doit tes larmes dessecher.

[Comme une tendre vigne à l'ormeau se marie
Et de mainte embrassée autour de lui se plie,
Tout ainsi de ton bras en cent façons plié
Embrasse le beau col de ton beau marié.]

Celuy puisse conter le nombre des arenes,
Les estoiles des cieux, et les herbes des plaines,
Qui contera les jeux de vos combats si dous,
Desquels pour une nuict vous ne serez pas saouls.
Or sus esbatez-vous, et en toute liesse
Prenez les passe-temps de la courte jeunesse
Qui bien tost s'enfuira, et au nombre des ans
Qui vous suivront tous deux egalez vos enfans.
Ton ventre desormais si fertile puisse estre,
Que d'un sang si divin puisse en bref faire naistre
Des filles et des fils; des fils qui porteront
Les vertus de leur pere empreintes sur le front,
Et qui dès le berceau donneront cognoissance
Que d'un pere très fort auront pris leur naissance;
Les filles en beautez, en grace et en douceur
Par signes donneront un tesmoignage seur
De la pudicité de leur mere divine,
Qui de nostre grand Pan reçoit son origine.

Ainsi disoit Perrot, qui retenant le son
De son pipeau d'aveine acheva sa chanson.
Echo luy respondoit : les bois, qui rechanterent
Le beau chant nuptial, jusqu'au ciel le porterent.
Lors Michau s'escriant s'asseit au milieu d'eux,
Puis dit, en approuvant la chanson de tous deux.

MICHAU.

Vostre flute, garçons, à l'aureille est plus douce

Que le bruit d'un ruisseau qui jaze sur la mousse,
Ou que la voix d'un cygne, ou d'un rossignolet
Qui chante au mois d'avril par le bois nouvelet.
De manne à tout jamais vos deux bouches sont pleines,
De roses vos chapeaux, vos mains de marjolaines :
Jamais en vos maisons ne vous defaille rien,
Puisque les chalumeaux vous entonnez si bien.
Que chacun par accord s'entre-donne son gage :
Perrot, pren le panier, et toy, Bellot, la cage :
Retournez, mes enfants, conduire vos taureaux,
Et vivez bien-heureux entre les pastoureaux. [1]

1. Éd. P. Bl., t. IV, p. 60.

ÉLÉGIES

Les églogues de Ronsard sont suivies de *mascarades, combats* et *cartels*, composés pour divertir la cour dans les ballets et les tournois. Ces pièces assez médiocres ont aujourd'hui perdu tout l'intérêt qu'elles empruntaient de la circonstance. Nous passerons donc aux *élégies*, dans lesquelles Ronsard n'a pas mal réussi pour son temps. On y voit figurer une nouvelle maîtresse du nom de *Genèvre*, qui a fort occupé les commentateurs du poëte. Selon les uns, cette Genèvre serait tout simplement *la femme du concierge de la geôle de Saint-Marcel*; selon d'autres (et Guillaume Colletet penche pour cette opinion), elle serait la femme du célèbre auteur et infatigable traducteur Blaise de Vigenère. Une querelle assez vive qu'eut Ronsard avec ce dernier, et une rencontre sur le quai de la Tournelle, qui faillit se terminer par un duel, donnent quelque vraisemblance à la conjecture de Colletet. De plus, dans le nom de *Genèvre* ou *Genièvre*, on retrouve celui de *Vigenère*. Quoi qu'il en soit, les élégies adressées à Genèvre jouirent d'une grande célébrité, surtout celle qui commence par ces vers :

> Genèvre, je te prie, escoute ce discours
> Qui commence et finit nos premières amours.
> Souvent le souvenir de la chose passée
> Quand on la renouvelle est doux à la pensée.[1]

---

1. Éd. P. Bl., t. IV, p. 224.

C'est ce qu'il y a de mieux dans cette pièce, dont les subtilités et les fadeurs durent charmer infiniment les admirateurs de d'Urfé et de Scudéry. Nous nous contentons de la signaler à cause de sa réputation, mais nous en citerons quelques autres.

Hier quand bouche à bouche assis auprès de vous
Je contemplois vos yeux si cruels et si dous,
Dont Amour fit le coup qui me rend fantastique,
Vous demandiez pourquoy j'estois melancolique,
Et que toutes les fois que me verriez ainsi,
Vouliez sçavoir le mal qui causoit mon souci.

Or afin qu'une fois pour toutes je vous die
La seule occasion de telle maladie,
Lisez ces vers, Madame, et vous verrez comment
Et pourquoy je me deuls d'Amour incessamment.

Quand je suis près de vous, en vous voyant si belle,
Et vos cheveux frisez d'une crespe cautelle,
Qui vous servent d'un reth, où vous pourriez lier
Seulement d'un filet un Scythe le plus fier,
Et voyant vostre front et vostre œil qui ressemble
Le ciel quand ses beaux feux reluisent tous ensemble,
Et voyant vostre teint où les plus belles fleurs
Perdroient le plus naïf de leurs vives couleurs,
Et voyant vostre ris et vostre belle bouche
Qu'Amour baise tout seul, car autre ne la touche :
Bref, voyant vostre port, vostre grace et beauté,
Vostre fiere douceur, vostre humble cruauté,

Et voyant d'autre part que je ne puis attaindre
A vos perfections, j'ay cause de me plaindre,
D'estre melancolique, et de porter au front
Les maux que vos beaux yeux si doucement me font.

J'ay peur que vostre amour par le temps ne s'efface,
Je doute qu'un plus grand ne gaigne vostre grace,
J'ay peur que quelque dieu ne vous emporte aux cieux :
Je suis jaloux de moy, de mon cœur, de mes yeux,
De mon corps, de mon ombre, et mon ame est esprise
De frayeur, si quelqu'un avecques vous devise.

Je ressemble aux serpens, qui gardent les vergers
Où sont les Pommes d'or : si quelques passagers
Approchent du jardin, ces serpens les bannissent,
Bien que d'un si beau fruit eux-mesmes ne jouissent...[1]
. . . .

---

1. Éd. P. Bl., t. IV, p. 220.

A GENEVRE.

. . . .
Amour impatient qui cause mes regrets,
Toute nuit sur mon cœur aiguise tous ses traits,
M'aiguillonne, me poingt, me pique et me tourmente,
Et ta jeune beauté tousjours me represente.

Mais si tost que le coq planté dessur un pau [1]
A trois fois salué le beau soleil nouveau,
Je m'habille, et m'en vois où le desir me meine
Par les prez non frayez de nulle trace humaine,

Et là je ne voy fleur ny herbe ny bouton,
Qui ne me ramentoive ores ton beau teton,
Et ores tes beaux yeux en qui Amour se joue,
Ores ta belle bouche, ores ta belle joue.

Puis foulant la rosée, en pensant je m'en vois
Trouver quelque genevre au beau milieu d'un bois,
Où loin de toutes gens je me couche à l'ombrage
De cet arbre grené dont l'ombre me soulage : [2]
Je l'embrasse et le baise, et l'arraisonne ainsi,
Comme s'il entendoit ma peine et mon souci :
Genevre qui le nom de ma maistresse portes,
Au moins je te suppli' que tu me reconfortes

1. *Pau,* pal, pieu.
2. Pourtant Virgile a dit : *Juniperi gravis umbra.* Ronsard imite ici
Pétrarque, qui confond volontiers *Laure* avec le *laurier.*

Couché sous tes rameaux, puis qu'absent je ne puis
Ny baiser ny revoir la dame à qui je suis.
Je te puis asseurer que l'arbre de Thessale,
De Phœbus tant chery, n'aura louange egale
A la tienne amoureuse, et mes escrits feront
Que les genevres verds les lauriers passeront.

Or sus embrasse-moy, ou bien que je t'embrasse,
Abaisse un peu ta cyme à fin que j'entrelasse
Mes bras à tes rameaux, et que cent mille fois
Je baise ton escorce et embrasse ton bois.

Jamais du bucheron la penible coignée
A te couper le pied ne soit embesongnée,
Jamais tes verds rameaux ne sentent nul meschef :
Tousjours l'ire du ciel s'eslongue de ton chef,
Foudres, gresles et pluye ; et jamais la froidure
Qui efueille les bois n'efueille ta verdure.
Tous les dieux forestiers, les Faunes et les Pans
Te puissent honorer de bouquets tous les ans,
De guirlandes de fleurs, et leur bande cornue
Face tousjours honneur à ta plante cognue.

A l'entour de ton pied, soit de jour, soit de nuit,
Un petit ruisselet caquette d'un doux bruit,
Murmurant ton beau nom par ses rives sacrées;
Où les nymphes des bois et les nymphes des prées
Couvertes de bouquets y puissent tous les jours,
En dansant main à main, te conter mes amours,
Pour les bailler en garde, en faisant leurs caroles,
A la Nymphe des bois qui se paist de paroles.[1]

1. Echo. (L. M.)

Ainsi je parle à l'arbre, et puis en le baisant
Et rebaisant encor je luy voy redisant :
Genevre bien-aimé, certes je te ressemble;
Avec toy le destin sympathisant m'assemble :
Ta cyme est toute verte, et mes pensers tous vers
Ne meurissent jamais : sur le printemps tu sers
A percher les oiseaux, et l'Amour qui me cherche,
Ainsi qu'un jeune oiseau, dessur mon cœur se perche :
Ton chef est herissé, poignant est mon souci :
Ta racine est amere, et mon mal l'est aussi :
Ta graine est toute ronde, et mon amour est ronde,
Constante en fermeté qui toute en elle abonde :
Ton escorce est bien dure, et dur aussi je suis
A supporter d'amour la peine et les ennuis.
Tu parfumes les champs de ton odeur prochaine,
Et d'une bonne odeur m'amour est toute pleine :
Tu vis dedans les bois, et bocager je vy
Solitaire et tout seul, si je ne suis suivy
D'Amour qui m'accompagne, et jamais ne me laisse
Sans me representer nostre belle maistresse :
Nostre, car elle est mienne et tienne : puis je croy
Que tu languis pour elle aussi bien comme moy.

Ainsi je parle à l'arbre, et luy, branlant la cyme,
Fait semblant de m'entendre, et d'apprendre ma ryme :
Puis la rechante aux vents, et se dit bien-heureux
D'estre honoré du nom dont je suis amoureux.[1]

. . . .

1. Éd. P. Bl., t. IV, p. 252.

ÉLÉGIES.

Un des parents de Ronsard lui avait, à ce qu'il paraît, enlevé sa maîtresse : de là l'élégie suivante, dont nous supprimons quelques parties communes ou obscures; le reste se distingue par je ne sais quel accent mordant et gaillard qui sent son franc gaulois :

. . . .
O dieux! j'aimerois mieux, si j'estois roy d'Asie,
Que la guerre m'ostast mon sceptre que m'amie.
L'homme vit aisément en ce mortel sejour
Sans avoir un royaume, et non pas sans amour,
Amour qui est la vie et des dieux et des hommes.
Que sert d'amonceler les thresors à grands sommes,
Estre prince, estre roy, sans prendre le doux fruict
D'une jeune maistresse en ses bras toute nuict?
Ah! le jour et la nuict viennent pleins de tristesse
A celuy, fust-il dieu, qui languit sans maistresse.
Las! si quelque voleur ou pirate de mer,
Faisant en ce païs ses galeres ramer,
M'avoit osté la mienne, ou quelque estrange prince,
Patience forcée il faudroit que je prinse,
Et ne me chaudroit point de pleurer sur le bord,
Faisant maugré moy place à la rigueur du Sort :
Voyant flotter la nef j'accuserois Fortune,
Qui me seroit (peut-estre) avec mille commune :

Mais un parent me l'oste, ô fiere cruauté !
Jamais entre parens n'habita loyauté.

. . . .

Mon Dieu ! que sert d'aimer à la cour ces princesses ?
Jamais telle grandeur n'apporte que tristesses,
Que noises, que debats : il faut aller de nuit.
Il faut craindre un mari ; toute chose leur nuit ;
Puis pour leur recompense ils ne reçoivent d'elles
Que le mesme plaisir des simples damoiselles.
Ils n'ont pas le tetin ny l'embonpoinct meilleur,
Ny les cheveux plus beaux, ny plus belle couleur,
Ny, quand on vient au poinct, les graces plus friandes.

Il n'est (ce disent-ils) que d'aimer choses grandes,
Que d'aimer en grand lieu. Perisse la grandeur
Qui tousjours s'accompaigne et de crainte et de peur
Le jeune Dorylas en donne experience,
Qui pour aimer trop haut n'eut jamais patience,[1]
Malheureux de son heur. Perisse la grandeur
Qui tousjours s'accompaigne et de crainte et de peur !

Tu diras au contraire : Une riche princesse
Est pleine de faveurs, d'honneurs et de richesse,
De pages, d'estafiers. Hà ! quand on vient au bien
Du plaisir amoureux, la suite ne vaut rien,
Il se faut cacher d'elle : en cela l'abondance
De trop de serviteurs porte grande nuisance ;

---

1. Une autre leçon donne :

> Qui n'eust entre les Grecs repos ni patience
> Pour hautement aymer. (L. M.)

ÉLÉGIES.

Où, quand on aime bas, jamais on n'est epris
(Comme estant seule à seul) de crainte d'estre pris :
Ou bien s'on est surpris, ce n'est que moquerie
Qui n'apporte à l'amant querelle ny furie.
Quant à moy bassement je veux tousjours aimer
Et ne veux champion pour les dames m'armer
Sans grande occasion : toute amour outragée,
Hostesse d'un bon cœur, desire estre vengée.

Avant qu'estre amoureux louer je ne pouvois,
Comme simple au mestier, la guerre de deux rois,
Paris et Menelas, qui troublerent l'Asie
Et l'Europe en faveur d'une si belle amie.

Or Menelas fit bien de la redemander
Par armes, et Paris par armes la garder :
Car le tendre butin d'une si chere proye
Valoit bien un combat de dix ans devant Troye.
Je les absous du fait; je serois bien contant
La demander dix ans, et la garder autant.

Achille, ne desplaise à ton poëte Homere,
Il t'a fait un grand tort! car après ta colere
Justement irritée encontre Agamemnon,
Il t'a faict appointer[1] pour ton mort compagnon :
Tu ne devois superbe entrer en telle rage,
Ou tu devois garder plus long temps ton courage.

O le brave amoureux! des chevaux viste-pieds,
Des femmes, des talens, des citez, des trepieds

1. *Appointer*, raccommoder.

Te firent oublier ton ire genereuse,
Qu'à bon droit tu conceus pour ta belle amoureuse!
Tu devois courroucé, sans te flechir après,
Brusler ou voir brusler les navires des Grecs.

Mais qui auroit, dy-moy, de te louer envie,
Quand tu as plus aimé ton amy que t'amie?
As-tu daigné, coqu, embrasser Briseïs,
Après qu'Agamemnon tes plaisirs a trahis,
Honnissant tes amours? et quoy qu'il jurast d'elle,
Tu ne devois penser qu'il la rendist pucelle,
Elle jeune et luy jeune, après avoir esté
Couchez en mesme lict la longueur d'un esté.
Ha! tes gestes sont beaux : mais ton amour legere
Deshonore tes faits et le romant d'Homere.

Quant à moy, ny talens, ny femme, ny cité
Ne sauroient appaiser mon courroux despité,
Que je ne porte au cœur une haineuse flame
Contre ce faux parent qui m'a ravi mon ame.[1]

1. Éd. P. Bl., t. IV, p. 280.

Nous fismes un contract ensemble l'autre jour,
Que tu me donnerois mille baisers d'amour,
Colombins, tourterins, à levres demi-closes,
A souspirs souspirans la mesme odeur des roses,
A langue serpentine, à tremblotans regars,
De pareille façon que Venus baise Mars,
Quand il se pasme d'aise au sein de sa maistresse.
Tu as parfait le nombre, helas! je le confesse :
Mais Amour sans milieu, ami d'extremité,
Ne se contente point d'un nombre limité.

Qui feroit sacrifice à Bacchus pour trois grapes,
A Pan pour trois aigneaux? Jupiter, quand tu frapes
De ton foudre la terre (ayant poitry dans l'air
Une poisseuse nue enceinte d'un esclair),
Ta Majesté sans nombre eslance pesle-mesle
Pluye sur pluye espaisse et gresle dessus gresle
Sur champs, mers et forests, sans regarder combien :
Un prince est indigent qui peut nombrer son bien.
L'abondance appartient à la Maison royale.
D'abondance en baisers ma maistresse l'egale.

Or, toy donques, cent fois plus belle que n'estoit
Celle qu'aux bords de Cypre une conque portoit,

Pressurant les cheveux de sa teste immortelle,
Encore tout moiteux de la mer maternelle ;
Imite-moy ce dieu, sans estre chiche ainsi
De tes almes baisers, dont mon cœur vit ici.
Si tu ne veux conter les langueurs et les peines,
Ny les larmes qui font de mes yeux deux fontaines,
Pourquoy me contes-tu les biens que je reçoy,
Quand je ne conte point les maux que j'ay pour toy ?
Car ce n'est la raison de donner par mesure
Tes baisers, quand des maux innombrables j'endure.
Donne-moy donc au lict, ensemble bien unis,
Tes baisers infinis pour mes maux infinis.[1]

1. Éd. P. Bl., t. IV, p. 289.

A GENEVRE.

Le temps se passe, et se passant, Madame,
Il fait passer mon amoureuse flame.
. . . .

Ah! quand je pense aux extremes plaisirs
Que je receus durant toute une année,
J'ay du penser l'ame si estonnée
Qu'elle me fait tout tremblant devenir,
Tant du penser m'est doux le souvenir.
Quand le printemps poussoit l'herbe nouvelle,
Qui de couleurs se faisoit aussi belle
Qu'est la couleur d'un gaillard papegay [1]
Bleu, pers, gris, jaune, incarnat et vert-gay,
Dès le matin avant que les avettes
Eussent succé la douceur des fleurettes
Qui embasmoient les jardins d'environ,
Vous amassiez dedans vostre giron,
Comme une fleur entre les fleurs assise,
La couleur jaune, incarnate et la grise,
Tantost la rousse et la blanche, et aussi
Le rouge œillet, le jaunissant soulci,
La pasquerette aux petites pensées :

---

1. *Papegay*, perroquet.

L'une sur l'autre en un rond amassées,
Un beau bouquet faisiez de vostre main,
Que vous cachiez une heure en vostre sein :
Puis me baisant, au sortir de la porte
Me le donniez d'une si douce sorte,
Que tout le jour j'en sentoy revenir,
La fleur à l'œil, au cœur le souvenir.

A mon retour des champs ou de la ville,
D'une main blanche à presser bien subtile
Vous m'accolliez, et en cent et cent lieux
Vous me baisiez et la bouche et les yeux
De vostre langue à baiser bien apprise.

Tantost fronciez les plis de ma chemise,
A chasque ply me baisant, ou mordant
D'un petit trait mon front de vostre dent :
Tantost friziez de vostre main vermeille
Mes blonds cheveux à l'entour de l'aureille,
Ou me pinsiez, chatouilliez, et j'estois
Si hors de moy que rien je ne sentois,
Mort de plaisir, tant le plaisir extreme
Avoit perdu ma raison et moy-mesme.

Mais ce plaisir que j'alloy recevant,
En peu de jours se perdit comme vent,
Et l'amitié chaudement allumée
S'assoupit toute et devint en fumée,
Fust que le ciel le commandast ainsi,
Fust vostre faute ou fust la mienne aussi,
Fust par malheur ou par cas d'aventure,
Fust que chacun ensuive sa nature

Par trop encline aux nouvelles amours.
Ah! fier destin, nous rompismes le cours,
Sans y penser, de l'amitié premiere,
Quand plus l'ardeur couroit en sa carriere;
Si que laissant le vieil pour le nouveau,
Par inconstance et fureur de cerveau,
Tous deux picquez d'estranges frenaisies,
En autre part mismes nos fantaisies :
Si que tous deux faschez de trop de loy,
Fusmes contents de rompre nostre foy
Pour la donner à de moindres peut-estre :
Ainsi Amour de toutes choses maistre,
Ainsi le ciel et la saison des temps
Furent et sont et seront inconstans.

Puis de tel fait la faute est excusable.
Venus qui fut déesse venerable,
Navrée au cœur des flames et des dards
De son enfant, aima bien le dieu Mars,
Ce grand guerrier nourrisson de la Thrace,
Peste et terreur de nostre humaine race :
Puis en quittant les amours de ce dieu,
Elle choisit Adonis en son lieu :
Puis se faschant d'Adonis, fut eprise
D'un pastoureau, d'un Phrygian Anchise
Qui habitoit le sommet Idean :
Puis en laissant ce pasteur Phrygian,
Aima Paris de la mesme contrée,
Tant elle fut de son plaisir outrée.
Elle fit bien d'avoir de tous pitié :
Rien n'est si sot qu'une vieille amitié.[1]

---

1. Éd. P. Bl., t. IV, p. 306.

Mania-t-on jamais, je le demande, le vers de dix syllabes avec plus d'aisance et de prestesse? La malice et le sentiment se réunissent ici et se mêlent au badinage. Quoi de plus tendrement voluptueux que ce bouquet caché *une heure* au sein d'une maîtresse, puis tout d'un coup, au départ, donné avec un baiser, *et d'une si douce sorte,*

> Que tout le jour j'en sentoy revenir
> La fleur à l'œil, au cœur le souvenir.

Les détails de la toilette, *ces plis de chemise qu'on fronce,* et ces baisers *à chaque pli,* font un ravissant tableau avec lequel contrastent vivement le persiflage naïf de la fin, et ces maximes railleusement volages :

> Elle fit bien d'avoir de tous pitié :
> Rien n'est si sot qu'une vieille amitié.

Ceci est du Voltaire ; ce qui précède est du Marot et du La Fontaine.

Le poëte, pour se distraire de son amour, se conseille à lui-même les voyages, comme un remède efficace.

. . . .

Heureux celuy qui ses peines oublie!
Va-t'en trois ans courir par l'Italie :
Ainsi pourras de ton col deslier
Ce lacz coulant qui te tient prisonnier.
Autres citez, autres villes et fleuves,
Autres desseins, autres volontez neuves;

Autre contrée, autre air et autres cieux
D'un seul regard t'esblouiront les yeux,
Et te feront sortir de la pensée
Plustost que vent celle qui t'a blessée.
Car comme un clou par l'autre est repoussé,
L'amour par l'autre est soudain effacé.

Tu es semblable à ceux qui dans un antre
Ont leur demeure où point le soleil n'entre,
Eux regardans en si obscur sejour
Nostre lumiere une heure en tout le jour,
Pensent qu'une heure est le soleil, et croyent
Que tout le jour est ceste heure qu'ils voyent.

Incontinent que leur cœur genereux
Les fait sortir hors du sejour ombreux,
En contemplant du soleil la lumiere,
Ils ont horreur de leur grotte premiere.

Le bon Orphée en l'antique saison
Alla sur mer bien loin de sa maison
Pour effacer le regret de sa femme,
Et son chemin aneantit sa flame.

Quand le soleil s'abaissoit et levoit,
Tousjours pleurant et criant le trouvoit
Dessous un roc, où son ame blessée
Se nourrissoit d'une triste pensée,
Et ressembloit non un corps animé,
Ains un rocher en homme transformé.
Mais aussi tost qu'il laissa sa contrée,
Autre amour neuve en son cœur est entrée,
Et se guarit en changeant de païs.
Pour Eurydice il aima Calaïs,
Empoisonnant tout son cœur de la peste
De cet enfant : je me tairay du reste :
De membre à membre il en fut detranché.
Sans chastiment ne s'enfuit le peché.[1]

Ce morceau est sur le même ton et a le même mérite que le précédent. On a cherché à expliquer de bien des manières la mort d'Orphée ; on a dit que, devenu insensible à l'amour depuis la mort d'Eurydice, il avait provoqué par ses dédains la fureur des Bacchantes : mais il est plus piquant de penser avec Ronsard que cette mort fut un châtiment dont les dieux frappèrent le volage.

1. Éd. P. Bl., t. IV, p. 324.

CONTRE LES BUCHERONS

DE LA FOREST DE GASTINE.

Quiconque aura premier la main embesongnée
A te coupper, forest, d'une dure congnée,
Qu'il puisse s'enferrer de son propre baston,
Et sente en l'estomac la faim d'Erisichthon,
Qui coupa de Cerès le chesne venerable,
Et qui gourmand de tout, de tout insatiable,
Les bœufs et les moutons de sa mere esgorgea,
Puis pressé de la faim soy-mesme se mangea :
Ainsi puisse engloutir ses rentes et sa terre,
Et se devore après par les dents de la guerre!

Qu'il puisse pour venger le sang de nos forests,
Tousjours nouveaux emprunts sur nouveaux interests
Devoir à l'usurier, et qu'en fin il consomme
Tout son bien à payer la principale somme!

Que tousjours sans repos ne face en son cerveau
Que tramer pour neant quelque dessein nouveau,
Porté d'impatience et de fureur diverse,
Et de mauvais conseil qui les hommes renverse!

Escoute, bucheron, arreste un peu le bras :
Ce ne sont pas des bois que tu jettes à bas;
Ne vois-tu pas le sang lequel degoute à force
Des nymphes qui vivoient dessous la dure escorce?
Sacrilege meurdrier, si on pend un voleur
Pour piller un butin de bien peu de valeur,
Combien de feux, de fers, de morts, et de detresses
Merites-tu, meschant, pour tuer nos déesses?

Forest, haute maison des oiseaux bocagers!
Plus le cerf solitaire et les chevreuls legers
Ne paistront sous ton ombre, et ta verte criniere
Plus du soleil d'esté ne rompra la lumiere.

Plus l'amoureux pasteur sus un tronq adossé,
Enflant son flageolet à quatre trous persé,
Son mastin à ses pieds, à son flanc la houlette,
Ne dira plus l'ardeur de sa belle Janette :
Tout deviendra muet; Echo sera sans vois;
Tu deviendras campagne, et en lieu de tes bois,
Dont l'ombrage incertain lentement se remue,
Tu sentiras le soc, le coutre, et la charrue;
Tu perdras ton silence, et Satyres et Pans,
Et plus le cerf chez toy ne cachera ses fans.

Adieu, vieille forest, le jouet de Zephyre,
Où premier j'accorday les langues de ma lyre,
Où premier j'entendi les fleches resonner
D'Apollon, qui me vint tout le cœur estonner;
Où premier admirant la belle Calliope,
Je devins amoureux de sa neuvaine trope,

Quand sa main sur le front cent roses me jetta,
Et de son propre laict Euterpe m'allaita.

Adieu, vieille forest, adieu, testes sacrées,
De tableaux et de fleurs en tout temps reverées,
Maintenant le desdain des passans alterez,
Qui, bruslez en l'esté des rayons etherez,
Sans plus trouver le frais de tes douces verdures,
Accusent tes meurtriers, et leur disent injures !

Adieu, chesnes, couronne aux vaillans citoyens,
Arbres de Jupiter, germes Dodonéens,
Qui premiers aux humains donnastes à repaistre ;
Peuples vrayment ingrats, qui n'ont sçeu recognoistre
Les biens receus de vous, peuples vrayment grossiers,
De massacrer ainsi leurs peres nourriciers !

Que l'homme est malheureux qui au monde se fie !
O dieux, que veritable est la philosophie,
Qui dit que toute chose à la fin perira,
Et qu'en changeant de forme une autre vestira !

De Tempé la vallée un jour sera montagne,
Et la cyme d'Athos une large campagne :
Neptune quelquefois de blé sera couvert :
La matière demeure et la forme se perd.[1]

Admirable élégie. Le sentiment qui l'a dictée est profondément vrai et touchant. M. de Chateaubriand a dit : « Qu'il y a longtemps que j'ai quitté mes bruyères natales ! On vient

---

1. Éd. P. Bl., t. IV, p. 347.

d'abattre un vieux bois de chênes et d'ormes parmi lesquels j'ai été élevé ; je serais tenté de pousser des plaintes comme ces êtres dont la vie était attachée aux arbres de la magique forêt du Tasse. » *(Voyage en Italie.)* Ronsard a eu l'honneur de se rencontrer d'avance avec l'illustre poëte de nos jours. Nous croirions faire injure à nos lecteurs en insistant sur les beautés de cette pièce : *Escoute, bucheron,... le flageolet à quatre trous persé;... tu perdras ton silence,* etc., etc.

HYMNES.

Les hymnes de Ronsard furent composés à l'imitation d'Homère, d'Orphée et surtout de Callimaque. La mythologie la plus savante, des allégories astronomiques perpétuelles, un mélange confus de platonisme et de christianisme, font pour nous de ces poëmes, si admirés en leur temps, une lecture presque inintelligible et paraitement ennuyeuse. Ronsard a essayé de consacrer ce genre païen aux saints de l'Église; il a célébré saint Blaise et saint Roch, mais l'essai n'a pas été heureux, et, dans ses préoccupations classiques, il est allé parler à saint Roch de *Lucine* et d'*Hyménée*. Pour donner une idée des hymnes, nous choisissons celle du *Printemps,* qui au mérite de la brièveté joint celui d'un style coloré fraîchement et d'un vers artistement construit.

HYMNE DU PRINTEMPS.

A FLEURIMONT ROBERTET

SEIGNEUR D'ALUYE, SECRETAIRE D'ETAT.

Je chante, ROBERTET, la saison du printemps,
Et comme Amour et luy, après avoir long-temps

Combattu le discord de la masse premiere,
Attrempez de chaleur sortirent en lumiere.
Tous deux furent oiseaux, l'un dans les cœurs vola,
L'autre au retour de l'an jouvenceau s'en alla
Rajeunir contre terre, et pour mieux se conduire
Il se fit compagnon des courriers de Zephyre.

Zephyre avoit un rhé d'aimant laborieux,
Si rare et si subtil qu'il decevoit les yeux,
Ouvrage de Vulcan : lequel depuis l'Aurore,
Depuis le jour couchant jusqu'au rivage More,
Tenoit large estendu, pour prendre dans ce rhé
Flore dont le Printemps estoit enamouré.

Or ceste Flore estoit une nymphe gentille,
Que la Terre conceut pour sa seconde fille.
Ses cheveux estoient d'or, annelez et tressez ;
D'une boucle d'argent ses flancs estoient pressez
Son sein estoit remply d'esmail et de verdure ;
Un crespe delié luy servoit de vesture ;
Et portoit en la main un cofin plein de fleurs
Qui nasquirent jadis du crystal de ses pleurs,
Quand Aquilon voulut la mener en Scythie,
Et la ravir ainsi comme il fit Orithye ;
Mais elle cria tant que la Terre y courut,
Et des mains du larron sa fille secourut.

Tousjours la douce manne et la tendre rosée
(Qui d'une vapeur tendre en l'air est composée),
Et la forte Jeunesse au sang chaud et ardant,
Et Venus qui estoit de roses bien coifée,
Suivoient de tous costez Flore la belle Fée,

Un jour qu'elle dansoit Zephyre l'espia,
Et tendant ses filets la print et la lia
En ses rets enlacée, et jeune et toute belle
Au Printemps la donna qui languissoit pour elle.

Si tost que le Printemps en ses bras la receut,
Femme d'un si grand dieu, fertile elle conceut
Les beautez de la terre, et sa vive semence
Fit soudain retourner tout le monde en enfance.

Alors d'un nouveau chef les bois furent couverts.
Les prez furent vestus d'habillemens tous verds,
Les vignes de raisins : les campagnes porterent
Le froment qu'à foison les terres enfanterent,
Le doux miel distila du haut des arbrisseaux,
Et le laict savoureux coula par les ruisseaux.

Amour qui le Printemps, son amy, n'abandonne,
Prit l'arc dedans la main : son dos il environne
D'un carquois plein de traits, puis alla dans la mer
Jusqu'au centre des eaux les poissons enflamer,
Et maugré la froideur des plus humides nues
Enflama les oiseaux de ses flames cognues :
Alla par les rochers et par les bois deserts
Irriter la fureur des sangliers et des cerfs,
Et parmi les citez aux hommes raisonnables
Fit sentir la douleur de ses traits incurables ;
Et en blessant les cœurs d'un amoureux souci,
Avecque la douceur mesla si bien aussi
L'aigreur qui doucement coule dedans les veines,
Et avec le plaisir mesla si bien les peines,
Qu'un homme ne pourroit s'estimer bien-heureux,

S'il n'a senti le mal du plaisir amoureux.
Jupiter s'alluma d'une jalouse envie
Voyant que le Printemps jouyssoit de s'amie :
L'ire le surmonta, puis prenant le couteau
Dont naguere il avoit entamé son cerveau
Quand il conceut Pallas, la déesse guerriere,
Detrencha le Printemps, et sa saison entiere
En trois parts divisa : adonques vint l'Esté
Qui hasla tout le ciel ; et si ce n'eust esté
Que Junon envoya Iris sa messagere,
Qui la pluye amassa de son aile legere,
Et tempera le feu de moiteuse froideur,
Le monde fust peri d'une excessive ardeur.

Après, l'Autonne vint chargé de maladies,
Et l'Hyver qui receut les tempestes hardies
Des vents impetueux qui se boufent si fort
Qu'à peine l'univers resiste à leur effort,
Et couvrirent, mutins, la terre pesle-mesle
De pluyes, de glaçons, de neiges et de gresle.

Le Soleil, qui aimoit la Terre, se fascha.
De quoy l'Hyver jaloux sa dame lui cacha,
Et rendit de ses yeux la lumiere eclipsée,
Portant dessur le front le mal de sa pensée,
Et, retournant son char à reculons, alla
Devers le Capricorne et se retira là.

Adonques en frayeur tenebreuse et profonde
(Le Soleil estant loing) fust demeuré le monde
Sans le gentil Printemps qui le fit revenir
Et soudain derechef amoureux devenir.

HYMNES.

D'une chaisne de fer deux ou trois fois retorse
Prenant l'Hyver au corps le garota par force,
Et sans avoir pitié de ce pauvre grison,
L'espace de neuf mois le detint en prison.
Ainsi par le Printemps la Terre se fit belle,
Ainsi le beau Soleil retourna devers elle,
Et redoublant le feu de sa premiere amour,
Monta bien haut au ciel et allongea le jour,
Afin que plus long temps il embrassast sa femme :
Et ne fust que Tethys a pitié de la flame
Qu'Amour luy verse au cœur, il fust ja consumé.

Mais pour remedier à son mal enflamé,
Elle appelle la Nuit : adonc la Nuit detache,
Ou semble detacher, le Soleil qu'elle cache
En la mer, où Tethys refroidit sa chaleur.

Mais luy qui cache en l'eau sa contrainte douleur,
S'enfuit de son giron la laissant endormie,
Et dès l'aube à cheval retourne voir s'amie.

Aussi de son costé la Terre cognoist bien
Que de telle amitié procede tout son bien :
Pour ce, de mille fleurs son visage elle farde,
Et de pareil amour s'échauffe et le regarde.
Comme une jeune fille, afin de plaire mieux
Aux yeux de son amy, par un soin curieux
S'accoustre et se fait belle, et d'un fin artifice
L'attire doucement à luy faire service :
Ainsi la Terre rend son visage plus beau,
Pour retenir long temps cet amoureux flambeau
Qui luy donne la vie, et de qui la lumiere

Par sa vertu la fait de toutes choses mere.
En l'honneur de cest hymne, ô Printemps gracieux,
Qui r'appelles l'année, et la remets aux cieux,
Trois fois je te salue, et trois fois je te prie
D'elongner tout malheur du chef de mon Aluye,
Et si quelque maistresse en ces beaux mois icy
Luy tourmente le cœur d'un amoureux soucy,
Flechi sa cruauté et la rens amoureuse
Autant qu'auparavant elle estoit rigoureuse ;
Et fay que ses beaux ans, qui sont en leur printemps,
Soient toujours en amour bien-heureux et contens. [1]

Ronsard a composé des hymnes pour les trois autres saisons. Quelque sévère jugement qu'on porte de cette fantasmagorie mythologique, il y a certes dans tout cela plus d'originalité et de poésie véritable que dans ces poëmes des *Saisons*, des *Mois*, etc., etc., dont on nous a inondés en un temps.

1. Éd. P. Bl., t. V, p. 177.

POÈMES.

Sous le titre de *poèmes*, les anciens éditeurs de Ronsard ont réuni en deux livres un grand nombre de pièces composées sur divers sujets, soit didactiques, soit de mythologie, soit d'histoire contemporaine. Ce sont, par exemple, *les Armes*, *la Chasse*, *les Plaintes de Calypso au départ d'Ulysse*, les aventures d'*Hylas*, de *Narcisse,* ou bien la *Harangue de François de Guise à ses soldats pour la défense de Metz*. Le premier livre est dédié à l'infortunée Marie Stuart : cette princesse en effet aimait beaucoup notre poète, et aux jours de sa puissance elle lui avait envoyé d'Écosse un buffet de vaisselle d'argent de la valeur de 2,000 écus, avec cette inscription : *A Ronsard, l'Apollon de la source des Muses*.[1] Ronsard fut reconnaissant comme il devait l'être. Voici le touchant sonnet qu'il adresse à l'illustre captive :

Encores que la mer de bien loin nous separe,
Si est-ce que l'esclair de vostre beau soleil,
De vostre œil qui n'a point au monde de pareil,
Jamais loin de mon cœur par le temps ne s'egare.

---

[1]. Selon Guillaume Colletet, ce présent aurait été fait à Ronsard par Marie Stuart prisonnière, en 1583, c'est-à-dire deux ans seulement avant la mort du poète.

Royne,[1] qui enfermez une royne si rare,
Adoucissez vostre ire et changez de conseil;
Le soleil se levant et allant au sommeil
Ne voit point en la terre un acte si barbare.

Peuples, vous forlignez, aux armes nonchalants,
De vos ayeux Renaulds, Lancelots et Rolands,
Qui prenoient d'un grand cœur pour les dames querelle,

Les gardoient, les sauvoient, où[2] vous n'avez, François,
Encore osé toucher ny vestir le harnois
Pour oster de servage une royne si belle.[3]

Déjà, lors du départ de la princesse pour l'Écosse, après la mort de François II, Ronsard avait déploré ce triste voyage en vers pleins de douleur qui semblent déceler un pressentiment sinistre :

> Comme un beau pré despouillé de ses fleurs,
> Comme un tableau privé de ses couleurs,
> Comme le ciel, s'il perdoit ses etoiles,
> La mer ses eaux, la navire ses voiles,
> Un bois sa fueille, un antre son effroy,
> Un grand palais la pompe de son roy,
> Et un anneau sa perle precieuse :
> Ainsi perdra la France soucieuse
> Ses ornemens, en perdant la beauté
> Qui fut sa fleur, sa couleur, sa clairté.

---

1. Élisabeth d'Angleterre. (L. M.)
2. *Où* en cet endroit signifie *tandis que*.
3. Éd. P. Bl., t. VI, p. 9.

. . . .

Hà je voudrois, Escosse, que tu peusses
Errer ainsi que Dele, ¹ et que tu n'eusses
Les pieds fermez au profond de la mer !

Hà je voudrois que tu peusses ramer
Ainsi que vole une barque poussée
De mainte rame à ses flancs eslancée,
Pour t'enfuïr longue espace devant
Le tard vaisseau qui t'iroit poursuivant,
Sans voir jamais surgir à ton rivage
La belle royne à qui tu dois hommage.

Puis elle adonc, qui te suivroit en vain,
Retourneroit en France tout soudain
Pour habiter son duché de Touraine :
Lors de chansons j'aurois la bouche pleine,
Et en mes vers si fort je la louerois,
Que comme un cygne en chantant je mourrois.
Pour mon object j'aurois la beauté d'elle,
Pour mon sujet sa constance immortelle ;
Où maintenant la voyant absenter,
Rien que douleur je ne sçauroy chanter. ²

. . . .

On ne donnera ici que deux ou trois extraits des *Poëmes*.

1. Délos. (S. M.).
2. Éd. P. Bl., t. VI, p. 24.

PROMESSE.

C'estoit au poinct du jour que les songes certains
D'un faux imaginer n'abusent les humains,
Par la porte de corne entrez en nos pensées
Des labeurs journaliers debiles et lassées,
Songes qui, sans tromper par une vanité,
Dessous un voile obscur monstrent la verité.

Ainsi que je dormois donnant repos à l'ame,
En songe m'apparut l'image d'une dame,
Qui monstroit à son port n'estre point de bas lieu,
Ains sembloit, à la voir, sœur ou femme d'un dieu.

Ses cheveux estoient beaux, et les traits de sa face
Monstroient diversement je ne sçay quelle grace
Qui dontoit les plus fiers, et d'un tour de ses yeux
Eust appaisé la mer et sereiné les cieux.
Elle portoit au front une majesté sainte;
Sa bouche en souriant de roses estoit peinte :
Elle estoit venerable, et quand elle parloit
Un parler emmiellé de sa levre couloit :
Elle avoit le sein beau, la taille droite et belle :
Et soit qu'elle marchast, soit qu'on approchast d'elle,

Soit riant, soit parlant, soit en mouvant le pas,
Devisant, discourant, elle avoit des appas,
Des rets, des hameçons, et de la glus pour prendre
Les credules esprits qui la vouloient attendre :
Car on ne peut fuïr, si tost qu'on l'apperçoit,
Que de son doux attrait prisonnier on ne soit,
Tant elle a de moyens, d'engins, et de manieres
Pour captiver à soy les ames prisonnieres.

Sa robe estoit dorée à boutons par devant :
Elle avoit en ses mains des ballons pleins de vent,
Des sacs pleins de fumée, et des bouteilles pleines
D'honneurs et de faveurs, et de parolles vaines :
Si quelque homme advisé les cassoit de la main,
En lieu d'un ferme corps n'en sortoit que du vain.
Telle enflure se voit ès torrens des vallées,
Quand le dos escumeux des ondes ampoullées
S'enfle dessous la pluye en bouteilles, qui font
Une monstre d'un rien, puis en rien se deffont.

Autour de ceste Nymphe erroit une grand bande
Qui d'un bruit importun mille choses demande,
Seigneurs, soldats, marchans, courtisans, mariniers :
Les uns vont les premiers, les autres les derniers,
Selon le bon visage, et selon la caresse
Que leur fait en riant ceste brave déesse :
Elle allaicte un chacun d'esperance, et pourtant
Sans estre contenté chacun s'en va contant.
Elle donne à ceux-cy tantost une accolade,
Tantost un clin de teste, et tantost un œillade :
Aux autres elle donne et faveurs et honneurs,
Et de petits valets en fait de grands seigneurs.

A son costé pendille une grande escarcelle
Large, profonde, creuse, où ceste damoiselle
Decouvroit sa boutique, et en monstroit le front
Tout riche d'apparence, à la façon que font
Les marchands plus rusez, à fin qu'on eust envie,
Voyant l'ombre du bien, de luy sacrer la vie.
Dedans ceste escarcelle estoient les eveschez,
Abbayes, prieurez, marquisatz et duchez,
Comtez, gouvernemens, pensions, et sans ordre,
Pendoient au fond du sac Sainct Michel et son Ordre,
Credits, faveurs, honneurs, estats petits et hauts,
Connestables et pairs, mareschaux, admiraux,
Chanceliers, presidens, et autre maint office
Qu'elle promet à fin qu'on luy face service.

Tous les peuples estoient envieux et ardans
D'empoigner l'escarcelle et de fouiller dedans;
Admiroient son enflure, et avoient l'ame esmeue
D'extreme ambition si tost qu'ils l'avoient veue :
Ils ne pensoient qu'en elle, et sans plus leurs desseins
Estoient de la surprendre et d'y mettre les mains :
Et pource ils accouroient autour de l'escarcelle,
Comme guespes autour d'une grappe nouvelle.
Quand quelqu'un murmuroit, la Dame l'appaisoit :
Car de sa gibeciere un leurre elle faisoit,
Qu'elle monstroit au peuple, et comme trop legere,
Aux uns estoit marastre, aux autres estoit mere.
L'un devenoit content sans attendre qu'un jour :
L'autre attendoit vingt ans (miserable sejour),
L'autre dix, l'autre cinq ; puis au lieu d'un office,
Estat ou pension, remboursoit leur service,
Ou bien d'un *Attendez*, ou bien, *Il m'en souvient :*

Mais telle souvenance en souvenir ne vient.

Le peuple, cependant, souffloit à grosse haleine,
Qui, suant et pressant et courant, mettoit peine
De courtizer la Nymphe, et d'un cœur indonté,
Sans craindre le travail, luy pendoit au costé.
En pompe devant elle estoit dame Fortune,
Qui sourde, aveugle, sotte, et sans raison aucune
Par le milieu du peuple à l'aventure alloit,
Abaissant et haussant tous ceux qu'elle vouloit,
Et folle et variable, et pleine de malice
Mesprisoit la vertu, et cherissoit le vice.

Au bruit de telle gent, qui murmuroit plus haut
Qu'un grand torrent d'hyver, je m'eveille en sursaut,
Et voyant près mon lict une dame si belle,
Je m'enquiers de son nom, et devise avec elle :

Déesse, approche-toy, conte-moy ta vertu,
D'où es-tu ? d'où viens-tu ? et où te loges-tu ?
A voir tant seulement ta brave contenance,
D'un pauvre laboureur tu n'as pris ta naissance :
Tes mains, ton front, ta face, et tes yeux ne sont pas
Semblables aux mortels qui naissent icy bas.

Ainsi je luy demande, et ainsi la déesse
Me respond à son tour : Amy, je suis *Promesse*.[1]
. . . .

Cette allégorie de la *Promesse* est ingénieusement conçue

---

1. Éd. P. Bl., t. VI, p. 246.

et vivement exécutée. Rulhière n'a pas fait mieux dans ses allégories célèbres de *l'A-propos* et du *Contre-Temps,* qui ont plus d'un rapport avec celle de Ronsard. Nous en dirons autant de la pièce suivante, qui est du même genre.

LES NUES, OU NOUVELLES.

A LA REINE-MÈRE, DURANT UN VOYAGE QU'ELLE FAISOIT
AVEC LES PRINCES.

Quand le soleil, ce grand flambeau qui orne
De son regard le front du Capricorne,
Retient plus court le frein de ses chevaux,
Et paresseux n'allonge ses travaux,
Monstrant au monde une face lointaine,
Palle, deffaite, inconstante, incertaine,
Qui ne veut plus de rayons se peigner,
Mais fait semblant de vouloir desdaigner,
Par un amour froidement endormie,
La belle Flore et la terre s'amie ;
Adonc l'hyver, que la jeune saison
Du beau printemps enchaisnoit en prison,
Vient deslier les superbes courages
Des vents armez de gresles et d'orages,
Qui tout soudain, comme freres mutins,
Frappent les monts, desracinent les pins,
Et d'un grand bruit à la rive voisine
Flot dessus flot renversent la marine
Blanche d'escume, et aux pieds des rochers
Froissent, helas ! la maison des nochers,
Faisant bransler sur les vagues profondes
Les corps noyez pour le jouet des ondes,

Jettez après dessus le sable nu,
Hostes puants du rivage incognu.
L'air cependant, qui s'imprime des nues,
Forme en son sein des chimeres cornues,
Et comme il plaist aux grands vents de souffler,
On voit la nue estrangement s'enfler,
Representant en cent divers images
Cent vains pourtraits de differens visages,
Qui du soleil effacent le beau front,
Et sur la terre effroyables se font :
Car dedans l'air telles feintes tracées
Des cœurs humains estonnent les pensées :
L'une en sautant et courant en avant,
Vuide, sans poids, sert d'une balle au vent :
L'autre chargée est constante en sa place ;
L'une est de rien, l'autre est pleine de glace,
L'autre de neige, et l'autre ayant le teint
Noir, azuré, blanc et rouge, s'espreint
Comme une esponge aux sommets des montagnes :
L'autre s'avalle aux plus basses campagnes,
Et se rompant en sifflemens trenchans,
Verse la pluye et arrose les champs.

Un tel brouillard dessus Paris arrive,
Quand de ses rais nostre soleil[1] nous prive,
Et que bien loin il emporte autre part
Sa majesté, qui le jour nous depart,
Avec la vostre et celle de son frere ;[2]
Car sans vous deux la sienne n'est pas claire.

---

1. Charles IX. (L. M.)
2. Le duc d'Anjou, depuis Henri III. (L. M.)

Incontinent que le roy, nostre jour,
Nostre soleil, fait ailleurs son sejour,
Et que tournant les rayons de sa face
Loin de nos yeux, reluit en autre place,
L'hyver nous prend : lors mille impressions
Se font en l'air d'imaginations,
Qui d'un grand tour se pourmeinent ensemble ;
Puis tout le corps en un monceau s'assemble,
Et ce monceau qui fantastique pend
Deçà, delà, divisé se respand
En cent façons, et se demembre en nues,
Non pas de gresle ou de pluyes menues,
Neiges, frimats, ou de glace qui perd
Le jeune bled dessus le sillon verd.

L'air imprimé ne respand choses telles
Dessus Paris, mais cent mille nouvelles,
Qui font pleuvoir, bruyantes d'un grand son,
Leurs nouveautez en diverse façon.
A l'impourveu tantost vient une nue,
Et ne sçait-on comment elle est venue,
Laquelle espand que les Huguenots font
Un grand amas, et qu'assemblez se sont ;
Et qu'au Synode ils ont conclud de prendre
La force en main, et trompez ne se rendre
Sous une paix, qui frivole retient
Que l'Évangile en lumiere ne vient, [1]
Et que bien tost les peuples d'Allemagne
Viendront pour eux couvrir nostre campagne,

---

1. *Sous une paix, qui frivole retient*, etc., c'est-à-dire *sous une paix frivole qui empêche que l'Évangile ne vienne en lumière.*

Pareils en nombre aux sablons de la mer,
Ou aux flambeaux que l'on voit allumer
Aux nuits d'hyver, quand la grand couverture
Du ciel ardant est bien claire et bien pure.
L'autre au contraire après laisse pleuvoir
Que la prestrise ardante fait mouvoir
Guerre à Geneve, et que jà la Savoye
Sous son grand duc en a trassé la voye :
Et que le roy à son age venu
Les doit froisser comme sablon menu,
Les punissant de leurs fautes commises
D'avoir pillé son bien et ses eglises.

L'autre soudain, en cheminant par l'air,
Tout en un coup sa charge fait couler,
Versant par tout que la partie est forte
Des Huguenots et des Romains, de sorte
Qu'il ne faut rien remuer des deux parts,
Que le profit en viendroit aux soldarts;
Et que le roy de puissance asseurée
A fait l'Edit d'eternelle durée;
Que le Papiste à ses messes ira,
Le Huguenot du presche jouira.

L'autre fait choir qu'on brasse quelque chose,
Dont la menée encore n'est declose :
Et que bien tost on verra de grands cas.
Puis l'autre au Turc fait avancer le pas,
Et va semant que sa grand cymeterre
Doit commander bien tost à nostre terre,
Et que pour trop disputer de la foy
A la parfin nous n'aurons plus de loy.

L'autre, en ouvrant ses ombres espaissies
Pleines d'horreur, fait cheoir des propheties,
Qu'on dit venir du cabinet de Dieu :
C'est qu'au Palais il n'y a plus de lieu
Pour nostre prince, et que c'est certain signe
Que de nos roys prochaine est la ruine ;
Et que la France, après tant de dangers,
Doit enrichir les sceptres estrangers ;
Et que du lys la royale teinture
Des leopards deviendra la pasture.

. . . .

L'autre en tombant une frayeur distille,
Qui fait trembler les peuples de la ville :
C'est que le sang des fideles vangé
Voirra bien tost par armes saccagé
Ce grand Paris, comme ville maudite :
Que sa ruine en cent lieux est predite,
Pour le loyer d'avoir tant resisté
A l'Évangile et à la verité.

L'autre soudain en gouttes se divise,
Et va pleurant le tort fait à l'Église,
Et qu'on voirra nostre sceptre perdu
Tant que le bien de Dieu sera vendu ;
Et qu'à celuy qui en fit la menée
Le ciel appreste une mauvaise année.
L'autre fait choir dessus Paris espais,
Qu'on va jurer plus que devant la paix,
Pour assoupir toute querelle esmeue,
Et qu'à Narbonne on doit faire une veue

Entre le roy d'Espagne et nostre roy ;
Et que tous deux, pour soustenir la foy
De leurs ayeux, prendront bien tost les armes :
Qu'on voit dejà l'appareil des gendarmes
Comme à sous-main finement se dresser,
Et qu'on voirra plus qu'on ne doit penser.

L'autre qui vient de pestes toute pleine,
D'un bruit commun va semant qu'à grand peine
Le roy fera son chemin tout entier,
Et qu'à grand peine il voirra le cartier
De la Provence et de tout ce rivage,
Qu'un grand seigneur ne meure à son voyage.

L'autre soudain, ainsi qu'un bel esclair
Qui du ciel tombe et s'espand dedans l'air,
De son regard appaisant les orages,
Fait distiller cinquante mariages :
Que nostre roy, pour aise reposer,
De l'Empereur doit la fille espouser,
Et que bien tost on doit faire la nopce
D'un Espagnol à la royne d'Escosse ;
Et qu'un Anglois si fortuné sera
Que sa maistresse un jour espousera :[1]
Et qu'un François, pour plus hautain se rendre,
Des Allemans se veut faire le gendre.
L'autre, en changeant de menaces, predit
Que nostre prince en armes sera dit
Le plus puissant des princes de l'Europe ;

---

1. Le comte de Leicester fut sur le point d'épouser Élisabeth d'Angleterre. (L. M.)

Et que, vainqueur en conduisant sa trope
Par les lauriers et les palmes, sera
Ce roy qui seul la France refera.
L'autre en semant, d'un jour environnée,
Vostre vertu et vostre destinée
Et vostre esprit, resonne que nos rois
N'ont pas si bien par la crainte des lois
Gardé leur sceptre, ou par la violence,
Que vous, Madame, avec vostre prudence :
Et à ce bruit le peuple qui se sent
Vostre obligé, d'un accord s'y consent.

Quand sur Paris ces nues passageres
Ont deschargé leurs nouvelles legeres,
Le Bruit, qui vole et revole soudain,
Dresse l'aureille et ramasse en son sein
A pleine main ces nouvelles venues ;
Puis au Palais, puis par toutes les rues,
Par les maisons, il les seme à monceaux,
Et fait courir mille propos nouveaux,
Faux, vrais, douteux : car tantost en l'aureille,
Tantost bien haut, il raconte merveille ;
Triste tantost, tantost joyeux et gay
Mesle si bien le faux avec le vray,
Que des propos racontez à la troupe
Chacun en parle, et en disne, et en soupe :
Mesme en dormant on ne peut retenir
L'esprit esmeu de son resouvenir... [1]

. . . .

Cette allégorie, comme la précédente, est spirituelle,

---

1. Éd. P. Bl., t. VI, p. 257.

facile, mais peut-être un peu diffuse et trop sobrement relevée de poésie dans les détails. Marot aurait pu l'écrire, n'était la riche comparaison du commencement. Qu'est-ce donc que cela prouve, encore une fois, sinon l'injuste réputation qu'on a faite à Ronsard? Où trouver ce jargon tout grec dont on lui prête le perpétuel ridicule?

GAIETÉS.

Presque tous les poëtes du xvie siècle ont composé leurs *gaietés* ou *gaillardises*, et leur coryphée, Ronsard, n'y a pas manqué. Les siennes sont des pièces bachiques ou érotiques, plus ou moins joyeuses et libres; quelques-unes même porteraient aussi convenablement un tout autre titre, comme par exemple les jolies pièces de *l'Alouette* et du *Freslon*. C'est parmi les *gaietés* qu'il faudrait ranger une fameuse priapée de Ronsard intitulée *la Bouquinade*, si on ne la bannissait avec raison de toutes les éditions de ses œuvres. On la peut voir au *Cabinet satyrique*, où elle mérite de figurer. Il semble que Ronsard y ait d'avance voulu donner le ton au poëte Robbé, son compatriote. De plus innocentes gaietés sont le *Dithyrambe en l'honneur de Jodelle et du bouc tragique*, et *le Voyage d'Arcueil;* car à la maison d'Arcueil s'ébattaient les grands poëtes du xvie siècle, comme ceux du xviie à la maison d'Auteuil. Nous ne donnerons pas ces pièces trop longues, et dont l'intérêt n'a pas survécu à la circonstance; mais en voici d'autres qui les valent bien.

L'ALOUETTE.

Hé Dieu, que je porte d'envie
Aux plaisirs de ta douce vie,
Alouette, qui de l'amour
Degoizes dès le poinct du jour,
Secouant en l'air la rosée
Dont ta plume est toute arrousée !
Devant que Phœbus soit levé,
Tu enleves ton corps lavé
Pour l'essuyer près de la nue,
Tremoussant d'une aile menue ;
Et te sourdant à petits bons,
Tu dis en l'air de si doux sons
Composez de ta tirelire,
Qu'il n'est amant qui ne desire,
T'oyant chanter au Renouveau,
Comme toy devenir oiseau.

Quand ton chant t'a bien amusée,
De l'air tu tombes en fusée
Qu'une jeune pucelle au soir
De sa quenouille laisse choir
Quand au fouyer elle sommeille,
Frappant son sein de son aureille ;

Ou bien quand en filant le jour
Voit celuy qui luy fait l'amour
Venir près d'elle à l'impourveue,
De honte elle abbaisse la veue,
Et son tors fuseau delié
Loin de sa main roule à son pié.
Ainsi tu roules, alouette,
Ma doucelette mignonnette,
Qui plus qu'un rossignol me plais
Qui chante en un boccage espais.

Tu vis sans offenser personne ;
Ton bec innocent ne moissonne
Le froment, comme ces oiseaux
Qui font aux hommes mille maux,
Soit que le bled rongent en herbe,
Ou soit qu'ils l'egrainent en gerbe :
Mais tu vis par les sillons vers
De petits fourmis et de vers,
Ou d'une mouche ou d'une achée
Tu portes aux tiens la bechée,
A tes fils non encor ailez,
D'un blond duvet emmantelez.

A grand tort les fables des poëtes
Vous accusent vous, alouettes,
D'avoir vostre pere hay
Jadis jusqu'à l'avoir trahy,
Coupant de sa teste royale
La blonde perruque fatale,
En laquelle un poil il portoit
En qui toute sa force estoit.

Mais quoy! vous n'estes pas seulettes
A qui la langue des poëtes
A fait grand tort : dedans le bois
Le rossignol à haute vois,
Caché dessous quelque verdure,
Se plaint d'eux et leur dit injure.
Si fait bien l'arondelle aussi
Quand elle chante son cossi :
Ne laissez pas pourtant de dire
Mieux que devant la tirelire,
Et faites crever par despit
Ces menteurs de ce qu'ils ont dit.

Ne laissez pour cela de vivre
Joyeusement, et de poursuivre
A chaque retour du printemps
Vos accoustumez passetemps :
Ainsi jamais la main pillarde
D'une pastourelle mignarde,
Parmy les sillons espiant
Vostre nouveau nid pepiant,
Quand vous chantez, ne le desrobe
Ou dans sa cage ou sous sa robe.

Vivez, oiseaux, et vous haussez
Tousjours en l'air, et annoncez
De vostre chant et de vostre aile
Que le printemps se renouvelle. [1]

Cette *Alouette* de Ronsard est un petit chef-d'œuvre qui

1. Éd. P. Bl., t. VI, p. 348.

vaut la *Cigale* d'Anacréon. Comme le poëte nous peint le vol de ce gentil oiseau qui secoue la rosée dès l'aube, et, s'enlevant droit en haut, va *s'essuyer près de la nue!* La descente de l'alouette, comparée à la chute de la *fusée,* offre une image aussi fidèle que gracieuse; et la jeune fille, dont le front penche sous le sommeil ou se détourne soudain à la vue de l'amant aimé, est un épisode d'un effet délicieux. — *A grand tort les fables des poëtes.* On sait que Scylla, fille de Nisus et amoureuse de Minos, coupa le cheveu d'or auquel était attachée la fortune de son père, pour complaire à son amant, et fut métamorphosée en alouette. — *Quand elle chante son cossi.* Le *cossi* de l'*arondelle* est probablement ce qu'est le *tirelire* de l'alouette.

LE FRESLON.

A REMY BELLEAU,

POÈTE.

Qui ne te chanteroit, freslon,
De qui le piquant eguillon
Releva l'asne de Silene,
Qnand les Indois parmi la plaine
Au milieu des sanglans combas
Le firent tresbucher à bas?
Bien peu servoit au viellard d'estre
De Bacchus gouverneur et prestre,
Captif ils l'eussent fait mourir
Sans toy qui le vins secourir.

Déjà la troupe des Menades,
Des Mimallons et des Thyades,
Tournoient le dos, et de Bacchus
Jà dejà les soldats vaincus
Jettoient leurs lances enthyrsées,
Et leurs armures herissées
De peaux de lynces, et leur roy
Déjà fuyoit en desarroy,
Quand Jupiter eut souvenance
Qu'il estoit né de sa semence.

Pour aider à son fils peureux,
Il fit sortir d'un chesne creux
De freslons une fiere bande,
Et les irritant leur commande
De piquer la bouche et les yeux
Des nuds Indois victorieux.

A peine eut dit, qu'une grand nue
De poignans freslons est venue
Se desborder tout à la fois
Dessus la face des Indois,
Qui plus fort qu'un gresleux orage
De coups martela leur visage.

Là sur tous un freslon estoit,
Qui brave par l'air se portoit
Sur quatre grands ailes dorées :
En maintes lames colorées
Son dos luisoit par la moitié :
Luy courageux, ayant pitié
De voir au milieu de la guerre
Silene et son asne par terre,
Piqua cet asne dans le flanc
Quatre ou cinq coups jusques au sang.
L'asne qui soudain se reveille
Dessous le viellard fit merveille
De si bien mordre à coup de dens,
Ruant des pieds, que le dedans
Des plus espesses embuscades
Ouvrit en deux de ses ruades,
Tellement que luy seul tourna
En fuite l'Indois, et donna

A Bacchus estonné la gloire
Et le butin de la victoire.

Lors Bacchus, en lieu du bienfait
Que les freslons lui avoient fait,
Leur ordonna pour recompense
D'avoir à tout jamais puissance
Sur les vignes, et de manger
Les raisins prests à vendanger,
Et boire du moust dans la tonne
En bourdonnant, lorsque l'automne
Amasse des coutaux voisins
Dedans le pressouer les raisins,
Et que le vin nouveau s'escoule
Sous le pied glueux qui le foule.

Or vivez, bien heureux freslons,
Tousjours de moy vos aiguillons
Et de BELLEAU soient loin à l'heure
Que la vendange sera meure :
Et rien ne murmurez sinon
Par l'air que de BELLEAU le nom,
Nom qui seroit beaucoup plus digne
D'estre dit par la voix d'un cygne.[1]

Dans une pièce, un peu plus que légère, adressée par Ronsard à deux jeunes filles qu'il aime, et dont l'une est grasse et l'autre maigre, on lit, après quelques doléances sur la maigreur de cette dernière, les vers suivants, les seuls que nous en citerons :

1. Éd. P. Bl., t. VI, p. 351.

Mais en lieu de beautez telles,
Elle en a d'autres plus belles,
Un chant qui ravit mon cœur.
Et qui, dedans moy vainqueur,
Toutes mes veines attise;
Une douce mignotise,
Un doux languir de ses yeux,
Un doux souspir gracieux,
Quand sa douce main manie
La douceur d'une harmonie.[1]

Le doux languir de ses yeux iroit merveilleusement avec le doux parler de sa bouche.

1. Éd. P. Bl., t. VI, p. 355.

LE NUAGE

OU L'YVRONGNE.

Un soir, le jour de sainct Martin,
Thenot au milieu du festin
Ayant deja mille verrées
D'un gosier large devorées,
Ayant gloutement avalé
Sans mascher maint jambon salé,
Ayant rongé mille saucisses,
Mille pastez tous pleins d'espices,
Ayant maint flacon rehumé,
Et mangé maint brezil fumé,
Hors des mains luy coula sa coupe :
Puis begayant devers la troupe,
Et d'un geste tout furieux
Tournant la prunelle des yeux,
Pour mieux digerer son vinage,
Sur le banc pencha son visage.

Jà jà commençoit à ronfler,
A nariner, à renifler,
Quand deux flacons cheus contre terre,
Pesle-mesle avecques un verre,

Vindrent reveiller à demy
Thenot sur le banc endormy.
Thenot donc qui demy s'eveille,
Frottant son front et son aureille,
Et s'alongeant deux ou trois fois,
En sursault jetta ceste voix :

Il est jour, dit l'alouette,
Non est, non, dit la fillette :
Hà là là là là là là :
Je vois deçà, je vois delà,
Je voy mille bestes cornues,
Mille marmots dedans les nues :
De l'une sort un grand taureau,
Sur l'autre sautelle un chevreau :
L'une a les cornes d'un satyre,
Et du ventre de l'autre tire
Un crocodille mille tours.
Je voy des villes et des tours,
J'en voy de rouges, et de vertes ;
Voy-les là, je les voy couvertes
De sucres et de pois confis.
J'en voy de morts, j'en voy de vifs,
J'en voy, voyez-les donc? qui semblent
Aux blez qui sous la bize tremblent.

J'avise un camp de nains armez,
J'en voy qui ne sont point formez,
Tronquez de cuisses et de jambes,
Et si ont les yeux comme flambes
Au creux de l'estomac assis.
J'en voy cinquante, j'en voy six

Qui sont sans ventre, et si ont teste
Effroyable d'une grand creste.

Voicy deux nuages tous pleins
De Mores, qui n'ont point de mains,
Ny de corps, et ont les visages
Semblables à des chats sauvages :
Les uns portent des pieds de chevre,
Et les autres n'ont qu'une levre
Qui seule barbotte, et dedans
Ils n'ont ny machoires, ny dens.

J'en voy de barbus comme hermites;
Je voy les combas des Lapithes;
J'en voy tous herissez de peaux;
J'entr'avise mille troupeaux
De singes, qui d'un tour de joue
D'en hault aux hommes font la moue :
Je voy, je voy parmy les flos
D'une baleine le grand dos,
Et ses espines qui paroissent
Comme en l'eau deux roches qui croissent.
Un y gallope un grand destrier
Sans bride, selle ny estrier.
L'un talonne à peine une vache,
L'autre dessus un asne, tache
De vouloir saillir d'un plein sault
Sus un qui manie un crapault.
L'un va tardif, l'autre galope;
L'un s'elance dessus la crope
D'un Centaure tout debridé;
Et l'autre d'un Geant guidé,

GAIETÉS.

Portant au front une sonnette,
Par l'air chevauche à la genette.
L'un sur le dos se charge un veau,
L'autre en sa main tient un marteau :
L'un d'une mine renfrongnée
Arme son poing d'une congnée :
L'un porte un dard, l'autre un trident,
Et l'autre un tison tout ardent.

Les uns sont montez sur des grues,
Et les autres sus des tortues
Vont à la chasse avecq les dieux.
Je voy le bon Pere joyeux
Qui se transforme en cent nonvelles :
J'en voy qui n'ont point de cervelles,
Et font un amas noupareil,
Pour vouloir battre le soleil,
Et pour l'enclorre en la caverne
Ou de sainct Patrice, ou d'Averne :
Je voy sa sœur qui le defend.
Je voy tout le ciel qui se fend,
Et la terre qui se crevace,
Et le Chaos qui les menace.

Je voy cent mille Satyreaux
Ayant les ergots de chevreaux
Faire peur à mille Naiades.
Je voy la dance des Dryades
Parmi les forests trepigner,
Et maintenant se repeigner
Au fond des plus tiedes valées,
Ores à tresses avalées.

Ores gentement en un rond,
Ores à flacons sur le front,
Puis se baigner dans les fontaines.

Las ! ces nues de gresle pleines
Me predisent que Jupiter
Se veut contre moy depiter.
Bré, bré, bré, bré, voicy le foudre,
Craq, craq, craq, n'oyez-vous decoudre
Le ventre d'un nuau? j'ay veu,
J'ay veu, craq craq, j'ay veu le feu,
J'ay veu l'orage, et le tonnerre
Tout mort me brise contre terre.

A tant cet yvrongne Thenot
De peur qu'il eut ne dit plus mot,
Pensant vrayment que la tempeste
Luy avoit foudroyé la teste.[1]

On voit que l'ivrogne Thénot n'était pas encore aussi aguerri que cet autre ivrogne plus fameux qui prenait le fracas du tonnerre pour un signe de la frayeur céleste. L'idée d'un tel cauchemar bachique ne manque nullement de poésie, et l'exécution en est originale, quoique d'une couleur un peu sale et bourbeuse. Cette pièce a des points frappants de ressemblance avec plusieurs *visions* de Saint-Amant, Théophile et autres poëtes de cette école.

1. Éd. P. Bl., t. VI, p. 397.

DISCOURS

DES

MISÈRES DU TEMPS.

Dans les sanglantes querelles du xvie siècle, Ronsard prit le parti de la cour et de la religion catholique. Nourri des bienfaits de Henri II, de Catherine de Médicis et de ses fils, il avait encore pour motif de ce choix l'amour du loisir et de la paix, qui inspira également Horace et Malherbe. La haine que portaient les huguenots aux lettres profanes et aux frivolités galantes devait aussi l'indisposer contre eux. Il lança donc, sous le titre de *Discours des misères de ce temps,* de *Remontrance au peuple de France,* etc., etc., quelques satires politiques qui sont comme la contre-partie des *Tragiques* de d'Aubigné. Il faut dire, à l'honneur de Ronsard, que toutes ces pièces respirent, au milieu de préventions injustes, une profonde horreur des troubles, une tendre et filiale piété pour la France. D'ailleurs le ton en est vif, le style chaud, et la verve rapide bien qu'inégale. On en jugera par les extraits suivants.

A LA REINE-MÈRE,

DURANT LA MINORITÉ DE CHARLES IX.

Madame, je serois ou du plomb ou du bois,
Si moy que la nature a fait naistre François,
Aux races à venir je ne contois la peine
Et l'extreme malheur dont nostre France est pleine.

Je veux de siecle en siecle au monde publier
D'une plume de fer sur un papier d'acier,
Que ses propres enfans l'ont prise et devestue,
Et jusques à la mort vilainement battue.

Elle semble au marchand, accueilly de malheur,
Lequel au coing d'un bois rencontre le volleur,
Qui contre l'estomach luy tend la main armée,
Tant il a l'ame au corps d'avarice affamée.
Il n'est pas seulement content de luy piller
La bourse et le cheval : il le fait despouiller,
Le bat et le tourmente, et d'une dague essaye
De luy chasser du corps l'ame par une playe :
Puis en le voyant mort se sourit de ses coups,
Et le laisse manger aux mastins et aux loups.
Si est-ce que de Dieu la juste intelligence
Court après le meurtrier et en prend la vengeance :
Et dessus une roue (après mille travaux)
Sert aux hommes d'exemple et de proye aux corbeaux.

Mais ces nouveaux chrestiens qui la France ont pillée,
Vollée, assassinée, à force despouillée,
Et de cent mille coups tout l'estomach batu
(Comme si brigandage estoit une vertu),
Vivent sans chastiment, et à les ouir dire,
C'est Dieu qui les conduit, et ne s'en font que rire.
Ils ont le cœur si haut, si superbe et si fier,
Qu'ils osent au combat leur maistre desfier;
Ils se disent de Dieu les mignons, et au reste
Qu'ils sont les heritiers du Royaume celeste :
Les pauvres insensez ! qui ne cognoissent pas
Que Dieu, pere commun des hommes d'icy bas,
Veut sauver un chacun, et qu'à ses creatures
De son grand Paradis il ouvre les clostures.
Certes beaucoup de vuide, et beaucoup de vains lieux
Et de sieges seroient sans ames dans les cieux,
Et Paradis seroit une plaine deserte,
Si pour eux seulement la porte estoit ouverte.

Or ces braves vanteurs, controuvez fils de Dieu,
En la dextre ont le glaive et en l'autre le feu,
Et comme furieux qui frappent et enragent,
Vollent les temples saincts et les villes saccagent.

Et quoy? Brusler maisons, piller et brigander,
Tuer, assassiner, par force commander,
N'obeïr plus aux rois, amasser des armées,
Appelez-vous cela Églises reformées?

Jesus, que seulement vous confessez icy
De bouche et non de cœur, ne faisoit pas ainsi,
Et sainct Paul en preschant n'avoit pour toutes armes

Sinon l'humilité, les jeusnes et les larmes;
Et les Peres martyrs, aux plus dures saisons
Des tyrans, ne s'armoient sinon que d'oraisons,
Bien qu'un ange du ciel à leur moindre priere,
En soufflant, eust rué les tyrans en arriere.

. . . .

De Beze, je te prie, escoute ma parolle,
Que tu estimeras d'une personne folle :
S'il te plaist toutesfois de juger sainement,
Après m'avoir ouy tu diras autrement.

La terre qu'aujourd'huy tu remplis toute d'armes
Et de nouveaux chrestiens desguisez en gendarmes
(O traistre piété!), qui du pillage ardents
Naissent dessous ta voix, tout ainsi que des dents
Du grand serpent Thebain les hommes qui muerent
Le limon en couteaux desquels s'entretuerent,
Et, nez et demy-nez, se firent tous perir,
Si qu'un mesme soleil les vit naistre et mourir;
Ce n'est pas une terre Allemande ou Gothique,
Ny une region Tartare ny Scythique :
C'est celle où tu nasquis, qui douce te receut,
Alors qu'à Vezelay ta mere te conceut;
Celle qui t'a nourry et qui t'a fait apprendre
La science et les arts dès ta jeunesse tendre,
Pour luy faire service et pour en bien user,
Et non comme tu fais, afin d'en abuser.

Si tu es envers elle enfant de bon courage,
Ores que tu le peux, rens-luy son nourrissage,

Retire tes soldarts, et au lac Genevois
(Comme chose execrable) enfonce leurs harnois.

Ne presche plus en France une doctrine armée,
Un Christ empistolé tout noirci de fumée,
Qui comme un Mehemet va portant en la main
Un large coutelas rouge de sang humain.
Cela desplaist à Dieu, cela desplaist au prince;
Cela n'est qu'un appast qui tire la province
A la sedition, laquelle dessous toy
Pour avoir liberté ne voudra plus de roy.

Certes il vaudroit mieux à Lauzanne relire
Du grand fils de Thetis les prouesses et l'ire,
Faire combattre Ajax, faire parler Nestor,
Ou re-blesser Venus, ou re-tuer Hector,
Que reprendre l'Église, ou, pour estre dit sage,
Raccoustrer en saint Paul je ne sçay quel passage.
De Beze, ou je me trompe, ou cela ne vaut pas
Que France en ta faveur face tant de combas,
Ny qu'un prince royal[1] pour ta cause s'empesche.

Un jour en te voyant aller faire ton presche,
Ayant dessous un reistre[2] une espée au costé,
Mon Dieu, ce dy-je lors, quelle saincte bonté !
O parole de Dieu d'un faux masque trompée,
Puis que les predicans preschent à coup d'espée!
Bien tost avec le fer nous serons consumez,
Puis qu'on voit de couteaux les ministres armez.

---

1. Louis de Bourbon, prince de Condé. (L. M.)
2. *Reistre,* grand manteau comme en portaient les reitres.

Et lors deux surveillans, qui parler m'entendirent :
Avec un hausse-bec [1] ainsi me respondirent :
Quoy? parles-tu de luy qui seul est envoyé
Du ciel pour r'enseigner le peuple devoyé?
Ou tu es un athée, ou quelque benefice
Te fait ainsi vomir ta rage et ta malice,
Puis que si arrogant tu ne fais point d'honneur
A ce prophete sainct envoyé du Seigneur.

Adonc je respondy : Appellez-vous athée
Celuy qui dès enfance onc du cœur n'a ostée
La foy de ses ayeuls? qui ne trouble les lois
De son païs natal, les peuples ny les rois?
Appellez-vous athée un homme qui mesprise
Vos songes contre-faits, les monstres de l'Église
Qui croit en un seul Dieu, qui croit au Sainct Esprit
Qui croit de tout son cœur au sauveur Jesus Christ?
Appellez-vous athée un homme qui deteste
Et vous et vos erreurs comme infernale peste?
Et vos beaux predicans, qui subtils oiseleurs
Pipent le simple peuple, ainsi que basteleurs,
Lesquels enfarinez au milieu d'une place
Vont jouant finement leurs tours de passe-passe ;
Et à fin qu'on ne voye en plein jour leurs abus,
Soufflent dedans les yeux leur poudre d'oribus.
Vostre poudre est crier bien haut contre le Pape,
Deschiffrant maintenant sa tiare et sa chape,
Maintenant ses pardons, ses bulles, et son bien,
Et plus haut vous criez, plus estes gens de bien.
Vous ressemblez à ceux que les fievres insensent,

---

1. *Hausse-bec,* hochement de tête.

Qui cuident estre vrais tous les songes qu'ils pensent.
Toutefois la pluspart de vos rhetoriqueurs
Vous preschent autrement qu'ils n'ont dedans les cœurs.

L'un monte sur la chaire ayant l'ame surprise
D'arrogance et d'orgueil, l'autre de convoitise,
Et l'autre qui n'a rien voudroit bien en avoir :
L'autre brusle d'ardeur de monter en pouvoir,
L'autre a l'esprit aigu, qui par mainte traverse
Sous ombre des abus la verité renverse.

Vous ne ressemblez pas à nos premiers docteurs,
Qui, sans craindre la mort ny les persecuteurs,
De leur bon gré s'offroient eux-mesmes aux supplices,
Sans envoyer pour eux je ne sçay quels novices !

. . . .

Les Apostres jadis preschoient tous d'un accord :
Entre vous aujourd'huy ne regne que discord :
Les uns sont Zuingliens, les autres Lutheristes,
Les autres Puritains, Quintains, Anabaptistes ;
Les autres de Calvin vont adorant les pas ;
L'un est Predestiné et l'autre ne l'est pas,
Et l'autre enrage après l'erreur Muncerienne,
Et bien tost s'ouvrira l'escole Bezienne :
Si bien que ce Luther lequel estoit premier,
Cassé par les nouveaux, est presque le dernier,
Et sa secte qui fut de tant d'hommes garnie,
Est la moindre de neuf qui sont en Germanie.
Vous devriez pour le moins, pour nous faire trembler,
Estre ensemble d'accord sans vous desassembler :

Car Christ n'est pas un Dieu de noise ny discorde :
Christ n'est que charité, qu'amour et que concorde,
Et monstrez clairement par la division
Que Dieu n'est point autheur de vostre opinion.

Mais monstrez-moy quelqu'un qui ait changé de vie,
Après avoir suivy vostre belle folie :
J'en voy qui ont changé de couleur et de teint,
Hideux en barbe longue et en visage feint,
Qui sont plus que devant tristes, mornes et pales,
Comme Oreste agité de fureurs infernales.

Mais je n'en ay point veu, qui soient d'audacieux
Plus humbles devenus, plus doux ny gracieux,
De paillards continens, de menteurs veritables,
D'effrontez vergongneux, de cruels charitables,
De larrons aumosniers, et pas un n'a changé
Le vice dont il fut auparavant chargé. [1]

. . . .

Ronsard ne s'aveuglait pourtant pas sur les fautes et les abus de l'Église romaine, et, dans un discours à Guillaume des Autels, après avoir énuméré les torts des huguenots, il ajoute :

. . . .

Or nous faillons aussi : car depuis sainct Gregoire

[1]. Éd. P. Bl., t. VII, p. 17.

Nul pontife romain, dont le nom soit notoire,
En chaire ne prescha : et faillons d'autre part,
Que le bien de l'Église aux enfants se depart.
Il ne faut s'estonner, Chrestiens, si la nacelle
Du bon pasteur sainct Pierre en ce monde chancelle,
Puis que les ignorans, les enfans de quinze ans,
Je ne sçay quels muguets, je ne sçay quels plaisans,
Ont les biens de l'Église, et que les benefices
Se vendent par argent ainsi que les offices.

Mais que diroit sainct Paul, s'il revenoit icy,
De nos jeunes prelats, qui n'ont point de soucy
De leur pauvre troupeau, dont ils prennent la laine,
Et quelquefois le cuir; qui tous vivent sans peine,
Sans prescher, sans prier, sans bon exemple d'eux,
Parfumez, decoupez, courtisans, amoureux,
Veneurs, et fauconniers, et avec la paillarde
Perdent les biens de Dieu dont ils n'ont que la garde!

Que diroit-il de voir l'Église à Jesus-Christ,
Qui fut jadis fondée en humblesse d'esprit,
En toute patience, en toute obeïssance,
Sans argent, sans credit, sans force, ny puissance,
Pauvre, nue, exilée, ayant jusques aux os
Les verges et les fouets imprimez sur le dos;
Et la voir aujourd'huy riche, grasse, et hautaine,
Toute pleine d'escus, de rente, et de domaine?
Ses ministres enflez, et ses papes encor
Pompeusement vestus de soye et de drap d'or?
Il se repentiroit d'avoir souffert pour elle
Tant de coups de baston, tant de peine cruelle,
Tant de bannissemens, et voyant tel meschef,
Prieroit qu'un trait de feu luy accablast le chef.

Il faut doncq corriger de nostre saincte Église
Cent mille abus commis par l'avare prestrise,
De peur que le courroux du Seigneur tout-puissant
N'aille d'un juste feu nos fautes punissant.

Quelle fureur nouvelle a corrompu nostre aise?
Las! des Lutheriens la cause est très-mauvaise,
Et la defendent bien; et par malheur fatal,
La nostre est bonne et saincte, et la defendons mal.

O heureuse la gent que la mort fortunée
A depuis neuf cens ans sous la tombe emmenée!
Heureux les peres vieux des bons siecles passez,
Qui sont sans varier en leur foy trespassez,
Ains que de tant d'abus l'Église fust malade!
Qui n'ouirent jamais parler d'OEcolampade,
De Zuingle, de Bucer, de Luther, de Calvin;
Mais sans rien innover du service divin
Ont vescu longuement, puis d'une vie heureuse
En Jesus ont rendu leur ame genereuse.

Las! pauvre France, helas! comme une opinion
Diverse a corrompu ta premiere union!
Tes enfans qui devroient te garder te travaillent,
Et pour un poil de bouc entr'eux-mesmes bataillent,
Et comme reprouvez, d'un courage meschant,
Contre ton estomac tournent le fer trenchant.[1]

—

. . . .

Mais comment pourroit l'homme avec ses petits yeux
Cognoistre clairement les mysteres des cieux,

---

1. Éd. P. Bl., t. VII, p. 42.

Quand nous ne sçavons pas regir nos republiques,
Ny mesmes gouverner nos choses domestiques?
Quand nous ne cognoissons la moindre herbe des prez?
Quand nous ne voyons pas ce qui est à nos piez?
Toutefois les docteurs de ces sectes nouvelles,
Comme si l'Esprit Sainct avoit usé ses ailes
A s'appuyer sur eux, comme s'ils avoient eu
Du ciel dru et menu mille langues de feu,
Et comme s'ils avoient (ainsi que dit la fable
De Minos) banqueté des hauts dieux à la table,
Sans que honte et vergogne en leur cœur trouve lieu,
Parlent profondement des mysteres de Dieu :
Ils sont ses conseillers, ils sont ses secretaires,
Ils sçavent ses advis, ils sçavent ses affaires,
Ils ont la clef du ciel et y entrent tous seuls,
Ou qui veut y entrer, il faut parler à eux.
Les autres ne sont rien sinon que grosses bestes,
Gros chapperons fourrez, grasses et lourdes testes :
Sainct Ambrois, sainct Hierosme, et les autres docteurs
N'estoient que des reveurs, des fols, et des menteurs :
Avec eux seulement le Sainct Esprit se treuve,
Et du sainct Evangile ils ont trouvé la febve.

O pauvres abusez! mille sont dans Paris,
Lesquels sont dès jeunesse aux estudes nourris,
Qui de contre une natte estudians attachent
Melancholiquement la pituite qu'ils crachent,
Desquels vous apprendriez en diverses façons,
Encore dix bons ans, mille et mille leçons.
Il ne faut se ruser de longue experience
Pour estre exactement docte en vostre science :
Les barbiers, les maçons en un jour y sont clers,

Tant vos mysteres saincts sont cachez et couvers!

Il faut tant seulement avecques hardiesse
Detester le Papat, parler contre la Messe,
Estre sobre en propos, barbe longue et le front
De rides labouré, l'œil farouche et profond,
Les cheveux mal peignez, le sourcy qui s'avale,[1]
Le maintien refrongné, le visage tout pasle,
Se monstrer rarement, composer maint escrit,
Parler de l'Eternel, du Seigneur et de Christ,
Avoir d'un grand manteau les espaules couvertes,
Bref, estre bon brigand et ne jurer que : Certes.

Il faut pour rendre aussi les peuples estonnez,
Discourir de Jacob et des predestinez,
Avoir sainct Paul en bouche et le prendre à la lettre,
Aux femmes, aux enfans l'Evangile permettre,
Les œuvres mespriser, et haut louer la foy.
Voilà tout le sçavoir de vostre belle loy.

J'ay autrefois gousté, quand j'estois jeune d'age,
Du miel empoisonné de votre doux breuvage :
Mais quelque bon Demon, m'ayant ouy crier,
Avant que l'avaller me l'osta du gosier.

Non, non, je ne veux point que ceux qui doivent naistre,
Pour un fol Huguenot me puissent recognoistre :
Je n'aime point ces noms qui sont finis en ots,
Gots, Cagots, Austrogots, Visgots et Huguenots :
Ils me sont odieux comme peste, et je pense

---

1. *S'avaler*, s'abaisser, descendre.

Qu'ils sont prodigieux à l'empire de France.[1]

. . . .

Vous ne combattez pas, soldars, comme autresfois
Pour borner plus avant l'empire de vos rois :
C'est pour l'honneur de Dieu et sa querelle saincte
Qu'aujourd'huy vous portez l'espée au costé ceinte.

Je dy pour ce grand Dieu qui bastit tout de rien,
Qui jadis affligea le peuple egyptien,
Et nourrit d'Israël la troupe merveilleuse
Quarante ans aux deserts de manne savoureuse ;
Qui d'un rocher sans eaux les eaux fit ondoyer,
Fit de nuict la colonne ardante flamboyer
Pour guider ses enfans par monts et par valées ;
Qui noya Pharaon sous les ondes salées,
Et fit passer son peuple ainsi que par bateaux
Sans danger, à pied sec, par le profond des eaux.

Pour ce grand Dieu, soldars, les armes avez prises,
Qui favorisera vous et vos entreprises,
Comme il fit Josué par le peuple estranger :
Car Dieu ne laisse point ses amis au danger.

Dieu tout grand et tout bon, qui habites les nues,
Et qui cognois l'autheur des guerres advenues,
Dieu, qui regardes tout, qui vois tout et entens,
Donne je te suppli', que l'herbe du printemps
Si tost parmy les champs nouvelle ne fleurisse,
Que l'autheur de ces maux au combat ne perisse,
Ayant le corselet d'outre en outre enfoncé

1. Éd. P. Bl., t. VII, p. 59.

D'une pique ou d'un plomb fatalement poussé.

Donne que de son sang il enyvre la terre,
Et que ses compagnons au milieu de la guerre
Renversez à ses pieds, haletans et ardens,
Mordent dessur le champ la poudre entre leurs dens,
Estendus l'un sur l'autre, et que la multitude
Qui s'asseure en ton nom, franche de servitude,
De fleurs bien couronnée, à haute voix, Seigneur,
Tout à l'entour des morts celebre ton honneur,
Et d'un cantique sainct chante de race en race
Aux peuples à venir tes vertus et ta grace.[1]

1. Éd. P. Bl., t. VII, p. 80.

POÉSIES DIVERSES.

Nous réunissons sous ce titre un certain nombre de sonnets, chansons, épîtres, etc., etc., que les anciens éditeurs de Ronsard, ou Ronsard lui-même, avaient jugé à propos d'exclure des divisions précédentes, et qui étaient d'ordinaire rejetés à la fin des œuvres.

Je vous envoye un bouquet que ma main
Vient de trier de ces fleurs epanies :
Qui ne les eust à ce vespre cueillies,
Cheutes à terre elles fussent demain.

Cela vous soit un exemple certain
Que vos beautez, bien qu'elles soient fleuries,
En peu de temps cherront toutes flaitries,
Et comme fleurs periront tout soudain.

Le temps s'en va, le temps s'en va, ma Dame,
Las ! le temps non, mais nous nous en allons,
Et tost serons estendus sous la lame :

Et des amours desquelles nous parlons,
Quand serons morts, ne sera plus nouvelle :
Pour ce aymez-moy, cependant qu'estes belle.[1]

1. Éd. P. Bl., t. I, p. 397.

Marulle a dit :

> Has violas atque hæc tibi candida lilia mitto ;
> Legi hodiè violas, candida lilia heri.
> Lilia, ut instantis monearis, virgo, senectæ,
> Tam cito quæ lapsis marcida sunt foliis;
> Illæ, ut vere suo doceant ver capere vitæ
> Invida quod miseris tam breve Parca dedit.

Le temps s'en va, ce mouvement est plein de tristesse, surtout le retour *las ! le temps non*. — *Pour ce aymez-moy*, charmant vers que Victor Hugo a jugé digne de servir d'épigraphe à sa ballade intitulée *l'Aveu du châtelain*.

———

Je ne suis seulement amoureux de Marie,
Anne me tient aussi dans les liens d'amour ;
Ore l'une me plaist, ore l'autre à son tour :
Ainsi Tibulle aymait Nemesis et Delie.

Un loyal me dira que c'est une folie
D'en aimer, inconstant, deux ou trois en un jour,
Voire, et qu'il faudroit bien un homme de sejour,
Pour, gaillard, satisfaire à une seule amie.

Je respons, CHEROUVRIER,[1] que je suis amoureux,
Et non pas jouissant de ce bien doucereux
Que tout amant souhaitte avoir à sa commande.

1. L'un des amis du poëte.

Quant à moy, seulement je leur baise la main,
Les yeux, le front, le col, les levres, et le sein,
Et rien que ces biens-là, CHEROUVRIER, ne demande.[1]

Bien que vous surpassiez en grâce et en richesse
Celles de ce pays et de toute autre part,
Vous ne devez pourtant, et fussiez-vous princesse,
Jamais vous repentir d'avoir aymé Ronsard.

C'est luy, Dame, qui peut, avecque son bel art,
Vous affranchir des ans, et vous faire déesse :
Il vous promet ce bien, car rien de lui ne part
Qui ne soit bien poli, son siecle le confesse.

Vous me responderez qu'il est un peu sourdaut,
Et que c'est deplaisir en amour parler haut :
Vous dites verité, mais vous celez après

Que luy, pour vous ouÿr, s'approche à vostre oreille,
Et qu'il baise à tous coups vostre bouche vermeille,
Au milieu des propos, d'autant qu'il en est près.[2]

On se rappelle que Ronsard était affligé de surdité. Cela sans doute ne convenait guère aux *susurri molles;* mais il savait agréablement compenser ce petit inconvénient.

1. Éd. P. Bl., t. I, p. 398.
2. *Ibid.*, p. 399.

L'an se rajeunissoit en sa verte jouvence,
Quand je m'epris de vous, ma Sinope cruelle :
Seize ans estoit la fleur de vostre age nouvelle,
Et vostre teint sentoit encores son enfance.

Vous aviez d'une infante encor la contenance,
La parolle et les pas : vostre bouche estoit belle,
Vostre front et vos mains dignes d'une Immortelle,
Et vostre œil qui me fait trespasser quand j'y pense.

Amour, qui ce jour-là si grandes beautez vit,
Dans un marbre, en mon cœur d'un trait les escrivit :
Et si pour le jourd'huy vos beautez si parfaites

Ne sont comme autrefois, je n'en suis moins ravi ;
Car je n'ay pas egard à cela que vous estes,
Mais au doux souvenir des beautez que je vy.[1]

Quel trait de pinceau que ce *teint* qui *sent encores son enfance !*

Je veux lire en trois jours l'Iliade d'Homere,
Et pour ce, Corydon, ferme bien l'huis sur moy :
Si rien me vient troubler, je t'asseure ma foy,
Tu sentiras combien pesante est ma colere.

Je ne veux seulement que nostre chambriere
Vienne faire mon lit, ton compagnon, ny toy ;

---

1. Éd. P. Bl., t. I, p. 403.

Je veux trois jours entiers demeurer à requoy,
Pour follastrer, après, une sepmaine entiere.

Mais si quelqu'un venoit de la part de Cassandre ;
Ouvre-luy tost la porte, et ne le fais attendre,
Soudain entre en ma chambre, et me vien accoustrer.

Je veux tant seulement à luy seul me monstrer :
Au reste, si un dieu vouloit pour moy descendre
Du ciel, ferme la porte, et ne le laisse entrer.[1]

1. Éd. P. Bl., t. I, p. 413.

A LA RIVIÈRE DU LOIR.

Respon-moy, meschant Loir, me rens-tu ce loyer
Pour avoir tant chanté ta gloire et ta louange?
As-tu osé, barbare, au milieu de ta fange
Renversant mon bateau, sous tes flots m'envoyer?

Si ma plume eust daigné seulement employer
Six vers à celebrer quelque autre fleuve estrange,
Quiconque soit celuy, fust-ce le Nil, ou Gange,
Le Danube ou le Rhin, ne m'eust voulu noyer.

Pindare, tu mentois, l'eau n'est pas la meilleure
De tous les elemens : la terre est la plus seure,
Qui de son large sein tant de biens nous depart.

O fleuve Stygieux, descente Acherontide,
Tu m'as voulu noyer, de ton chantre homicide,
Pour te vanter le fleuve où se noya Ronsard. [1]

Une chanson de Ronsard, qui n'est pas assez bonne pour trouver place ici, se termine par cet envoi spirituel que Chaulieu, dans un accès de goutte, aurait pu joindre à l'un de ses billets doux rimés, car Ronsard était goutteux aussi :

1. Éd. P. Bl., t. V, p. 359.

. . . .

Chanson, va-t'en où je t'adresse,
Dans la chambre de ma maîtresse;
Dy-luy, baisant sa blanche main,
Que, pour en santé me remettre,
Il ne luy faut sinon permettre
Que tu te caches dans son sein.[1]

1. Éd. P. Bl., t. I, p. 434.

L'AMOUR OYSEAU.

Un enfant dedans un bocage
Tendoit finement ses gluaux,
A fin de prendre des oyseaux
Pour les emprisonner en cage.

Quand il veit, par cas d'aventure,
Sur un arbre Amour emplumé,
Qui voloit par le bois ramé
Sur l'une et sur l'autre verdure.

L'enfant, qui ne cognoissoit pas
Cet oyseau, fut si plein de joye,
Que pour prendre une si grand proye
Tendit sur l'arbre tous ses las.

Mais quand il vit qu'il ne pouvoit,
Pour quelques gluaux qu'il peust tendre,
Ce cauteleux oyseau surprendre
Qui voletant le decevoit,

Il se print à se mutiner,
Et, jettant sa glus de colere,
Vint trouver une vieille mere
Qui se mesloit de deviner.

Il luy va le fait avouer,
Et sur le haut d'un buy luy monstre
L'oyseau de mauvaise rencontre,
Qui ne faisoit que se jouer.

La vieille en branlant ses cheveux
Qui ja grisonnoient de vieillesse,
Luy dit : Cesse, mon enfant, cesse,
Si bien tost mourir tu ne veux,

De prendre ce fier animal.
Cet oiseau, c'est Amour qui vole,
Qui tousjours les hommes affole
Et jamais ne fait que du mal.

O que tu seras bien-heureux
Si tu le fuis toute ta vie,
Et si jamais tu n'as envie
D'estre au rolle des amoureux.

Mais j'ay grand doute qu'à l'instant
Que d'homme parfait auras l'age,
Ce mal-heureux oyseau volage,
Qui par ces arbres te fuit tant,

Sans y penser te surprendra,
Comme une jeune et tendre queste,[1]
Et, foullant de ses pieds ta teste,
Que c'est que d'aimer t'apprendra.[2]

---

1. *Queste,* proie, gibier que l'on poursuit. (L. M.)
2. Éd. P. Bl., t. 1, p. 434.

On voit dans le *Tableau de la poésie française au* XVIe *siècle* que ce petit sujet grec avait été aussi traité par J.-A. de Baïf. L'imitation de Ronsard est facile et naïve. [1]

---

1. La comparaison est certainement tout à l'avantage de Ronsard. Voici la pièce de Baïf :

> Un enfant oiseleur, jadis en un bocage
> Giboyant aux oiseaux, vit, dessus le branchage
> D'un houx, Amour assis; et, l'ayant aperçu,
> Il a dedans son cœur un grand plaisir conçu :
> Car l'oiseau sembloit grand. Ses gluaux il appreste,
> L'attend et le chevale, et, guetant à sa queste,
> Tache de l'assurer ainsi qu'il sauteloit.
> Enfin il s'ennuya de quoi si mal alloit
> Toute sa chasse vaine; et ses gluaux il rue,
> Et va vers un vieillard estant à la charrue,
> Qui lui avoit appris le mestier d'oiseleur;
> Se plaint et parle à lui, lui conte son malheur,
> Lui montre Amour branché. Le vieillard lui va dire,
> Hochant son chef grison et se ridant de rire :
> « Laisse, laisse, garçon, cesse de pourchasser
> La chasse que tu fais; garde-toi de chasser
> Après un tel oiseau : telle proye est mauvaise.
> Tant que tu la lairras, tu seras à ton aise;
> Mais si à l'age d'homme une fois tu atteins,
> Cet oiseau qui te fuit, et de qui tu te plains
> Comme trop sautelant, de son motif s'appreste,
> Venant à l'impourvu, se planter sur ta teste. »
>
> Au second livre des *Passetemps*, 1573. (L. M.)

A MAGDELEINE.

Les fictions, dont tu decores
L'ouvrage que tu vas peignant,
D'Hyacinth', d'Europe, et encores
De Narcisse se complaignant
De son ombre le dedaignant,

Ne sont pas dignes de la peine
Qu'en vain tu donnes à tes doits :
Car plustost, soit d'or, soit de laine,
Ta toile peindre toute pleine
De ton tourment propre tu dois.

Quand je te voy, et voy encore
Ce vieil mary que tu ne veux,
Je voy Tithon, et voy l'Aurore,
Luy dormir, elle ses cheveux
Refrisotter de mille nœuds,

Pour aller chercher son Cephale :
Et quoy qu'il soit alangoré
De voir sa femme morte et pale,
Si suit-il celle qui egale
Les roses d'un front coloré.

Parmy les bois errent ensemble
Se soulant de plaisir; mais las !
Jamais le jeune Amour n'assemble
Un vieillard de l'amour si las
A un printemps tel que tu l'as.[1]

Cette pièce, remplie d'inversions et d'enjambements, a une tournure grecque, et ne ressemble pas mal sous ce rapport à ces *iambes* d'André Chénier, si peu goûtés des gens de lettres, quoique si fort estimés des poëtes. Ce sont des études et des croquis d'atelier qui réclament pour juge l'œil de l'artiste, et non celui du public. Peut-être était-ce pour cette raison que Ronsard avait fini par retrancher cette petite ode du recueil de ses poésies. Le rhythme en est curieux, double et alternatif.

1. Éd, P. Bl., t. II, p. 414.

AUX MOUCHES A MIEL.

Où allez-vous, filles du ciel,
Grand miracle de la nature?
Où allez-vous, mouches à miel,
Chercher aux champs vostre pasture?
Si vous voulez cueillir les fleurs
D'odeur diverse et de couleurs,
Ne volez plus à l'aventure.

Autour de Cassandre halenée
De mes baisers tant bien donnez,
Vous trouverez la rose née,
Et les œillets environnez
Des florettes ensanglantées
D'Hyacinthe et d'Ajax, plantées
Près des lys sur sa bouche nez.

Les marjolaines y fleurissent,
L'amome y est continuel,
Et les lauriers qui ne perissent
Pour l'hyver, tant soit-il cruel;
L'anis, le chevrefueil qui porte
La manne qui vous reconforte,
Y verdoye perpetuel.

Mais, je vous pri', gardez-vous bien,
Gardez-vous qu'on ne l'eguillonne;
Vous apprendrez bien tost combien
Sa pointure est trop plus felonne;
Et de ses fleurs ne vous soulez
Sans m'en garder, si ne voulez
Que mon ame ne m'abandonne.[1]

Rhythme inventé et savant.

1. Éd. P. Bl., t. II, p. 419.

AU ROSSIGNOL.

Gentil rossignol passager,
Qui t'es encor venu loger
Dedans ceste fraische ramée
Sur ta branchette accoustumée,
Et qui nuit et jour de ta vois
Assourdis les mons et les bois,
Redoublant la vieille querelle
De Terée et de Philomele ;

Je te supplie (ainsi tousjours
Puisses jouir de tes amours !)
De dire à ma douce inhumaine,
Au soir, quand elle se promeine
Ici pour ton nid espier,
Que jamais ne faut se fier
En la beauté ny en la grace
Qui plustost qu'un songe se passe.

Dy-luy que les plus belles fleurs
En janvier perdent leurs couleurs,
Et quand le mois d'avril arrive
Qu'ell' revestent leur beauté vive ;
Mais quand des filles le beau teint
Par l'age est une fois esteint,

Dy-luy que plus il ne retourne,
Mais bien qu'en sa place sejourne
Au haut du front je ne sçay quoy
De creux à coucher tout le doy :
Et toute la face seichée
Devient comme une fleur touchée
Du soc aigu. Dy-luy encor
Qu'après qu'elle aura changé l'or
De ses blonds cheveux, et que l'age
Aura crespé son beau visage,
Qu'en vain lors elle pleurera,
De quoy jeunette elle n'aura
Prins les plaisirs qu'on ne peut prendre
Quand la vieillesse nous vient rendre
Si froids d'amours et si perclus,
Que les plaisirs ne plaisent plus.

Mais, rossignol, que ne vient-elle
Maintenant sur l'herbe nouvelle
Avecques moy dans ce buisson?
Au bruit de ta douce chanson,
Je lui ferois sous la coudrette
Sa couleur blanche vermeillette.[1]

Petit chef-d'œuvre. Ce *je ne sçay quoy de creux à coucher tout le doy,* cet âge où *les plaisirs ne plaisent plus,* sont de charmantes beautés de style. Le trait de la fin unit la délicatesse à la volupté.

1. Éd. P. Bl., t. II, p. 420.

A LA SOURCE DU LOIR.

Source d'argent toute pleine,
Dont le beau cours eternel
Fuit pour enrichir la plaine
De mon pays paternel,

Sois donc orgueilleuse et fiere
De le baigner de ton eau :
Nulle françoise riviere
N'en peut laver un plus beau :

Que les Muses eternelles
D'habiter n'ont dedaigné,
Ne Phœbus qui dit par elles
L'art où je suis enseigné ;

Qui dessus ta rive herbue
Jadis fut enamouré
De la nymphe chevelue,
La nymphe au beau crin doré,

Et l'attrapa de vistesse
Fuyant le long de tes bords,
Et là ravit sa jeunesse
Au milieu de mille efforts ;

Si qu'aujourd'huy d'elle encores
Immortel est le renom
Dedans un antre, qui ores
Se vante d'avoir son nom.

Fuy doncques, heureuse source,
Et par Vendosme passant,
Retien la bride à la course
Le beau crystal effaçant.

Puis salue mon La Haye[1]
Du murmure de tes flots;
C'est celuy qui ne s'essaye
De sonner en vain ton los.

Si le ciel permet qu'il vive,
Il convoira doucement
Les neuf Muses sur ta rive,
Pleines d'esbahissement

De le voir seul dessus l'herbe,
Rememorant leurs leçons,
Faire aller ton flot superbe,
Honoré par ses chansons.

Va donc, et reçoy ces roses,
Que je respan au giron
De toy, source, qui arroses
Mon pays à l'environ;

---

1. *La Haye*, l'un des amis du poëte.

Le quel par moy te supplie
En ta faveur le tenir,
Et en ta grace accomplie
Pour jamais l'entretenir;

Ne noyant ses pasturages
D'eau par trop se respandant,
Ne defraudant les ouvrages
Du laboureur attendant;

Mais fay que ton onde utile,
Luy riant joyeusement,
Innocente se distile
Par ses champs heureusement.

Ainsi du dieu venerable
De la mer, puisses avoir
Une accolade honorable,
Entrant chez luy pour le voir ![1]

1. Éd. P. Bl., t. II, p. 432.

T'oseroit bien quelque poëte
Nier des vers, douce alouette?
Quant à moy, je ne l'oserois :
Je veux celebrer ton ramage
Sur tous oyseaux qui sont en cage,
Et sur tous ceux qui sont ès bois.

Qu'il te fait bon ouïr à l'heure
Que le bouvier les champs labeure,
Quand la terre le printemps sent,
Qui plus de ta chanson est gaye,
Que courroucée de la playe
Du soc, qui l'estomac luy fend !

Si tost que tu es arrosée,
Au poinct du jour, de la rosée,
Tu fais en l'air mille discours :
En l'air des aisles tu fretilles,
Et pendue au ciel tu babilles,
Et contes aux vents tes amours.

Puis du ciel tu te laisses fondre
Dans un sillon verd, soit pour pondre,
Soit pour esclorre, ou pour couver,
Soit pour apporter la bechée
A tes petits, ou d'une achée,
Ou d'une chenille, ou d'un ver.

Lors moy, couché dessus l'herbette,
D'une part j'oy ta chansonnette ;
De l'autre sus du poliot,
A l'abry de quelque fougere,
J'escoute la jeune bergere
Qui degoise son lerelot.

Lors je dy : Tu es bien-heureuse,
Gentille alouette amoureuse,
Qui n'as peur ny soucy de riens,
Qui jamais au cœur n'as sentie
Les desdains d'une fiere amie,
Ny le soin d'amasser des biens :

Ou si quelque soucy te touche,
C'est, lorsque le soleil se couche,
De dormir, et de reveiller
De tes chansons, avec l'aurore,
Et bergers et passans encore,
Pour les envoyer travailler.

Mais je vy tousjours en tristesse,
Pour les fiertez d'une maistresse,
Qui paye ma foy de travaux,
Et d'une plaisante mensonge,
Mensonge qui tousjours allonge
La longue trame de mes maux. [1]

Cette seconde pièce de l'*Alouette* vaut presque autant que la première ; on y voit toujours l'aimable et vif oiseau qui *babille pendu au ciel*, et qui *du ciel se laisse fondre dans un sillon verd.*

1. Éd. P. Bl., t. II, p. 438.

Si tu me peux conter les fleurs
Du printemps, et combien d'arene
La mer, trouble de ses erreurs,
Contre le bord d'Afrique ameine;

Si tu me peux conter des cieux
Toutes les estoiles ardantes,
Et des vieux chesnes spacieux
Toutes les fueilles verdoyantes;

Si tu me peux conter l'ardeur
Des amants, et leur peine dure,
Je te feray le seul conteur,
Magny, des amours que j'endure.

Conte d'un rang premierement
Deux cens que je pris en Touraine,
De l'autre rang secondement
Quatre cens que je pris au Maine.

Conte, mais jette près à près,
Tous ceux d'Angers, et de la ville
D'Amboise, et de Vendosme après,
Qui se montent plus de cent mille.

Conte après six cens à la fois,
Dont à Paris je me vy prendre;

Conte cent millions qu'à Blois
Je pris dans les yeux de Cassandre.

Quoy ! tu fais les contes trop cours :
Il semble que portes envie
Au grand nombre de mes amours ;
Conte-les tous, je te supplie.

Mais non, il les vaut mieux oster :
Car tu ne trouverois en France
Assez de gettons pour conter
D'amours une telle abondance.[1]

Imité d'Anacréon.

[1] Éd. P. Bl., t. II, p. 439.

DISCOURS.

A JACQUES GREVIN.

Grevin, en tous mestiers on peut estre parfait :
Par longue experience un advocat est fait
Excellent en son art, et celuy qui practique
Dessus les corps humains un art hippocratique :
Le sage philosophe, et le grave orateur,
Et celuy qui se dit des nombres inventeur,
Par estude est sçavant, mais non pas le poëte :
Car la Muse icy bas ne fut jamais parfaite,
Ny ne sera, Grevin : la haute déité
Ne veut pas tant d'honneur à nostre humanité
Imparfaicte et grossiere : et pource elle n'est digne
De la perfection d'une fureur divine.

Le don de poesie est semblable à ce feu,
Lequel aux nuits d'hyver comme un presage est veu
Ores dessus un fleuve, ores sus une prée,
Ores dessus le chef d'une forest sacrée,
Sautant et jaillissant, jettant de toutes pars
Par l'obscur de la nuit de grands rayons espars :
Le peuple le regarde, et de frayeur et crainte
L'ame luy bat au corps, voyant la flame sainte.
A la fin la clarté de ce grand feu decroist,
Devient palle et blaffart, et plus il n'apparoist :
En un mesme pays jamais il ne sejourne,
Et au lieu dont il part, jamais il ne retourne :

Il saute sans arrest de quartier en quartier,
Et jamais un pays de luy n'est heritier :
Ains il se communique, et sa flame est monstrée
(Où moins on l'esperoit) en une autre contrée.

Ainsi ny les Hebreux, les Grecs, ny les Romains,
N'ont eu la poesie entiere entre leurs mains :
Elle a veu l'Allemagne, et a pris accroissance
Aux rives d'Angleterre, en Ecosse et en France,
Sautant deçà delà, et prenant grand plaisir
En estrange pays divers hommes choisir,
Rendant de ses rayons la province allumée;
Mais bien tost sa lumiere en l'air est consumée.

La louange n'est pas tant seulement à un,
De tous elle est hostesse et visite un chacun,
Et sans avoir esgard aux biens ny à la race,
Favorisant chacun, un chacun elle embrasse.

Quant à moy, mon Grevin, si mon nom espandu
S'enfle de quelque honneur, il m'est trop cher vendu,
Et ne sçay pas comment un autre s'en contente :
Mais je sçay que mon art griefvement me tourmente,
Encore que moy vif je jouisse du bien
Qu'on donne après la mort au mort qui ne sent rien :
Car pour avoir gousté les ondes de Permesse,
Je suis tout aggravé de somme et de paresse,
Inhabile, inutile : et qui pis, je ne puis
Arracher cest humeur dont esclave je suis.

Je suis opiniastre, indiscret, fantastique,
Farouche, soupçonneux, triste et melancolique,

Content et non content, malpropre[1] et mal courtois;
Au reste craignant Dieu, les princes et les lois,
Né d'assez bon esprit, de nature assez bonne,
Qui pour rien ne voudroit avoir fasché personne :
Voilà mon naturel, mon GREVIN, et je croy
Que tous ceux de mon art ont tel vice que moy.

Pour me recompenser au moins si Calliope
M'avoit fait le meilleur des meilleurs de sa trope,
Et si j'estois en l'art qu'elle enseigne parfait,
De tant de passions je seroy satisfait :
Mais me voyant sans plus icy demy-poëte,
Un mestier moins divin que le mien je souhaitte.

Deux sortes il y a de mestiers sur le mont
Où les neuf belles Sœurs leur demeurance font :
L'un favorise à ceux qui riment et composent,
Qui les vers par leur nombre arrangent et disposent,
Et sont du nom de vers dits versificateurs :
Ils ne sont que de vers seulement inventeurs,
Froids, gelez et glacez, qui en naissant n'apportent
Sinon un peu de vie, en laquelle ils avortent :
Ils ne servent de rien qu'à donner des habits
A la canelle, au sucre, au gingembre et au ris :
Ou si par trait de temps ils forcent la lumiere,
Si est-ce que sans nom ils demeurent derriere,
Et ne sont jamais leus : car Phebus Apollon
Ne les a point touchez de son aspre eguillon :
Ils sont comme apprentifs, lesquels n'ont peu atteindre
A la perfection d'escrire ny de peindre :

---

1. Dans le sens de négligé. (L. M.)

Sans plus ils gastent l'encre, et broyant la couleur,
Barbouillent un portrait d'inutile valeur.
L'autre preside à ceux qui ont la fantaisie
Esprise ardantement du feu de poesie,
Qui n'abusent du nom, mais à la verité
Sont remplis de frayeur et de divinité.

Quatre ou cinq seulement sont apparus au monde,
De grecque nation, qui ont à la faconde
Accouplé le mystere, et d'un voile divers
Par fables ont caché le vray sens de leurs vers,
A fin que le vulgaire amy de l'ignorance
Ne comprit le mestier de leur belle science ;
Vulgaire qui se mocque, et qui met à mespris
Les mysteres sacrez, quand il les a compris.

Ils furent les premiers, qui la theologie,
Et le sçavoir hautain de nostre astrologie,
Par un art très-subtil de fables ont voilé,
Et des yeux ignorans du peuple reculé.
Dieu les tient agitez, et jamais ne les laisse,
D'un aiguillon ardant il les picque et les presse ;
Ils ont les pieds à terre, et l'esprit dans les cieux ;
Le peuple les estime enragez, furieux :
Ils errent par les bois, par les monts, par les prées,
Et jouissent tous seuls des nymphes et des fées[1]...

. . . .

Ce *Discours à Grevin* fut retranché par Ronsard des dernières éditions qu'il publia de ses œuvres, parce que Grevin,

1. Éd. P. Bl., t. VI, p. 311.

attaché au calvinisme, s'était uni avec les ennemis du poëte contre les satires politiques des *Misères du temps* :

> J'oste Grevin de mes escris
> Pour ce qu'il fut si mal appris,
> Afin de plaire au calvinisme
> Je vouloy dire à l'athéisme,
> D'injurier par ses brocards
> Mon nom cogneu de toutes parts,
> Et dont il faisoit tant d'estime
> Par son discours et par sa rime, etc.[1]

Florent Chrétien fut compris par Ronsard dans la même invective; mais il vécut assez pour se réconcilier avec l'illustre offensé, tandis que Grevin mourut jeune et dans le fort de la querelle. On aura remarqué dans cette épître à Grevin la magnifique comparaison du commencement, et le sentiment élevé de poésie que Ronsard a réussi à exprimer.

1. Éd. P. Bl., t. II, p. 436.

ÉPITAPHE

DE FRANÇOIS RABELAIS.

Si d'un mort qui pourrit repose
Nature engendre quelque chose,
Et si la generation
Est faicte de corruption,
Une vigne prendra naissance
De l'estomac et de la pance
Du bon biberon qui boivoit
Tousjours ce pendant qu'il vivoit.
Car d'un seul traict sa grande gueule
Eust plus beu de vin toute seule
(L'epuisant du nez en deux coups)
Qu'un porc ne hume de laict dous,
Qu'Iris de fleuves, ne qu'encore
De vagues le rivage More.

Jamais le soleil ne l'a veu,
Tant fust-il matin, qu'il n'eust beu,
Et jamais au soir la nuict noire,
Tant fust tard, ne l'a veu sans boire,
Car alteré, sans nul sejour
Le galant boivoit nuict et jour.

Mais quand l'ardente canicule
Ramenoit la saison qui brule,

Demi-nus se troussoit les bras,
Et se couchoit tout plat à bas
Sur la jonchée entre les tasses,
Et parmi des escuelles grasses
Sans nulle honte se touillant,
Alloit dans le vin barbouillant
Comme une grenouille en la fange :

Puis yvre chantoit la louange
De son amy le bon Bacchus,
Comme sous luy furent vaincus
Les Thebains, et comme sa mere
Trop chaudement receut son pere,
Qui en lieu de faire cela
Las ! toute vive la brula.

Il chantoit la grande massue,
Et la jument de Gargantue,
Le grand Panurge, et le païs
Des Papimanes ebahis,
Leurs loix, leurs façons et demeures,
Et frere Jean des Antoumeures,
Et d'Episteme les combas ;
Mais la Mort, qui ne boivoit pas,
Tira le beuveur de ce monde,
Et ores le fait boire en l'onde
Qui fuit trouble dans le giron
Du large fleuve d'Acheron.

Or toy, quiconque sois, qui passes,
Sur sa fosse repan des tasses,
Repan du bril et des flacons,

Des cervelas et des jambons :
Car si encor dessous la lame
Quelque sentiment a son ame,
Il les aime mieux que les lis,
Tant soient-ils fraischement cueillis. [1]

C'est cette épitaphe que Bayle cite comme injurieuse à Rabelais; mais je n'y puis voir qu'une plaisanterie, et le bon Rabelais, s'il était revenu à Meudon le jour qu'elle y fut composée entre les pots, n'aurait fait probablement qu'en rire. — *Repan du bril*, probablement des verres, parce que le verre brille. [2]

---

[1]. Éd. P. Bl., t. VII, p. 273. Cette épitaphe fut imprimée en 1560. Rabelais était mort en 1553. (L. M.)
[2]. *Bril, breil, breuil, broil;* ramée, branches d'arbre, feuillage, jeune bois. De là ces noms Dubreuil, et de Broglie à l'italienne. (L. M.)

A JEAN D'AURAT,

SON PRECEPTEUR.

Ils ont menty, D'AURAT, ceux qui le veulent dire,
Que Ronsard, dont la muse a contenté les rois,
Soit moins que le Bartas, et qu'il ait par sa voix
Rendu ce tesmoignage ennemy de sa lyre.

Ils ont menty, D'AURAT, si bas je ne respire,
Je sçay trop qui je suis, et mille et mille fois
Mille et mille tourmens plutost je souffrirois,
Qu'un adveu si contraire au nom que je desire.

Ils ont menty, D'AURAT, c'est une invention
Qui part, à mon advis, de trop d'ambition;
J'auroy menty moy-mesme en le faisant paroistre;

Francus en rougiroit, et les neuf belles Sœurs
Qui tremperent mes vers dans leurs graves douceurs,
Pour un de leurs enfans ne me voudroient cognoistre.[1]

On avait fait courir le bruit, lors de l'apparition de la *Première Semaine*, que Ronsard, s'avouant vaincu par Du Bartas, lui avait envoyé une plume d'or.

1. Éd. P. Bl., t. V, p. 348.

A LUY MESME.[1]

Je n'aime point ces vers qui rampent sur la terre,
Ny ces vers ampoullez, dont le rude tonnerre
S'envole outre les airs : les uns font mal au cœur
Des liseurs degoustez, les autres leur font peur.
Ny trop haut, ny trop bas, c'est le souverain style ;
Tel fut celuy d'Homere et celuy de Virgile.[2]

1. C'est-à-dire, au même Jean d'Aurat, et en faisant encore allusion à Du Bartas. (L. M.)
2. Éd. P. Bl., t. V, p. 349.

FIN DES POÉSIES.

ABBREGÉ

DE

L'ART POETIQUE FRANÇOIS[1]

A ALPHONSE DELBENE

ABBÉ DE HAUTE-COMBE EN SAVOYE

Scribendi rectè sapere est et principium et fons.

Combien que l'art de Poësie ne se puisse par preceptes comprendre ny enseigner pour estre plus mental que traditif, toutesfois d'autant que l'artifice humain, experience et labeur le peuvent permettre, j'ay bien voulu t'en donner quelques reigles icy, à fin qu'un jour tu puisses estre des premiers en la cognoissance d'un si aggreable mestier, à l'exemple de moy qui confesse y estre assez passablement versé. Sur toutes choses tu auras les Muses en reverence, voire en singuliere veneration, et ne les feras jamais servir à choses des-honnestes, à risées, ny à libelles injurieux; mais les tiendras cheres et sacrées, comme les filles de Jupiter, c'est à dire, de Dieu, qui de sa saincte grace a premierement par elles fait cognoistre aux peuples ignorans les excellences de sa majesté. Car la Poësie n'estoit

---

1. Paris, Buon, 1565, in-4° de 14 feuillets.

au premier age qu'une theologie allegorique, pour faire entrer au cerveau des hommes grossiers, par fables plaisantes et colorées, les secrets qu'ils ne pouvoient comprendre, quand trop ouvertement on leur descouvroit la verité. On dit qu'Eumolpe Cecropien, Line maistre d'Hercule, Orphée, Homere, Hesiode, inventerent un si doux allechement. Pour ceste cause ils sont appellez Poëtes divins, non tant pour leur divin esprit qui les rendoit sur tous admirables et excellens, que pour la conversation qu'ils avoient avecques les Oracles, Prophetes, Devins, Sibylles, interpretes de songes, desquels ils avoient appris la meilleure part de ce qu'ils sçavoient. Car ce que les Oracles disoient en peu de mots, ces gentils personnages l'amplifioient, coloroient et augmentoient, estans envers le peuple ce que les Sibylles et Devins estoient en leur endroit. Long-temps après eux sont venus d'un mesme païs les seconds Poëtes, que j'appelle humains, pour estre plus enflez d'artifice et labeur que de divinité. A l'exemple de ceux-cy, les Poëtes Romains ont foisonné en telle formiliere, qu'ils ont apporté aux libraires plus de charge que d'honneur, excepté cinq ou six, desquels la doctrine, accompagnée d'un parfait artifice, m'a tousjours tiré en admiration. Or, pour ce que les Muses ne veulent loger en une ame si elle n'est bonne, saincte et vertueuse; tu seras de bonne nature, non meschant, refrongné, ne chagrin; mais, animé d'un gentil esprit, ne laisseras rien entrer en ton entendement qui ne soit surhumain et divin. Tu auras en premier lieu les conceptions hautes, grandes, belles, et non traînantes à terre. Car le principal poinct est l'invention, laquelle vient tant de la bonne nature, que par la leçon des bons et anciens autheurs. Et si tu entreprens quelque grand œuvre, tu te monstreras religieux et craignant Dieu, le commençant ou par son nom, ou par un autre qui representera quelque effect de sa majesté, à l'exemple des Poëtes Grecs, Μηνιν ἄειδε Θεά. Ανδρα μοὶ ἔννεπε Μοῦσα. Εκ Διὸς ἀρχώμεσθα. Αρχόμενος σέο Φοῖϐε. Et nos Romains, *Æneadum genitrix. Musa mihi causas memora.* Car les Muses, Apollon, Mercure, Pallas et autres telles Déitez ne nous representent autre chose que les puissances de Dieu, auquel les premiers hommes avoient donné plusieurs noms pour les divers effects de son incomprehensible Majesté. Et c'est aussi pour te monstrer que rien ne peut estre ny bon, ny parfait, si le commencement ne vient de Dieu. Après, tu seras studieux de la lecture des bons Poëtes, et les apprendras par cœur autant que tu pourras. Tu seras laborieux à corriger et limer tes vers, et ne leur pardonneras non plus qu'un bon jardinier à son ante, quand il la void chargée de branches inutiles ou de bien peu de profit. Tu converseras doucement et honnestement avec les Poëtes de ton temps; tu honoreras les plus vieux comme tes peres, tes pareils comme tes freres, les moindres comme tes enfans, et leur communiqueras tes escrits; car tu ne dois jamais rien mettre en lumiere qui n'ait premierement esté veu et reveu de tes amis, que tu estimeras les plus experts en ce mestier, à fin que par telles conjonctions, et familiaritez d'esprits, avecques les lettres et la bonne nature que tu as, tu puisses facilement parvenir au comble de tout honneur, ayant pour exemple domestique les vertus de ton pere, qui non seulement a surpassé en sa langue Italienne les plus estimez de ce temps, mais encores a fait la victoire douteuse entre luy et ceux qui escrivent aujourd'huy le plus purement et doctement au vieil langage Romain. Or pour ce que tu as déja la cognoissance de la langue Grecque et Latine, et qu'il ne te reste plus que la Françoise, laquelle te doit estre d'autant plus recommandée qu'elle t'est maternelle, je te diray en peu de parolles ce qui me semble le plus expedient, et sans t'esgarer par longues et fascheuses forests, je te meneray tout droict par le sentier que j'auray cogneu le plus court; à fin qu'aisément tu regagnes ceux qui, s'estans les premiers mis au chemin, te pourroient avoir aucunement devancé. Tout ainsi que les vers Latins ont leurs pieds, comme tu sçais, nous avons en nostre Poësie Françoise, de laquelle je veux icy traicter, une certaine mesure de syllabes, selon le dessein des carmes que nous entreprenons composer, qui ne se peut outrepasser sans offenser la loy de nostre vers : desquelles mesures et nombre de syllabes, nous traiterons après plus amplement. Nous avons aussi une certaine cesure de la voyelle *e*, laquelle se mange toutes les fois qu'elle est rencontrée d'une autre voyelle ou diphthongue, pourveu que la voyelle qui suit *e*, n'ait point la force de consone. Après, à l'imitation de quelqu'un de ce temps, tu feras tes vers masculins et fœminins tant qu'il te sera possible, pour estre plus propres à la Musique et accord des instrumens, en faveur desquels il semble que la Poësie soit née; car la Poësie sans les instrumens, ou sans la grace d'une seule ou plusieurs voix, n'est nullement aggreable, non plus que les instrumens sans estre animez de la melodie d'une plaisante voix. Si de fortune tu as composé les deux premiers vers masculins, tu feras les deux autres fœminins, et paracheveras de mesme mesure le reste de ton Elegie ou Chanson, à fin que les musiciens les puissent plus facilement accorder. Quant aux vers Lyriques, tu feras le premier couplet à ta volonté, pourveu que les autres suivent la trace du premier. Si tu te sers des noms propres des Grecs et Romains, tu les tourneras à la terminaison

Françoise, autant que ton langage le permet ; car il y en a beaucoup qui ne s'y peuvent nullement tourner. Tu ne rejetteras point les vieux mots de nos romans, ains les choisiras avecques meure et prudente election. Tu practiqueras bien souvent les artisans de tous mestiers, comme de *Marine, Venerie, Fauconnerie,* et principalement les artisans de feu, *Orfévres, Fondeurs, Mareschaux, Mineraillers*; et de là tireras maintes belles et vives comparaisons avecques les noms propres des mestiers, pour enrichir ton œuvre et le rendre plus agreable et parfait; car tout ainsi qu'on ne peut veritablement dire un corps humain, beau, plaisant, et accomply, s'il n'est composé de sang, veines, arteres et tendons, et sur tout d'une plaisante couleur ; ainsi la Poësie ne peut estre plaisante sans belles inventions, descriptions, comparaisons, qui sont les nerfs et la vie du livre qui veut forcer les siecles pour demeurer de toute memoire victorieux et maistre du temps. Tu sçauras dextrement choisir et approprier à ton œuvre les mots plus significatifs des dialectes de nostre France, quand mesmement tu n'en auras point de si bons ny de si propres en ta nation ; et ne se faut soucier si les vocables sont *Gascons, Poictevins, Normans, Manceaux, Lionnois,* ou d'autres païs, pourveu qu'ils soient bons et que proprement ils signifient ce que tu veux dire, sans affecter par trop le parler de la Cour, lequel est quelquefois tres-mauvais pour estre langage de Damoiselles, et jeunes Gentilshommes qui font plus profession de bien combattre que de bien parler. Et noteras que la langue Grecque n'eust jamais esté si faconde et abondante en dialectes et en mots comme elle est, sans le grand nombre de Republiques qui fleurissoient en ce temps-là ; lesquelles comme amoureuses de leur bien propre, vouloient que leurs doctes citoyens escrivissent au langage particulier de leur nation; et de là sont venus une infinité de dialectes, phrases, et manieres de parler qui portent encores aujourd'huy sur le front la marque de leur pays naturel, lesquelles estoient tenues indifferemment bonnes par les doctes plumes qui escrivoient de ce temps-là; car un païs ne peut jamais estre si parfait en tout, qu'il ne puisse encores quelquefois emprunter je ne sçay quoy de son voisin. Et ne fais point de doute que s'il y avoit encores en France des Ducs de Bourgongne, de Picardie, de Normandie, de Bretaigne, de Champaigne, de Gascongne, qu'ils ne desirassent pour l'honneur de leur altesse, que leurs sujets escrivissent en la langue de leur païs naturel. Car les Princes ne doivent estre moins curieux d'estendre leur langage par toutes nations, que d'agrandir les bornes de leur Empire; mais aujourd'huy pource que nostre France n'obéist qu'à un seul Roy, nous sommes contraints, si nous voulons parvenir à quelque honneur, de parler son langage; autrement nostre labeur, tant fust-il honorable et parfait, seroit estimé peu de chose, ou (peut-estre) totalement mesprisé.

DE L'INVENTION.

Pource qu'auparavant j'ay parlé de l'invention, il me semble estre bien à propos de t'en redire un mot. L'invention n'est autre chose que le bon naturel d'une imagination concevant les idées et formes de toutes choses qui se peuvent imaginer, tant celestes que terrestres, animées ou inanimées, pour après les representer, descrire et imiter :

car tout ainsi que le but de l'Orateur est de persuader, ainsi celuy du Poëte d'imiter, inventer, et representer les choses qui sont, qui peuvent estre, ou que les Anciens ont estimées comme veritables. Et ne faut point douter, après avoir bien et hautement inventé, que la belle disposition de vers ne s'ensuive, d'autant que la disposition suit l'invention mere de toutes choses, comme l'ombre fait le corps. Quand je te dy que tu inventes choses belles et grandes, je n'entens toutesfois ces inventions fantastiques et melancholiques, qui ne se rapportent non plus l'une à l'autre que les songes entrecouppez d'un frenetique, ou de quelque patient extremement tourmenté de la fiévre, à l'imagination duquel, pour estre blessée, se representent mille formes monstrueuses sans ordre ny liaison ; mais tes inventions, desquelles je ne te puis donner regle pour estre spirituelles, seront bien ordonnées et disposées ; et bien qu'elles semblent passer celles du vulgaire, elles seront toutesfois telles qu'elles pourront estre facilement conceues et entendues d'un chacun.

DE LA DISPOSITION.

Tout ainsi que l'invention despend d'une gentile nature d'esprit, ainsi la disposition despend de la belle invention, laquelle consiste en une elegante et parfaicte collation et ordre des choses inventées, et ne permet que ce qui appartient à un lieu soit mis en l'autre ; mais se gouvernant par artifice, estude et labeur, ajance et ordonne dextrement toutes choses à son poinct. Tu en pourras tirer les exemples des autheurs anciens, et de nos modernes qui ont illustré depuis quinze ans nostre langue, maintenant superbe par la diligence d'un si honorable labeur. Heureux et plus qu'heureux ceux qui cultivent leur propre terre, sans se travailler après une estrangere, de laquelle on ne peut retirer que peine ingrate et malheureuse, pour toute recompense et honneur! Quiconques furent les premiers qui oserent abandonner la langue des Anciens pour honorer celle de leur païs, ils furent veritablement bons enfans, et non ingrats citoyens, et dignes d'estre couronnez sur une statue publique, et que d'age en age on face une perpetuelle memoire d'eux et de leurs vertus. [Non qu'il faille ignorer les langues étrangeres ; je te conseille de les sçavoir parfaictement et d'elles comme d'un vieil tresor trouvé soubs terre enrichir ta propre nation ; car il est fort malaisé de bien escrire en langue vulgaire si on n'est instruit en celles des plus honorables et fameux estrangers.[1]]

DE L'ELOCUTION.

Elocution n'est autre chose qu'une propriété et splendeur de parolles bien choisies et ornées de graves et courtes sentences, qui font reluire les vers comme les pierres precieuses bien enchassées les doigts de quelque grand seigneur. Sous l'elocution se comprend l'election des parolles, que Virgile et Horace ont si curieusement observée. Pource tu te dois travailler d'estre copieux en vocables, et trier les plus nobles et signifians pour servir de nerfs et de force à

---

1. Passage qui ne se trouve que dans l'édition de 1573.

tes carmes, qui reluiront d'autant plus que les mots seront significatifs, propres et choisis. Tu n'oublieras les comparaisons, les descriptions des lieux, fleuves, forests, montagnes, de la nuict, du lever du soleil, du midy, des vents, de la mer, des dieux et déesses, avecques leurs propres mestiers, habits, chars et chevaux ; te façonnant en cecy à l'imitation d'Homere, que tu observeras comme un divin exemple, sur lequel tu tireras au vif les plus parfaits lineamens de ton tableau.

DE LA POESIE EN GENERAL.

Tu dois sçavoir sur toutes choses que les grands poëmes ne se commencent jamais par la premiere occasion du fait, ny ne sont tellement accomplis que le lecteur espris de plaisir n'y puisse encores desirer une plus longue fin ; mais les bons ouvriers le commencent par le milieu, et sçavent si bien joindre le commencement au milieu, et le milieu à la fin, que de telles pieces rapportées ils font un corps entier et parfait. Tu ne commenceras jamais le discours d'un grand poëme s'il n'est esloigné de la memoire des hommes, et pource tu invoqueras la Muse, qui se souvient de tout, comme déesse, pour te chanter les choses dont les hommes ne se peuvent plus aucunement souvenir. Les autres petits poëmes veulent estre abruptement commencez, comme les Odes lyriques, à la composition desquels je te conseille premierement t'exerciter, te donnant de garde sur tout d'estre plus versificateur que poëte. Car la fable et fiction est le sujet des bons poëtes, qui ont esté depuis toute memoire recommandez de la posterité ; et les vers sont seulement le but de l'ignorant versificateur, lequel pense avoir fait un grand chef-d'œuvre quand il a composé beaucoup de carmes rymez, qui sentent tellement la prose que je suis esmerveillé comme nos François daignent imprimer telles drogueries, à la confusion des autheurs, et de nostre nation. Je te dirois icy particulierement les propres sujets d'un chacun poëme, si tu n'avois desja veu l'Art Poëtique d'Horace et d'Aristote, ausquels je te cognois assez mediocrement versé. Je te veux advertir de fuir les epithetes naturels qui ne servent de rien à la sentence de ce que tu veux dire, comme *la riviere courante, la verde ramée*. Tes epithetes seront recherchez pour signifier, et non pour remplir ton carme, ou pour estre oiseux en ton vers; exemple : *le ciel vouté encerne tout le monde*. J'ay dit vouté, et non ardant, clair, ny haut, ny azuré, d'autant qu'une voute est propre pour embrasser et encerner quelque chose. Tu pourras bien dire : *le bateau va dessur l'onde coulante*, pource que le cours de l'eau fait couler le bateau. Les Romains ont esté tres-curieux observateurs de ceste reigle, et entre les autres Virgile et Horace. Les Grecs, comme en toutes choses appartenantes aux vers, y ont esté plus libres, et n'y ont advisé de si prés. Tu fuiras aussi la maniere de composer des Italiens, en ta langue, qui mettent ordinairement quatre ou cinq epithetes les uns après les autres en un mesme vers, comme *alma, bella, angelica e fortunata donna*. Tu vois que tels epithetes sont plus pour ampouller et farder les vers que pour besoin qu'il en soit. Bref, tu te contenteras d'un epithete, ou pour le moins de deux, si ce n'est quelquefois par gaillardise qu'en mettras cinq ou six; mais si tu m'en crois, cela t'adviendra le plus rarement que tu pourras.

DE LA RYME.

La ryme n'est autre chose qu'une consonance et cadance de syllabes, tombantes sur la fin des vers, laquelle je veux que tu observes tant aux masculins qu'aux fœminins, de deux entieres et parfaites syllabes, ou pour le moins d'une aux masculins, pourveu qu'elle soit resonnante, et d'un son entier et parfait. Exemple des fœminins : *France, esperance, despence, negligence, familiere, fourmiliere, chere, mere.* Exemple des masculins : *surmonter, monter, douter, sauter, Jupiter.* Toutesfois tu seras plus soigneux de la belle invention et des mots que de la ryme, laquelle vient assez aisément d'elle-mesme, après quelque peu d'exercice et labeur.

DE LA VOYELLE E.

Toutesfois et quantes que la voyelle *e* est rencontrée d'une autre voyelle ou diphthongue, elle est tousjours mangée, se perdant en la voyelle qui la suit, sans faire syllabe par soy ; je dy rencontrée d'une voyelle ou d'une diphthongue pure, autrement elle ne se peut manger, quand l'*i* et *u* voyelles se tournent en consones, comme *je, vive.* Exemple de *e* qui se mange : *Cruelle et fiere, et dure, et fascheuse amertume. Belle au cœur dur, inexorable et fier.* D'avantage *i* et *a* voyelles se peuvent elider et manger. Exemple d'*a* : *l'artillerie, l'amour,* pour *la artillerie, la amour.* Exemple de la voyelle *i* : *n'à ceux-cy, n'à ceux-là.*

Quand tu mangerois l'*o* et l'*u* pour la necessité de tes vers, il n'y auroit point de mal, à la mode des Italiens, ou plustost des Grecs qui se servent des voyelles et diphthongues, comme il leur plaist, et selon leur necessité.

DE L' H.

L'*h* quelquefois est note d'aspiration, quelquefois non. Quand elle ne rend point la premiere syllabe du mot aspirée, elle se mange, tout ainsi que fait *e* fœminin. Quand elle la rend aspirée, elle ne se mange nullement. Exemple de *h* non aspirée : *Magnanime homme, humain, honneste et fort.* Exemple de celle qui rend la premiere syllabe du mot aspirée, et ne se mange point : *La belle femme hors d'icy s'en alla. Le Gentil-homme hautain alloit par tout.* Tu pourras voir par la lecture de nos poëtes françois l'*h* qui s'elide ou non. Tu eviteras autant que la contrainte de ton vers le permettra les rencontres des voyelles et diphthongues qui ne se mangent point; car telles concurrences de voyelles, sans estre elidées, font les vers merveilleusement rudes en nostre langue, bien que les Grecs sont coustumiers de ce faire, comme par elegance. Exemple : *Vostre beauté a envoyé amour.* Ce vers icy te servira de patron pour te garder de ne tomber en telle aspreté, qui escraze plustost l'aureille que ne luy donne plaisir. Tu dois aussi noter que rien n'est si plaisant qu'un carme bien façonné, bien tourné, non entr'ouvert ny beant. Et pource, sauf le jugement de nos Aristarques, tu dois oster la derniere *e* fœminine, tant des vocables singuliers que pluriers, qui se finissent en *ce*, et en *ces*, quand de fortune ils se rencontrent au milieu de ton vers. Exemple du masculin plurier : *Roland avoit deux espées en main*. Ne sens-tu pas que ces *deux espées en main* offensent la délicatesse de l'aureille? et pource tu dois mettre : *Roland avoit deux espés en la main*, ou autre chose semblable. Exemple de l'*e* fœminine singuliere : *Contre Mezance Enée print sa picque*. Ne sens-tu pas comme derechef *Enée* sonne très-mal au milieu de ce vers? pource tu mettras : *Contre Mezance Ené branla sa picque*. Autant en est-il des vocables terminez en *oue* et *ue*, comme *roue, joue, nue, venue*, et mille autres qui doivent recevoir syncope au milieu de ton vers. Si tu veux que ton poëme soit ensemble doux et savoureux, pource tu mettras *rou', jou', nu',* contre l'opinion de tous nos maistres qui n'ont de si près avisé à la perfection de ce mestier. Encores je te veux bien admonester d'une chose très-necessaire; c'est quand tu trouveras des mots qui difficilement reçoivent ryme, comme *or, char*, et mille autres, ryme-les hardiment contre *fort, ort, accort, part, renart, art*, ostant par licence la derniere lettre *t* du mot fort, et mettant *for*, simplement avec la marque de l'apostrophe; autant en feras-tu de *far*, pour *fard*, pour le rymer contre *char*. Je voy le plus souvent mille belles sentences, et mille beaux vers perdus par faute de telle hardiesse, si bien que sur *or*, je n'y voy jamais ryme que *tresor*, ou *or'*, pour *ores*, *Nestor, Hector*, et sur *char, Cesar*. Tu syncoperas aussi hardiment ce mot de *come*, et diras à ta nécessité *com'*; car je voy en quelle peine bien souvent on se trouve par faute de destourner l'*e* finale de ce mot, et mesme au commencement du vers. Tu accourciras aussi (je dis en tant que tu y seras contraint) les verbes trop longs, comme *donra*, pour *donnera*, *sautra* pour *sautera*, et non les verbes dont les infinitifs se terminent en *e*, lesquels au contraire tu n'allongeras point, et ne diras *prendera* pour *prendra*, *mordera* pour *mordra*, n'ayant en cela reigle plus parfaite que ton aureille, laquelle ne te trompera jamais, si tu veux prendre son conseil avec certain jugement et raison. Tu eviteras aussi l'abondance des monosyllabes en tes vers, pour estre rudes et mal-plaisans à ouïr. Exemple : *Je vy le ciel si beau, si pur et net.* Au reste, je te conseille d'user de la lettre *ò*, marquée de ceste marque, pour signifier *avecques*, à la façon des Anciens, comme *ò luy*, pour *avecques luy* ; car *avecques* composé de trois syllabes donne le grand empeschement au vers, mesmement quand il est court. Je m'asseure que telles permissions n'auront si tost lieu que tu cognoistras incontinent de quelle peine se verront delivrez les plus jeunes, par le courage de ceux qui auront si hardiment osé. Tu pourras aussi à la mode des Grecs, qui disent οὔνομα pour ὄνομα, adjouster un *u* après un *o*, pour faire ta ryme plus riche et plus sonante, comme *troupe* pour *trope*, *Callioupe* pour *Calliope*. Tu n'oublieras jamais les articles, et tiendras pour tout certain que rien ne peut tant defigurer ton vers que les articles delaissez ; autant en est-il des pronoms primitifs, comme *je*, *tu*, que tu n'oublieras non plus, si tu veux que tes carmes soient parfaits et de tous poincts bien accomplis. Je te dirois encores beaucoup de reigles et secrets de nostre Poësie ; mais j'aime mieux en nous promenans te les apprendre de bouche, que les mettre par escrit, pour fascher, peut-estre, une bonne partie de ceux qui pensent estre grands maistres, dont à peine ont-ils encores touché les premiers outils de ce mestier.

DES VERS ALEXANDRINS.

Les alexandrins tiennent la place, en nostre langue, telle que les vers heroïques entre les Grecs et les Latins, lesquels sont composez de douze à treize syllabes : les masculins de douze, les fœminins de treize ; et ont tousjours leur repos sur la sixiesme syllabe, comme les vers communs sur la quatriesme, dont nous parlerons après. Exemple des masculins :

Madame, baisez-moy, je meurs en vous baisant.

où tu vois manifestement le repos de ce vers estre sur la sixiesme syllabe. Exemple du fœminin :

O ma belle maistresse, as-tu pas bonne envie ?

Tu dois icy noter que tous noms françois qui ne se terminent en *e* lente, sans force et sans son, ou en *es*, sont fœminins ; tous les autres, de quelque terminaison qu'ils puissent estre, sont masculins. Exemple de *e* fœminin : *singuliere, femme, beste, nasarde, livre, escritoire.* Exemple de *es* : *livres, escritoires, chantres,* etc. Exemples des masculins : *donné, haut, chapeau, descendez, surmontez.* Il faut aussi entendre que les pluriers des verbes qui se finissent en *ent* sont reputez fœminins, comme : ils *viennent, disent, souhaitent, parlent, marchent,* etc. La composition des alexandrins doit estre grave, hautaine, et (s'il faut ainsi parler) altiloque, d'autant qu'ils sont plus longs que les autres, et sentiroient la prose, s'ils n'estoient composez de mots esleus, graves et resonnans, et d'une ryme assez riche, à fin que telle richesse empesche le style de la prose, et qu'elle se garde tousjours dans les aureilles, jusques à la fin de l'autre vers. Tu les feras donc les plus parfaits que tu pourras, et ne te contenteras point (comme la plus grand part de ceux de nostre temps) qui pensent, comme j'ay dit, avoir accomply je ne sçay quoy de grand, quand ils ont rymé de la prose en vers. Tu as desja l'esprit assez bon pour descouvrir tels versificateurs par leurs miserables escrits, et par la cognoissance des mauvais, faire jugement des bons, lesquels je ne veux particulierement nommer, pour estre en petit nombre, et de peur d'offenser ceux qui ne seroient couchez en ce papier; aussi que je desire eviter l'impudence de telle maniere de gens. Car tu sçais bien que non seulement Κεραμεὺς κεραμεῖ κοτέει καὶ τέκτονι τέκτων, mais aussi ἀοιδὸς ἀοιδῷ.[1]

[Si je n'ai commencé ma *Franciade* en vers alexandrins, lesquels j'ay mis (comme tu sçais) en vogue et en honneur, il s'en faut prendre à ceux qui ont puissance de me commander et non à ma volonté; car cela est fait contre mon gré, esperant un jour la faire marcher à la cadence alexandrine; mais pour cette fois il faut obéir.][2]

DES VERS COMMUNS.

Les vers communs sont de dix à onze syllabes, les masculins de dix, les fœminins d'onze, et ont sur la quatriesme syllabe leur repos ou reprise d'haleine, ainsi que les vers alexan-

---

1. *Non seulement* le potier jalouse le potier, et le charpentier son confrère, *mais aussi* le poëte jalouse le poëte.
2. Cet alinéa, ajouté en 1573, a été retranché dans les éditions posthumes.

drins sur la fin des six premieres syllables. Or comme les alexandrins sont propres pour les sujets heroïques, ceux-cy sont proprement naiz pour les amours, bien que les vers alexandrins reçoivent quelquefois un suject amoureux, et mesmement en Elegies et Eclogues, où ils ont assez bonne grace, quand ils sont bien composez. Exemple des vers communs masculins :

Heureux le roy qui craint d'offenser Dieu.

Exemple du fœminin :

Pour ne dormir j'allume la bougie.

Telle maniere de carmes ont esté fort usitez entre les vieux poëtes françois ; je te conseille de t'y amuser quelque peu de temps avant que passer aux alexandrins. Sur toute chose je te veux bien advertir, s'il est possible (car tousjours on ne fait pas ce qu'on propose), que les quatre premieres syllabes du vers commun ou les six premieres des alexandrins soient façonnées d'un sens aucunement parfait, sans l'emprunter du mot suivant. Exemple du sens parfait :

Jeune beauté maistresse de ma vie.

Exemple du vers qui a le sens imparfait :

L'homme qui a esté dessus la mer.

DES AUTRES VERS EN GENERAL.

Les vers alexandrins et les communs sont seuls entre tous qui reçoivent cesure sur la sixiesme et quatriesme syllabe. Car les autres marchent d'un pas licencieux, et se contentent seulement d'un certain nombre que tu pourras faire à plaisir, selon ta volonté, tantost de sept à huict syllabes, tantost de six à sept, tantost de cinq à six, tantost de quatre à trois, les masculins estans quelquesfois les plus longs, quelques fois les fœminins selon que la caprice te prendra. Tels vers sont merveilleusement propres pour la musique, la lyre et autres instrumens; et pource quand tu les appelleras Lyriques, tu ne leur feras point de tort, tantost les allongeant, tantost les accourcissant, et après un grand vers un petit, ou deux petits, au chois de ton aureille, gardant tousjours le plus que tu pourras une bonne cadence de vers (comme je t'ay dit auparavant) pour la musique et autres instrumens. Tu en pourras tirer les exemples en mille lieux de nos poëtes françois. Je te veux aussi bien advertir de hautement prononcer tes vers quand tu les feras, ou plustost les chanter quelque voix que puisses avoir, car cela est bien une des principales parties, que tu dois le plus curieusement observer.

DES PERSONNES DES VERBES FRANÇOIS

ET DE L'ORTHOGRAPHIE. [1]

Tu n'abuseras des personnes des verbes, mais les feras servir selon leur naturel, n'usurpant les unes pour les autres, comme plusieurs de nostre temps. Exemple en la premiere personne, *j'alloy*, et non *j'allois, il alloit*; si ce n'est aux

---

1. Les édit. posth. portent : *Orthographe*.

verbes anomaux, desquels nous avons grand quantité en nostre langue, comme en toutes autres, et cela nous donne à cognoistre que le peuple ignorant a fait les langages, et non les sçavans; car les doctes n'eussent jamais tant créé de monstres en leur langue, qui se doit si sainctement honorer. Ils n'eussent jamais dit *sum, es, est,* mais plustost, *sum, sis, sit;* et n'eussent dit *bonus, melior, optimus,* ains *bonus, bonior, bonissimus;* mais, ayant trouvé desja les mots faits par le peuple, ils ont esté contraints d'en user pour donner à entendre plus facilement au vulgaire leurs conceptions, par un langage desja receu. Tu pourras, avecques licence, user de la seconde personne pour la premiere, pourveu que la personne se finisse par une voyelle ou diphthongue, et que le mot suivant s'y commence, à fin d'éviter un mauvais son qui te pourroit offenser, comme *j'allois à Tours,* pour dire *j'alloy à Tours; je parlois à Madame,* pour *je parloy à Madame,* et mille autres semblables, qui te viendront à la plume en composant. Tu pourras aussi adjouster, par licence, une *s* à la premiere personne, pourveu que la ryme du premier vers le demande ainsi. Exemple :

> Puisque le roy fait de si bonnes loix,
> Pour ton profit, ô France, je voudrois
> Qu'on les gardast...

Tu ne rejetteras point les vieux verbes Picards, comme *voudroye* pour *voudroy, aimeroye, diroye, feroye;* car plus nous aurons de mots en nostre langue, plus elle sera parfaicte, et donnera moins de peine à celuy qui voudra pour passe-temps s'y employer. Tu diras, selon la contrainte de ton vers, *or, ore, ores, adoncq, adoncque, adoncques, avecq', avecques,* et mille autres, que sans crainte tu trancheras et allongeras ainsi qu'il te plaira, gardant tousjours une certaine mesure consultée par ton aureille, laquelle est certain juge de la structure des vers, comme l'œil de la peinture des tableaux. Tu eviteras toute orthographie superflue et ne mettras aucunes lettres en tels mots si tu ne les proferes; au moins tu en useras le plus sobrement que tu pourras en attendant meilleure reformation; tu escriras *ecrire* et, non *escripre*; *cieux*, et non *cieulx*. Tu pardonneras encores à nos *z*, jusques à tant qu'elles soient remises aux lieux où elles doivent servir, comme en *roze, choze, espouze*, et mille autres. Quant au *k*, il est très-utile en nostre langue, comme en ces mots : *kar, kalité, kantité, kaquet, kabaret*, et non le *c*, qui tantost occupe la force d'un *k*, tantost d'une *s*, selon qu'il a pleu à nos predecesseurs ignorans de les escrire, comme *France* pour *Franse*; et si on te dit qu'on prononceroit *Franze*, tu respondras que la lettre *s* ne se prononce jamais par un *z*. Autant en est-il de nostre *g*, qui souventesfois occupe si miserablement l'*i* consone, comme en *langage*, pour *langaje*. Autant en est-il de nostre *q*, et du *c*, lesquels il faudroit totalement oster, d'autant que le *k*, qui est le χ des Grecs, peut en nostre langue servir sans violence en lieu du *q* et du *c*. Il faudroit encores inventer des lettres doubles à l'imitation des Espagnols, de *ill*, et de *gn*, pour bien prononcer *orgueilleux, monseigneur*, et reformer, ou la plus grand part, notre *a, b, c*, lequel je n'ay entrepris pour le present, t'ouvrant par si peu d'escriture la cognoissance de la verité de l'orthographie et de la Poësie que tu pourras plus amplement pratiquer de toy-mesme, comme bien nay, si tu comprens ce petit Abbregé, lequel en faveur de toy a esté en trois heures commencé et achevé. Joinct aussi que ceux qui sont si grands maistres de preceptes, comme Quintilian, ne sont jamais volontiers parfaits en leur mestier. Je te veux encore advertir de n'ecorcher point

le Latin, comme nos devanciers qui ont trop sottement tiré
des Romains une infinité de vocables estrangers, veu qu'il
y en avoit d'aussi bons en nostre propre langage. Toutesfois
tu ne les desdaigneras s'ils sont desja receus et usitez d'un
chacun ; tu composeras hardiment des mots à l'imitation des
Grecs et Latins, pourveu qu'ils soient gracieux et plaisans à
l'aureille, et n'auras soucy de ce que le vulgaire dira de toy,
d'autant que les poëtes, comme les plus hardis, ont les premiers forgé et composé les mots, lesquels pour estre beaux
et significatifs ont passé par la bouche des orateurs et du
vulgaire, puis finablement ont esté receus, louez et admirez
d'un chacun. J'ay entendu par plusieurs de mes amis, que
si ceux qui se mesloient de la Poësie les plus estimez en ce
mestier du temps du feu roy François et Henry, eussent
voulu sans envie permettre aux nouveaux une telle liberté,
que nostre langue en abondance se feust en peu de temps
egallée à celle des Romains et des Grecs. Tu tourneras les
noms propres des anciens à la terminaison de ta langue,
autant qu'il se peut faire, à l'imitation des Romains, qui ont
approprié ce qu'ils ont peu des Grecs à leur langue latine,
comme Ὀδυσσεὺς, *Ulysses, Ulysse,* ou pour syncope *Ulys*;
Ἀχιλλεὺς, *Achilles, Achille;* Ἡρακλῆς, *Hercules, Hercule,*
ou *Hercul*; Μενέλεως, *Menelaus, Menelas*; Νικόλεως, *Nico-
laus, Nicolas*. Les autres sont demeurez en leur premiere
terminaison, comme *Agamemnon, Hector, Paris,* et plusieurs autres que tu pourras par-cy, par-là trouver en la
lecture des autheurs. Tu ne desdaigneras les vieux mots
françois, d'autant que je les estime tousjours en vigueur,
quoy qu'on die, jusques à ce qu'ils ayent fait renaistre en
leur place, comme une vieille souche, un rejetton; et lors tu
te serviras du rejetton et non de la souche, laquelle fait aller
toute sa substance à son petit enfant, pour le faire croistre

et finablement l'establir en son lieu. De tous vocables quels qu'ils soient, en usage ou hors d'usage, s'il reste encores quelque partie d'eux, soit en nos verbe, adverbe, ou participe, tu le pourras par bonne et certaine analogie faire croistre et multiplier, d'autant que nostre langue est encores pauvre, et qu'il faut mettre peine, quoy que murmure le peuple, avec toute modestie, de l'enrichir et cultiver. Exemple des vieux mots : puisque le nom de *verve* nous reste, tu pourras faire sur le nom le verbe *verver*, et l'adverbe *vervement;* sur le nom d'*essoine, essoiner, essoinement*, et mille autres tels; et quand il n'y auroit que l'adverbe, tu pourras faire le verbe et le participe librement et hardiment ; au pis aller tu le cotteras en la marge de ton livre, pour donner à entendre sa signification ; et sur les vocables receus en usage, comme *pays, eau, feu,* tu feras *payser, ever, fover, evement, fovement;* et mille autres tels vocables qui ne voyent encores la lumiere, faute d'un hardy et bienheureux entrepreneur.

Or si je cognois que cest Abbregé te soit agreable, et utile à la posterité, je te feray un plus long discours de nostre Poësie, comme elle se doit enrichir, de ses parties plus necessaires, du jugement qu'on en doit faire, si elle se peut regler aux pieds des vers latins et grecs ou non, comme il faut composer des verbes frequentatifs, inchoatifs, des noms comparatifs, superlatifs et autres tels ornemens de nostre langage pauvre et manque de soy ; et ne se faut soucier, comme je l'ay dit tant de fois, de l'opinion que pourroit avoir le peuple de tes escrits, tenant pour regle toute asseurée qu'il vaut mieux servir à la verité qu'à l'opinion du peuple, qui ne veut sçavoir sinon ce qu'il void devant ses yeux, et croyant à credit, pense que nos devanciers estoient plus sages que nous, et qu'il les faut totalement suivre, sans rien inventer de nouveau, en cecy faisant grand tort à la bonne nature laquelle ils pensent pour le jourd'huy estre brehaigne et infertile en bons esprits, et que dès le commencement elle a respandu toutes ses vertus sur les premiers hommes, sans avoir rien retenu en espargne, pour donner comme mere très-liberale à ses enfans, qui devoient naistre après au monde par le cours de tant de siecles à venir.

FIN DES ŒUVRES CHOISIES DE PIERRE DE RONSARD.

ADDITIONS ET CORRECTIONS.

Page 6, lig. 20 et 21 : « Expression magnifique et splendide qui va au sublime. »

M. Sainte-Beuve dans l'édition du *Tableau de la poésie*, etc., de 1843, a écrit : « Expression pleine de splendeur et de magnificence. » Et dans l'édition du *Tableau de la poésie*, de 1876, on trouve cette note : « Du moins elle (cette expression) nous semble telle, bien que dans le temps peut-être elle ait eu moins d'emphase et n'ait voulu que dire : *peindre sur les nuages, sur les brouillards.* »

Page 52, ligne 13 : « Car c'est dans les poésies de ces deux écrivains qu'il se montre pour la première fois. »

Ajouter la note suivante de l'édition du *Tableau de la poésie*, de 1843 :

« Ce curieux rhythme n'est pas tout à fait de l'invention des poëtes de la *Pléiade*, comme je l'avais cru d'abord. M. Vallet de Viriville, dans la *Bibliothèque de l'école des Chartes* (tome III, p. 468), en cite un exemple approchant, tiré d'un mystère du XVe siècle. J'aurais dû me souvenir moi-même que Marot l'a employé une fois dans la traduction du XXXVIIIe psaume. Mais ce n'est que chez les poëtes de la *Pléiade* que ce rhythme du moins prend toute sa vogue ; ce n'est que chez eux que grâce à l'entrelacement, pour la première fois obligé, des rimes masculines et féminines, il acquiert sa vraie légèreté et son tour définitif. Cette remarque peut s'appliquer aux autres rhythmes dont on retrouverait des échantillons antérieurs, et que cette confusion des rimes laissait toujours plus ou moins à l'état d'ébauche. »

Page 164, vers 15 : « Parlans à l'isle ainsi. »

Ajouter cette note de l'édition *du Tableau de la poésie,* de 1843 :

« Il songeait sans doute, en faisant choix de ce lieu, à son prieuré de Saint-Cosme-en-l'Isle, duquel Du Perron en son oraison funèbre du poète a dit : « Ce prieuré est situé en un lieu « fort plaisant, assis sur la rivière de Loire, accompagné de « bocages, de ruisseaux et de tous les ornements naturels qui « embellissent la Touraine, de laquelle il est comme l'œil et les « délices... » Ronsard, en effet, y revint mourir. »

Page 175, ligne 3 : « Car ni Anacréon, ni Théocrite n'en disent mot. »

Ajouter la note suivante de l'édition du *Tableau de la poésie*, de 1843 :

« En cette imitation, Ronsard a combiné ingénieusement quelques traits de la scène de Vénus blessée par Diomède (*Iliade*, chant V). Vénus, piquée d'un coup de lance à l'extrémité de la *paume*, vers la naissance du poignet, s'enfuit, remonte au ciel, et se jette en criant aux pieds de Dionée, sa mère, qui la caresse de la main pour l'apaiser. Et Minerve dit malicieusement à Jupiter que c'est en voulant sans doute engager quelque femme grecque à suivre les Troyens qu'elle aime tant, et en la flattant à dessein, que Vénus s'est déchiré sa main douillette à l'agrafe d'or de la tunique. Ronsard a mis quelque chose de cette plaisanterie dans la bouche de la mère :

> Sont-ce mes Grâces riantes
> De leurs aiguilles poignantes? »

Page 181, ligne 12, lisez : *labrusca* au lieu de *labrussa*.

Page 225, vers 9 : « Luy ait donné sa force. » Se reporter à la page XLVIII de la notice.

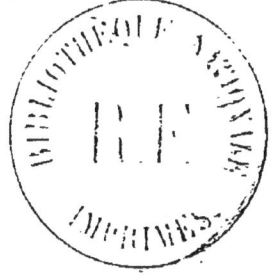

TABLE

DES MATIÈRES.

	Pages.
AVERTISSEMENT pour la présente édition.	I
PRÉFACE de l'édition de 1828	V
NOTICE SUR RONSARD	VII

AMOURS DE CASSANDRE.

Qui voudra voir, *Sonnet*.	1
Nature ornant, *Id*.	2
Entre les rais, *Id*.	3
Bien qu'il te plaise, *Id*.	4
Une beauté, *Id*.	5
Avant le temps, *Id*.	5
Si mille œillets, *Id*.	6
Ores la crainte, *Id*.	7
Avant qu'Amour, *Id*.	8
Comme un chevreuil, *Id*.	9
Si je trespasse, *Id*.	10
Quand au temple, *Stances*.	11
Voicy le bois, *Sonnet*.	13
Page, suy-moy, *Id*.	14
De ses maris, *Id*.	15
Quand je te voy, *Id*.	15

AMOURS DE MARIE.

Je veux, me souvenant, *Sonnet*.	18
Marie, levez-vous, *Id*.	19
Amour est un charmeur, *Id*.	19
Cache pour ceste nuict, *Id*.	20
Fleur Angevine, *Chanson*	21

TABLE DES MATIÈRES.

	Pages.
Vous mesprisez nature, *Sonnet*.	22
Amour, dy, je te prie, *Chanson*.	23
LE VOYAGE DE TOURS, OU LES AMOUREUX.	25
Ha! que je porte, *Sonnet*.	37
Voulant, ô ma douce moitié, *Chanson*.	38
J'ay l'ame pour un lict. *Sonnet*.	39
Quand j'estios libre, *Chanson*.	40
Or, que l'hyver, *Amourette*.	43
LA QUENOUILLE.	45
Quand ce beau printemps, *Chanson*.	47
A LA RIME.	53
Douce Maistresse, *Chanson*.	56
Celuy qui mieux seroit, *Élégie*.	58
Ciel, que tu es malicieux! *Stances*	60
Comme on void, *Sonnet*	63
Celuy fut ennemy, *Id*.	64

AMOURS D'ASTRÉE.

Jamais Hector, *Sonnet*.	66
A mon retour, *Id*.	67
Pour retenir, *Id*.	67
ÉLÉGIE DU PRINTEMPS.	68

POÉSIES POUR HÉLÈNE.

Adieu, belle Cassandre, *Sonnet*.	72
Ostez vostre beauté, *Id*.	73
Je plante en ta faveur, *Id*.	74
Vous triomphez, *Id*.	74
Quand vous serez bien vieille, *Id*.	75
Celle de qui l'amour, *Id*.	76
Qu'il me soit arraché, *Id*.	77
Il ne faut s'esbahir, *Id*.	78
Afin que ton renom, *Id*.	78
Six ans estoient coulez, *Élégie*	79

AMOURS DIVERSES.

ÉPITRE AU SEIGNEUR DE VILLEROY.	83
D'autant que l'arrogance, *Sonnet*.	86
Quand l'esté dans ton lict, *Id*.	86

TABLE DES MATIÈRES.   431

	Pages.
Plus estroit que la vigne, *Chanson*	87
Que me servent mes vers, *Sonnet*	90
Vœu a Venus, *Sonnet*	90
Je faisois ces sonnets, *Id.*	91

ODES.

A Michel de l'Hospital	95
Au sieur Bertrand	108
A Cassandre	113
A sa Lyre	115
A sa Maitresse	118
A la même	121
A une jeune fille	124
A la fontaine Bellerie	126
A son Page	128
A la forest de Gastine	130
A Cassandre	132
Pour boire dessus l'herbe	135
A son laquais	137
Au sieur Robertet, l'Amour mouillé	139
Si j'aime depuis naguère	142
A Joachim du Bellay	145
A la fontaine Bellerie	147
A mesdames, filles de Henri II	149
Jeune beauté	155
A Charles de Pisseleu	157
A Odet de Colligny	160
De l'election de son sepulcre	163
Quand je suis vingt ou trente mois	169
Ma douce jouvence est passée	171
Les espis sont à Cérès	172
L'Amour piqué d'une abeille	173
Naguères chanter je voulois	176
Dieu vous gard	178
A un Aubespin	180
A Remy Belleau	182
L'Amour prisonnier des Muses	184
Pourtant si j'ay le chef plus blanc	186
Plusieurs de leurs corps desnués	187
Pourquoi comme une jeune poutre	189
Jeanne, en te baisant	190
Louanges de la Rose	191
Louanges de la Rose et de la Violette	194

	Pages.
Nous ne tenons en nostre main.	196
Mon Choiseul, leve tes yeux.	198
Quand je veux en amour.	201
Sitost que tu sens arriver.	202
La belle Venus un jour.	204
Cependant que ce beau mois.	206
Le boiteux Mary de Vénus.	207
MAGIE, OU DELIVRANCE D'AMOUR.	208
PRÉFACE DE LA FRANCIADE.	216

LE BOCAGE ROYAL.

AU ROY HENRY III.	240
AU MÊME.	244
AU MÊME.	246
A CATHERINE DE MÉDICIS.	249
A JEAN GALLAND, principal du collége de Boncour.	254
LE VERRE.	259

ÉGLOGUES.

ORLEANTIN, ANGELOT, NAVARRIN, GUISIN ET MARGOT.	265
LES PASTEURS ALUYOT ET FRESNET.	276
BELLOT ET PERROT.	287

ÉLÉGIES.

Hier quand bouche à bouche.	298
A GENEVRE.	300
O dieux ! j'aimerois mieux.	303
Nous fismes un contract.	307
A GENEVRE.	309
Heureux celuy.	313
CONTRE LES BUCHERONS DE LA FOREST DE GASTINE.	315

HYMNES.

HYMNE DU PRINTEMPS.	319

POÈMES.

SONNET A MARIE STUART.	325

TABLE DES MATIÈRES.

	Pages.
Promesse	328
Les Nues, ou Nouvelles	333

GAIETÉS.

L'Alouette	342
Le Freslon	346
Mais en lieu de beautés telles	349
Le Nuage, ou l'Yvrongne	350

DISCOURS DES MISÈRES DU TEMPS.

A la Reine-Mère	356
A Guillaume des Autels	362
Mais comment pourroit l'homme	364

POÉSIES DIVERSES.

Je vous envoye un bouquet, *Sonnet*	369
Je ne suis seulement, *Id.*	370
Bien que vous surpassiez, *Id.*	371
L'an se rajeunissoit, *Id.*	372
Je veux lire en trois jours, *Id.*	372
A la rivière du Loir, *Id.*	374
Chanson, va-t'en où je t'adresse	375
L'Amour oyseau	376
A Magdeleine	379
Aux Mouches a miel	381
Au Rossignol	383
A la source du Loir	385
A l'Alouette	388
Si tu me peux conter les fleurs	390
Discours a Jacques Grevin	392
Épitaphe de François Rabelais	397
A Jean d'Aurat, *Sonnet*	400
Je n'aime point ces vers	401

ABBREGÉ DE L'ART POETIQUE FRANÇOIS.

De l'invention	408
De la disposition	409

TABLE DES MATIÈRES.

	Pages.
De l'elocution	410
De la poesie en général	411
De la ryme	413
De la voyelle E	413
De l'H	414
Des vers alexandrins	417
Des vers communs	418
Des autres vers en général	419
Des personnes des verbes françois et de l'orthographie	420
Additions et corrections	427

FIN DE LA TABLE.

PARIS. — Impr. J. CLAYE. — A. QUANTIN et Cⁱᵉ, rue St-Benoît. [1921]

CHEFS-D'ŒUVRE DE LA LITTÉRATURE FRANÇAISE

Format in-8° cavalier, imprimés avec luxe par M. J. Claye, sur très-beau papier fabriqué spécialement pour cette collection, et ornés de gravures sur acier par les meilleurs artistes. 37 volumes sont en vente à 7 fr. 50 le volume. On tire, pour chacun des ouvrages de la collection, 150 exemplaires numérotés sur papier de Hollande, à 15 fr. le volume.

ŒUVRES COMPLÈTES DE MOLIÈRE

Nouvelle édition très-soigneusement revue sur les textes originaux, avec un nouveau travail de critique et d'érudition, par M. Louis Moland. L'ouvrage, imprimé avec luxe par M. J. Claye, sur magnifique papier, orné de vignettes gravées sur acier d'après les dessins de Staal, forme 7 volumes.

ŒUVRES COMPLÈTES DE RACINE

Avec un travail nouveau par M. Saint-Marc Girardin, de l'Académie française, et M. Louis Moland; ouvrage complet en 8 volumes.

ŒUVRES COMPLÈTES DE LA FONTAINE

Avec un nouveau travail de critique et d'érudition, par M. Louis Moland; 7 volumes ornés de gravures sur acier d'après les dessins de Staal.

ŒUVRES COMPLÈTES DE MONTESQUIEU

Avec les variantes des premières éditions, un choix des meilleurs commentaires et des notes nouvelles, par M. Édouard Laboulaye, de l'Institut, avec un beau portrait de Montesquieu; 6 volumes sont en vente.

ESSAIS DE MICHEL DE MONTAIGNE

Nouvelle édition, avec les notes de tous les commentateurs, choisies et complétées par M. J.-V. Le Clerc, précédée d'une nouvelle Étude sur Montaigne par M. Prévost-Paradol, de l'Académie française. 4 volumes, avec portrait.

ŒUVRES COMPLÈTES DE BOILEAU

Avec un travail nouveau, par M. Gidel, professeur de rhétorique au lycée Bonaparte; 4 volumes ornés de gravures sur acier d'après les dessins de Staal.

HISTOIRE DE GIL BLAS DE SANTILLANE

Par Le Sage, précédée d'une notice par Sainte-Beuve, de l'Académie française, les jugements et témoignages sur Le Sage et sur Gil Blas, suivie de *Turcaret* et de *Crispin rival de son maître*. 2 volumes illustrés de six belles gravures sur acier d'après les dessins de Staal.

ŒUVRES DE J.-B. ROUSSEAU

Avec une introduction sur sa vie et ses ouvrages et un nouveau commentaire par Antoine de La Tour. 1 volume avec portrait de l'auteur.

CHEFS-D'ŒUVRE LITTÉRAIRES DE BUFFON

Avec une Introduction par M. Flourens, membre de l'Académie française, 2 volumes. Un beau portrait de Buffon est joint au tome Ier.

ŒUVRES DE CLÉMENT MAROT

Annotées, revues sur les éditions originales et précédées de la vie de Clément Marot, par Charles d'Héricault. 1 volume orné du portrait de l'auteur d'après une peinture du temps.

L'IMITATION DE JÉSUS-CHRIST

Traduction nouvelle avec des réflexions à la fin de chaque chapitre par M. l'abbé F. de Lamennais; 1 volume orné de 4 gravures sur acier.

ŒUVRES CHOISIES DE MASSILLON

Précédées d'une notice biographique et littéraire par M. Godefroy. 2 volumes, avec un beau portrait de Massillon.

ŒUVRES COMPLÈTES DE J. DE LA BRUYÈRE

Nouvelle édition avec une notice sur la vie et les écrits de La Bruyère, une bibliographie, des notes, une table analytique des matières et un lexique, par A. Chassang, inspecteur général de l'instruction publique, lauréat de l'Académie française. — 2 volumes, avec un beau portrait de La Bruyère.

ŒUVRES CHOISIES DE RONSARD

Avec notice, notes et commentaires, par C.-A. Sainte-Beuve; nouvelle édition, revue et augmentée, par M. L. Moland. 1 vol. avec un beau portrait de Ronsard.

EN COURS D'EXÉCUTION

Œuvres complètes de P. Corneille.
Œuvres de Pascal (Pensées et Provinciales).
Œuvres de La Rochefoucauld.